Das behördliche Betriebsübergangsverlangen nach Art. 4 Abs. 5 Verordnung (EG) Nr. 1370/2007 bei der Vergabe von Aufträgen im öffentlichen Personenverkehr

SCHRIFTEN ZUM DEUTSCHEN UND EUROPÄISCHEN ARBEITSRECHT

Herausgegeben von Frank Bayreuther

Band 11

PETER LANG
Frankfurt am Main · Berlin · Bern · Bruxelles · New York · Oxford · Wien

Steffen Jankowiak

Das behördliche Betriebsübergangsverlangen nach Art. 4 Abs. 5 Verordnung (EG) Nr. 1370/2007 bei der Vergabe von Aufträgen im öffentlichen Personenverkehr

PETER LANG
Internationaler Verlag der Wissenschaften

Bibliografische Information der Deutschen Nationalbibliothek
Die Deutsche Nationalbibliothek verzeichnet diese Publikation in der Deutschen Nationalbibliografie; detaillierte bibliografische Daten sind im Internet über http://dnb.d-nb.de abrufbar.

Zugl.: Passau, Univ., Diss., 2012

Gedruckt auf alterungsbeständigem,
säurefreiem Papier.

D 739
ISSN 1865-634X
ISBN 978-3-631-63831-6

www.peterlang.de

Meiner Familie

Vorwort

Der europäische Gesetzgeber hat mit der Verordnung (EG) Nr. 1370/2007 die Vergaberegeln für Dienstleistungen im öffentlichen Personenverkehr grundlegend neu gestaltet. Ein Novum stellen dabei auch die Vorschriften zur Wahrung von Arbeitnehmerrechten im Falle eines Betreiberwechsels dar. Die Arbeit behandelt die für die Praxis zentrale Vorschrift des Art. 4 Abs. 5 S. 1 Verordnung (EG) Nr. 1370/2007, die ein behördliches Betriebsübergangsverlangen im Vergabeverfahren zulässt.

Die juristische Fakultät der Universität Passau hat die vorliegende Arbeit im Wintersemester 2011/2012 als Dissertation angenommen.

Zu großem Dank bin ich meinem sehr geschätzten Doktorvater, Herrn Prof. Dr. Frank Bayreuther, verpflichtet. Er hat die Entstehung der Arbeit mit seinem unermüdlichem Engagement unterstützt und begleitet. Meinem Zweitgutachter, Herrn Prof. Dr. Urs Kramer, danke ich für die zügige Begutachtung sowie für seine hilfreichen und weiterführenden Anmerkungen.

Der DB Regio AG danke ich für die Bereitschaft zur Forschungskooperation mit der Universität Passau; ebenso Herrn Elmar Gleichner und Kollegen (Deutsche Bahn AG) für die Erläuterungen zum Eisenbahnverkehr.

Steffen Jankowiak — Berlin, Mai 2012

Inhaltsverzeichnis

Einleitung und Gang der Darstellung 15

Erster Teil: Die rechtlichen Rahmenbedingungen des Art. 4 Abs. 5 VO 1370/2007 17

A. Das neue Sondervergaberecht für öffentliche Dienstleistungsaufträge im Personenverkehr 18
I. Anwendungsbereich des neuen Vergaberechts der VO 1370/2007 18
1. Kompensationsleistung für die Auferlegung gemeinwirtschaftlicher Pflichten 19
2. Private und öffentliche Unternehmen 20
3. Vorrang der allgemeinen Dienstleistungsrichtlinien 20
4. Vergabe außerhalb der neuen Wettbewerbsordnung 21
5. Vergabeverfahren unterhalb der Schwellenwerte 23
II. Übergangsregelungen 24
1. Verbindliche Anwendung der Vergaberegeln 24
2. Verfahrensrechtliche Vorwirkungen der VO 1370/2007 24
B. Die Rechtsnatur des öffentlichen Dienstleistungsauftrags 26
I. Die Legaldefinition in der VO 1370/2007 27
II. Die Transformation ins deutsche Recht 27
1. Gewährung eines ausschließlichen Rechts bzw. einer Ausgleichsleistung 28
a. Im Personenbeförderungsrecht (PBefG) 28
b. Im Eisenbahnrecht (AEG) 30
2. Bestimmung der „zuständigen Behörde“ i. S. d. VO 1370/2007 32
a. Legaldefinitionen in Art. 2 lit. b) und c) VO 1370/2007 33
b. Die Zuständigkeitsregelungen nach gegenwärtiger Rechtslage 33
aa. Verkehre i. S. d. PBefG 33
bb. Schienengebundener Personenverkehr (AEG) 34
c. Umsetzungsprobleme mit Inkrafttreten der VO 1370/2007 35
aa. Interventionsrecht im Sinne von Art. 2 lit. b) VO 1370/2007 35
bb. Problematische Doppelzuständigkeit nach PBefG und RegG 37

d. Lösungsmöglichkeiten ... 39
aa. De lege lata ... 39
bb. De lege ferenda ... 42
e. Zusammenfassung ... 44
C. Fazit ... 44

Zweiter Teil: Die Betriebsübergangsverpflichtung nach Art. 4 Abs. 5 S. 1 VO 1370/2007 im Kontext des europäischen Rechts ... 47
A. Vereinbarkeit mit den Grundfreiheiten und Unionsgrundrechten ... 48
I. Grundfreiheiten ... 48
1. Die Bindung des europäischen Gesetzgebers an die Grundfreiheiten ... 49
2. Vereinbarkeit mit den Grundsätzen der Dienstleistungsfreiheit ... 51
a. Ausschlusskriterium: dauerhafte Integration in einem anderen Mitgliedstaat ... 51
aa. Innerstaatlicher Personenverkehr ... 52
bb. Grenzüberschreitender Personenverkehr ... 55
cc. Zwischenergebnis ... 57
b. Dienstleistungsfreiheit im Verkehrssektor (Art. 58 Abs. 1 AEUV) ... 57
3. Verstoß gegen die Grundsätze der Niederlassungsfreiheit ... 60
a. Schutzbereich der Grundfreiheit ... 61
b. Diskriminierung / Beschränkung der Grundfreiheit ... 62
aa. Durch die sekundärrechtliche Ermächtigungsnorm ... 62
bb. Durch Anwendung der Regelung im Einzelfall ... 64
c. Zwischenergebnis ... 64
4. Verstoß gegen die Grundsätze der Arbeitnehmerfreizügigkeit (Art. 45 AEUV) ... 64
II. Unionsgrundrechte ... 65
1. Unternehmerfreiheit (Art. 16 GR-Charta) ... 66
a. Schutzbereich ... 66
b. Eingriff ... 68
c. Rechtfertigung ... 69
aa. Art. 4 Abs. 5 S. 1 VO 1370/2007 als Schranke der Unternehmerfreiheit ... 69
bb. Verhältnismäßigkeitsgebot als Schranken-Schranke ... 69
(1) Verfolgung eines zulässigen Zieles ... 70
(2) Geeignetheit ... 72
(3) Erforderlichkeit ... 73

(4) Angemessenheit ... 74
(a) Benachteiligung von Wettbewerbern mit geringeren Lohnkosten ... 74
(b) Verstoß gegen das Wettbewerbsprinzip im Vergaberecht ... 75
(c) Verletzung der unternehmerischen Vertragsfreiheit ... 77
2. Allgemeiner Gleichheitssatz gem. Art. 20 GR-Charta ... 78
a. Vorliegen einer Ungleichbehandlung ... 78
b. Rechtfertigung ... 79
B. Europäisches Wettbewerbsrecht ... 80
C. Verhältnis zum übrigen Sekundärrecht ... 82
I. Vergaberichtlinien 2004/17/EG und 2004/18/EG ... 83
II. Dienstleistungsrichtlinie (2006/123/EG) ... 84
III. Arbeitnehmerentsende-Richtlinie (96/71/EG) ... 84
IV. Betriebsübergangsrichtlinie (2001/23/EG) ... 85
D. Fazit ... 86

Dritter Teil: Rechtspraktische Umsetzung der Betriebsübergangsverpflichtung ... 89
A. Die Reichweite des behördlichen Gestaltungsspielraumes ... 89
I. Sachlicher Anwendungsbereich ... 89
1. Anwendung auch bei Dienstleistungsaufträgen nach allg. Vergaberecht ... 89
2. Anwendung bei Verzicht auf ein wettbewerbliches Vergabeverfahren ... 92
a. Art. 5 Abs. 2 S. 1 Fall 1 VO 1370/2007: Eigenerbringung ... 92
b. Art. 5 Abs. 2 S. 1 Fall 2 VO 1370/2007: Vergabe an rechtlich getrennte Einheit ... 94
c. Art. 5 Abs. 4 bis 6 VO 1370/2007: Direktvergaben ... 94
II. Weitere Tatbestandvoraussetzungen des Art. 4 Abs. 5 VO 1370/2007 ... 95
III. Entschließungsermessen des Auftraggebers ... 95
1. Wortlaut und Genese der Norm ... 95
2. Die Betriebsübergangsregelung als politisches Gestaltungsinstrument ... 96
IV. Auswahlermessen ... 97
1. Betriebsübergang mit beschränkter Rechtsfolge ... 98
2. Betriebsübergang mit erweiterter Rechtsfolge ... 100
B. Die Umsetzung der Betriebsübergangsverpflichtung ... 101

I. Vertragliche Bedingung für die Auftragsausführung 102
1. Zustimmungsbedürftigkeit des Arbeitgeberwechsels 102
2. Vergaberechtliche Einordnung der Selbstverpflichtung 103
II. Behördliche Anordnung 104
III. Bewertung und Anwendung auf die einzelnen Fallgestaltungen 106
1. Einseitige öffentliche Dienstleistungsaufträge 107
2. Zweiseitige öffentliche Dienstleistungsaufträge 108
C. Widerspruchsrecht der Arbeitnehmer 110
D. Unterrichtung über die Folgen des Betriebsübergangs 111
E. Die Ermittlung der von Art. 4 Abs. 5 VO 1370/2007 erfassten Arbeitnehmer 113
I. Arbeitnehmer i. S. d. Art. 4 Abs. 5 S. 1 VO 1370/2007 113
II. Zuordnung der Arbeitnehmer 115
1. Vorgaben des Art. 4 Abs. 5 S. 1 VO 1370/2007 115
2. Problemfall: Zuordnung von „Springern“ (flexibler Personaleinsatz) 116
F. Fazit 119

Vierter Teil: Die Gewährleistung von Informationsrechten im Anwendungsbereich des Art. 4 Abs. 5 VO 1370/2007 121
A. Problemstellung 121
B. Die Begründung von Informationsrechten der neuen Bieter 122
I. Das Gleichbehandlungsgebot aus europäischer Sicht 122
II. Das Gleichbehandlungsgebot aus deutscher Sicht 124
III. Umgang mit Informationsvorsprüngen im Vergabeverfahren 125
1. Bisherige Fälle von Informationsvorsprüngen einzelner Bieter ... 126
2. Der Informationsvorsprung bei Art. 4 Abs. 5 S. 1 VO 1370/2007 ... 127
IV. Rechtsgrundlagen für Informationsansprüche 129
1. Art. 4 Abs. 5 S. 2 VO 1370/2007 129
2. § 7 Abs. 1 VOL/A 131
3. § 7 Abs. 1 VOL/A im Verhältnis zu Art. 4 Abs. 5 S. 2 VO 1370/2007 132
C. Die Informationserhebung beim Altbetreiber 133
I. Normalfall: Kooperationsbereitschaft des bisherigen Betreibers 133
II. Ausnahmefall: Fehlende Mitwirkung des bisherigen Betreibers 134
III. Auskunftsansprüche de lege ferenda 136
D. Der Offenlegungsumfang nach Art. 4 Abs. 5 S. 2 VO 1370/2007 137
I. Beschränkung des Offenlegungsumfangs nach Sinn und Zweck der Norm 138
II. Beschränkung aufgrund datenschutzrechtlicher Vorgaben 139

1. Datenübermittlung durch den Arbeitgeber 140
a. Datenübermittlung nach den allgemeinen Vorschriften des BDSG 140
b. Rechtfertigung der Datenübermittlung nach Art. 4 Abs. 5 S. 2 VO 1370/2007 142
2. Datenerhebung und -verarbeitung durch die zuständige Behörde 144
E. Fazit 144

Fünfter Teil: Rechtsschutz gegen eine Maßnahme nach Art. 4 Abs. 5 S. 1 VO 1370/2007 147
A. Rechtsschutz aus Bietersicht 147
I. Rechtsschutzfähigkeit der Betriebsübergangsregelung 148
II. Welcher Rechtsweg ist gegenwärtig eröffnet? 151
1. Vergaberechtliches Nachprüfungsverfahren gem. §§ 102 ff. GWB 151
a. Direkte Anwendung der §§ 102 ff. GWB 151
b. Analoge Anwendung der §§ 102 ff. GWB 152
c. Zuständigkeitsbegründung durch Selbstbindung des Auftraggebers 153
d. Umsetzungsbemühungen des deutschen Gesetzgebers 154
2. Verwaltungsgerichtlicher/zivilgerichtlicher Rechtsschutz 155
a. Unmittelbarer Vollzug der Betriebsübergangsmaßnahme durch Verwaltungsakt 156
b. Umsetzung durch Ausführungsbedingung im Verkehrsvertrag 157
c. Rechtsschutzanforderungen im verwaltungsgerichtlichen Verfahren 158
B. Rechtsschutz zur Durchsetzung materieller Rechte aus Arbeitnehmersicht 163
C. Drittbindungswirkung der Zuschlagsentscheidung 165
D. Fazit 166

Zusammenfassung der wichtigsten Ergebnisse 169

Ausblick 175

Literaturverzeichnis 177

Einleitung und Gang der Darstellung

Der öffentliche Personenverkehr in Europa befindet sich im Umbruch. Aufgrund zahlreicher Liberalisierungsbestrebungen auf europäischer Ebene sind Verkehrsunternehmen, die Personenverkehrsdienste anbieten, in zunehmendem Maße auch in anderen Mitgliedstaaten aktiv. Zugleich hat der Wettbewerbsdruck, der von neuen Wettbewerbern im öffentlichen Personenverkehr in Deutschland ausgeht, erheblich zugenommen. Inzwischen werden rund 20 Prozent der Verkehrsleistungen im Nahverkehr von privaten Anbietern erbracht. Die Kostenstruktur der Verkehrsunternehmen ist wegen des hohen Bedarfs an materiellen Betriebsmitteln nur eingeschränkt variabel. Grundsätzlich beeinflussbar sind hingegen die Lohnkosten als Wettbewerbsfaktor. Nicht zuletzt die Gewerkschaften dürften die Befürchtung haben, dass der Wettbewerb im Personenverkehr v. a. auf Kosten der Arbeitnehmer/-innen[1] ausgetragen wird und eine Lohnspirale nach unten auslöst. Die kontroversen Verhandlungen über den Abschluss eines Branchentarifvertrages im öffentlichen Nahverkehr im Herbst 2010 haben gezeigt, wie schwierig es ist, die Zielvorstellungen der Verkehrsunternehmer und der Gewerkschaften auszugleichen. Die neue Verordnung (EG) Nr. 1370/2007[2] (im Folgenden: VO 1370/2007), die die Vergabe von Aufträgen im öffentlichen Personenverkehr mit gemeinwirtschaftlichen Verpflichtungen in den Mitgliedstaaten grundlegend neu regelt, enthält eine Vorschrift, die nach dem Willen des europäischen Gesetzgebers die sozialen Belange der betroffenen Arbeitnehmer/-innen schützen soll. Die Regelung in Art. 4 Abs. 5 S. 1 VO 1370/2007 stellt ein Novum im europäischen Arbeitsrecht dar. Sie ermöglicht es dem Auftraggeber, aus Anlass der Neuvergabe eines Dienstleistungsauftrages im öffentlichen Personenverkehr, die Rechtsfolgen des Betriebsübergangs herbeizuführen. Die Norm wird den Vergabealltag im Personenverkehrssektor insoweit wesentlich prägen. Die sich aus dem Inkrafttreten dieser Norm im Hinblick auf das deutsche und europäische Recht ergebenden wesentlichen Rechtsfragen werden mit der vorliegenden Arbeit eingehend untersucht. Es ist das Ziel, insbesondere die möglichen Rechtsprobleme in der Vergabepraxis zu antizipieren und Lösungsansätze aufzuzeigen.

---

1 Nachfolgend aus Gründen besserer Lesbarkeit einheitlich „Arbeitnehmer".

2 Verordnung (EG) Nr. 1370/2007 des Europäischen Parlaments und des Rates vom 23.10.2007 über öffentliche Personenverkehrsdienste auf Schiene und Straße und zur Aufhebung der Verordnung (EWG) Nr. 1191/69 und (EWG) Nr. 1107/70 des Rates, ABl. 2007 Nr. L 315 S. 1.

Dem vorgenannten Ziel verpflichtet, nimmt die Darstellung folgenden Gang: Im **ersten Teil** werden vor dem Hintergrund des nationalen Rechts die allgemeinen rechtlichen Rahmenbedingungen der Betriebsübergangsregelung erörtert und insbesondere das neue Sondervergaberecht der VO 1370/2007 unter Berücksichtigung der Rechtsfigur des öffentlichen Dienstleistungsauftrages untersucht. Der **zweite Teil** widmet sich dem unionsrechtlichen Kontext des Art. 4 Abs. 5 VO 1370/2007. Dabei ist v. a. der Frage nachzugehen, ob die neue Betriebsübergangsregelung unionsrechtskonform ist. Daran schließt sich im **dritten Teil** die Erörterung der vergaberechtlichen Umsetzung einer behördlichen Maßnahme nach Art. 4 Abs. 5 S. 1 VO 1370/2007 an. Die Arbeit weist dabei vielfältige Berührungspunkte zum „allgemeinen" Betriebsübergangsrecht des § 613a BGB auf. Dem soll indes nur insoweit nachgegangen werden, als die durch Art. 4 Abs. 5 VO 1370/2007 neu aufgeworfenen Rechtsprobleme dazu Anlass bieten. Im **vierten Teil** werden die im Vergabeverfahren relevanten Informationsansprüche der beteiligten Bieter thematisiert und insbesondere die spezielle Vorschrift des Art. 4 Abs. 5 S. 2 VO 1370/2007 unter Praxisgesichtspunkten untersucht. Schließlich werden im **fünften Teil** die Fragen behandelt, die die neue Betriebsübergangsregelung unter dem Gesichtspunkt des Rechtsschutzes mit sich bringt. Die Untersuchung geht dabei sowohl auf einen möglichen Rechtsschutz aus Bietersicht als auch aus Arbeitnehmersicht ein. Berücksichtigt werden soll schließlich auch, welche Auswirkungen sich aus dem nunmehr vorliegenden Gesetzentwurf[3] der Bundesregierung zur Anpassung des deutschen Rechts an das nunmehr von der VO 1370/2007 geprägte unionsweite Rechtsregime ergeben. Diesem Gesetzentwurf gingen kontroverse Beratungen voraus. Ein am 27.08.2008 vorgelegter Referentenentwurf des Bundesministeriums für Verkehr, Bau und Stadtentwicklung (BMVBS) zur Änderung des PBefG wurde wegen massiver Kritik wieder zurück gezogen.[4] Auch nach Vorlage des neuen Gesetzentwurfes deutet sich ein konfliktträchtiges Gesetzgebungsverfahren an. Der Bundesrat hat in seiner Stellungnahme vom 23.09.2011[5] in wesentlichen Teilen Änderungen an dem Gesetzentwurf verlangt. Wann die geplante Gesetzesnovelle in Kraft tritt und welchen Inhalt sie hat, ist also derzeit ungewiss.

3 Entwurf eines Gesetzes zur Änderung personenbeförderungsrechtlicher Vorschriften vom 12.08.2011, BR-Drs. 462/11.

4 Weitergehend hierzu Saxinger GewArch, 2009, 350, 351.

5 BR-Drs. 462/11B.

Erster Teil: Die rechtlichen Rahmenbedingungen des Art. 4 Abs. 5 VO 1370/2007

Ein Betriebsübergang im Sinne der Richtlinie 2001/23/EG[6] vollzog sich im Rahmen eines Vergabeverfahrens in Deutschland bislang ausschließlich auf der Grundlage des § 613a BGB. Die Möglichkeit, nach dem Zuschlag mit den Folgen eines Betriebsübergangs konfrontiert zu sein, birgt – freilich abhängig vom konkreten Ausschreibungsgegenstand – seit jeher ein wirtschaftliches Risiko für die interessierten Wettbewerber, da sie die Auswirkungen eines Betriebsübergangs auf ihre Personalstruktur prognostizieren müssen, dabei aber oft bis zuletzt im Ungewissen sind, ob die Tatbestandsvoraussetzungen des § 613a BGB eintreten werden. Im Zusammenhang mit der Ausschreibung von Dienstleistungsaufträgen gilt dies umso mehr angesichts einer neueren Entscheidung der Vergabekammer Sachsen[7], wonach der Auftraggeber nicht verpflichtet sei, in den Verdingungsunterlagen anzugeben, ob ein Betriebsübergang voraussichtlich eintreten werde. Eine in der Hinsicht gänzlich andere Situation begegnet den Bietern im Rahmen der Vergabe eines öffentlichen Dienstleistungsauftrages im öffentlichen Personenverkehr aufgrund der neuen VO 1370/2007: Ein Betriebsübergang kann nunmehr unabhängig davon eintreten, ob die Voraussetzungen der Betriebsübergangsrichtlinie erfüllt sind. Dass dies aufgrund der neuen Verordnung möglich ist, hängt eng mit den Besonderheiten des Personenverkehrssektors zusammen, auf die im weiteren Verlauf der Darstellung immer wieder Rücksicht zu nehmen sein wird.

Die Betriebsübergangssituation des Art. 4 Abs. 5 S. 1 VO 1370/2007 ist freilich nicht denkbar ohne die Vergabe eines öffentlichen Dienstleistungsauftrages im Sinne des Art. 2 lit. i) VO 1370/2007. Deshalb soll zunächst der Rechtsrahmen einer Auftragsvergabe im öffentlichen Personenverkehr, in deren Zusammenhang ein behördliches Betriebsübergangsverlangen erfolgen kann, näher dargestellt werden.

---

6 Richtlinie des Rates vom 12.03.2001 zur Angleichung der Vorschriften der Mitgliedstaaten über die Wahrung von Ansprüchen der Arbeitnehmer beim Übergang von Unternehmen, Betrieben oder Unternehmens- oder Betriebsteilen, ABl. L 82 v. 22.03.2001, S. 16-20.

7 Beschl. vom 24.04.2008 – 1-SVK/15/18 – NJOZ 2008, 2574, 2592; das Gericht stellt überzeugend fest, dass der Auftraggeber diese Frage gar nicht abschließend beurteilen könne, weil der Eintritt des Betriebsübergangs auch abhängig sei vom Verhalten des Betreibers.

A. Das neue Sondervergaberecht für öffentliche Dienstleistungsaufträge im Personenverkehr

Die rechtliche Einordnung der Beschaffung von Verkehrsdienstleistungen durch den Staat stellt das vergaberechtliche Instrumentarium vor besondere Herausforderungen.[8] Problematisch ist vor allem, dass der Auftragnehmer nach dem Zuschlag die Gegenleistung des Auftraggebers nicht in der Form eines klassischen Entgelts erhält – vielmehr gewährt der Staat dem ausgewählten Betreiber ein sog. ausschließliches Nutzungsrecht, das den Betreiber ermächtigt, die von ihm angebotene Verkehrsdienstleistung zu verwerten: Eine entgeltliche Leistungsbeziehung geht der Betreiber sodann erst mit seinen Kunden ein.[9] Das Vergaberechtsregime der §§ 97 ff. GWB ist aber nur dann anwendbar, wenn die Beschaffungstätigkeit des Staates gem. § 99 Abs. 1 GWB auf einen entgeltlichen Auftrag gerichtet ist. Die Frage nach den Regeln, denen der Staat bei der Erteilung eines Dienstleistungsauftrages im Personenverkehr unterliegt, konnte dabei in der Vergangenheit nicht immer zufriedenstellend beantwortet werden.[10] Dieser Rechtszustand hat sich für den Personenverkehrssektor mit Inkrafttreten der VO 1370/2007 grundlegend verändert.

I. Anwendungsbereich des neuen Vergaberechts der VO 1370/2007

Will der nach § 1 RegG[11] i. V. m. jeweiligen Landesvorschriften[12] zuständige staatliche Aufgabenträger die Verkehrsdienstleistung nicht selbst erbringen, ist jetzt nach Art. 5 Abs. 3 VO 1370/2007 grundsätzlich ein wettbewerbliches Vergabeverfahren durchzuführen. Dabei erfasst das Rechtsregime der VO 1370/2007

8 Aus vergaberechtlicher Sicht ist die Vergabe von Dienstleistungskonzessionen stets problematisch, da es oft am Tatbestandsmerkmal der Entgeltlichkeit i. S. d. § 99 Abs. 1 GWB fehlt, siehe Ruhland, S. 183 ff.

9 So auch Ruhland, S. 172 f.; a. A. jedoch mit beachtlichen Argumenten Kulartz, NZBau 2001, 173, 175: Aus der maßgeblichen wirtschaftlichen Sicht sei Gegenstand der Vergabe nicht die Konzession, sondern die Verkehrsdienstleistung; ausgeschrieben werde der Preis für die Erbringung einer bestimmten Leistung.

10 Einen anschaulichen Überblick bietet z. B. Ortner, S. 276 ff.; zuletzt auch Fritz/Seidler, EuZW 2010, 933 ff.

11 Gesetz zur Regionalisierung des öffentlichen Personennahverkehrs vom 27.12.1993, BGBl. I S. 2378, zuletzt geändert durch Gesetz vom 12.12.2007, BGBl. I, S. 2871.

12 Z. B. § 3 ÖPNVG-Bln; Art. 8 BayÖPNVG.

keineswegs nur den öffentlichen Personennahverkehr (ÖPNV)[13], sondern auch Personenfernverkehre. Wenn in der Diskussion über die neue Verordnung der Fokus gleichwohl auf den Auswirkungen für den ÖPNV liegt, so ist dies nur allzu verständlich: Der deutsche Markt für Personenverkehrsleistungen im Vorort-, Stadt- und Regionalbereich genießt einen enormen wirtschaftlichen Stellenwert. Er verzeichnet einen Gesamtumsatz von jährlich ca. 20 Mrd. Euro.[14] Der größte Anteil davon wird durch Mittel der öffentlichen Hand gestellt.[15] Demgegenüber bietet der Personenfernverkehr dem intramodalen Wettbewerb nur geringe Anreize, weil die Zahl wirtschaftlich einträglicher Strecken begrenzt ist und öffentliche Zuschüsse vorrangig in den ÖPNV fließen. Der Personenfernverkehr ist deshalb weitgehend eigenwirtschaftlich geprägt. Wann das neue Vergaberechtsregime der VO 1370/2007 für die erfassten Bereiche des öffentlichen Personenverkehrs zur Anwendung kommt, soll nunmehr anhand nachfolgender Parameter dargestellt werden.

1. Kompensationsleistung für die Auferlegung gemeinwirtschaftlicher Pflichten

Die VO 1370/2007 knüpft die Vergabepflicht einer Verkehrsdienstleistung an das Vorliegen eines öffentlichen Dienstleistungsauftrages nach Art. 2 lit. i) VO 1370/2007. Im Sinne der VO 1370/2007 ist darunter ein Rechtsakt zu verstehen, der zur Auferlegung gemeinwirtschaftlicher Verpflichtungen des Betreibers (...) führt, für die der Betreiber im Gegenzug einen Ausgleich erhält. Gewährt der Auftraggeber keine Kompensationsleistung, ist die VO 1370/2007 folglich nicht anwendbar, vgl. Art. 1 Abs. 1 Unterabs. 2 und Art. 3 Abs. 1 sowie Art. 5 Abs. 1 VO 1370/2007. Das Tatbestandsmerkmal der Auferlegung gemeinwirtschaftlicher Verpflichtungen darf indes nicht verwechselt werden mit den „gemeinwirtschaftlichen" Verkehrsleistungen[16] i. S. d. § 13a PBefG[17]. Der Begriff der Gemeinwirtschaftlichkeit steht im PBefG für Verkehrsleistungen, deren Aufwand nicht durch Beförderungsentgelte und sonstige Unternehmenserträge im handels-

13 Öffentlicher Personenverkehr ist nach § 2 RegG die allgemein zugängliche Beförderung von Personen mit Verkehrsmitteln im Linienverkehr, die überwiegend dazu dient, die Verkehrsnachfrage im Stadt-, Vorort-, oder Regionalverkehr zu befriedigen.

14 Nach Linke, S. 52.

15 Linke, S. 53: „Nur rund 45 % des Gesamtumsatzes im ÖPNV-Markt stammen aus Fahrgeldeinnahmen".

16 Saxinger, DVBl 2008, 668, 692: Gemeinwirtschaftliche Verpflichtungen seien wesentlich weiter gefasst als gemeinwirtschaftliche Verkehrsleistungen.

17 Personenbeförderungsgesetz vom 08.08.1990, BGBl. I S. 1690, zuletzt geändert durch Gesetz vom 05.04.2011, BGBl I S. 554.

rechtlichen Sinne gedeckt wird, vgl. § 8 Abs. 4 PBefG. Durch die Rechtsprechung des BVerwG[18], die der EuGH[19] in seiner „Altmark Trans"-Entscheidung gebilligt hat, galten als Unternehmenserträge auch Zuwendungen der öffentlichen Hand. Dies hat dazu geführt, dass Linienkonzessionen im straßengebundenen Personennahverkehr (ÖSPV) auch bei erheblichen öffentlichen Ausgleichszahlungen zumeist als eigenwirtschaftlich galten und deren Vergabe nicht der sog. Geringste-Kosten-Verordnung[20] unterfiel, die eine Vergabe nach den Vorschriften der VOL/A noch als Regelfall vorsah. Die Vergabepflicht nach § 13a PBefG für gemeinwirtschaftliche Verkehrsleistungen war daher in der Praxis nicht geeignet, den Wettbewerb im Bereich des ÖSPV zu gewährleisten.[21]

2. Private und öffentliche Unternehmen

Die Verordnung 1370/2007 unterscheidet nicht danach, ob die Unternehmen, die öffentliche Personenverkehrsdienste erbringen, privatrechtlich oder öffentlich-rechtlich organisiert sind. Der Erwägungsgrund 12 der Verordnung stellt heraus, dass der europäische Gesetzgeber den Mitgliedstaaten nicht vorschreibt, in welcher Rechtsform die Verkehrsdienstleister organisiert sein sollen – es gilt vielmehr das Subsidiaritätsgebot des Art. 5 EUV. Das Ziel der Stärkung des gemeinschaftsweiten Wettbewerbs kann der europäische Gesetzgeber gerade nur dann erreichen, wenn er insbesondere auch Betreiber dem Wettbewerb unterwirft, die in den jeweiligen Mitgliedstaaten staatsnah organisiert sind.

3. Vorrang der allgemeinen Dienstleistungsrichtlinien

Das neue Vergaberecht findet aufgrund Art. 5 Abs. 1 VO 1370/2007 im Bereich des straßengebundenen Personenverkehrs – insbesondere in dem aus Wettbewerbssicht interessanten ÖSPV – grundsätzlich nur dann Anwendung, wenn der Auftrag die Voraussetzungen einer Dienstleistungskonzession im Sinne der

18 Vorlagebeschluss des BVerwG vom 06.04.2000 – 3 C 7/99 – NVwZ 2001, 320, 321 f.; Urt. vom 19.10.2006 – 3 C 33/05 – NVwZ 2007, 330 ff. („rechtssichere Teilbereichsausnahme").

19 EuGH, Urt. vom 24.07.2003 – Rs. C-208/00 (Vorabentscheidungsverfahren Bundesverwaltungsgericht) – EuR 2003, 1037 ff. mit Anmerkung von Leibenath, EuR 2003, 1052 ff.

20 Verordnung zur Anwendung von § 13a Abs. 1 S. 3 des Personenbeförderungsgesetzes vom 15.12.2005, BGBl. I S. 1705.

21 Siehe auch Hertwig, Rn. 128; Tödtmann/Schauer, NVwZ 2008, 1, 6; Kulartz, NZBau 2001, 173, 174.

Richtlinien 2004/17/EG[22] und 2004/18/EG[23] erfüllt. Die Einordnung des Auftrages als Dienstleistungskonzession i. S. d. europäischen Vergaberechts hat gerade für den ÖSPV eine hohe praktische Bedeutung, denn der straßengebundene Personennahverkehr ist traditionell in der Hand vieler kleinerer und mittlerer privater Unternehmen.[24] Der europäische Gesetzgeber verfolgt mit der VO 1370/2007 damit das Ziel, die Lücke im europäischen Wettbewerb für Personenverkehrsdienstleistungen zu schließen, die bislang darin bestand, dass die europäischen Vergaberichtlinien die Erteilung einer solchen Dienstleistungskonzession vom Vergaberecht ausdrücklich ausnehmen.[25] Die Bereichsausnahme für den ÖSPV bedeutet für den Schienenpersonenverkehr, einschließlich des lukrativen Schienenpersonennahverkehrs (SPNV) im Umkehrschluss, dass Aufträge in diesem Bereich stets für eine wettbewerbliche Vergabe nach der VO 1370/2007 in Frage kommen.

4. Vergabe außerhalb der neuen Wettbewerbsordnung

Eine wettbewerbliche Vergabe nach der VO 1370/2007 findet indes nicht statt, wenn der Auftraggeber den öffentlichen Dienstleistungsauftrag direkt vergibt.[26] Dies ist grundsätzlich in vier Fällen denkbar:

- Beauftragung eines internen Betreibers („Inhouse-Vergabe“, Art. 5 Abs. 2 VO),
- Aufträge mit geringem Volumen bzw. an kleine und mittlere Unternehmen (Art. 5 Abs. 4 VO),
- Direktvergabe zur Abwendung einer Notsituation (Art. 5 Abs. 5 VO),
- Aufträge im Eisenbahnverkehr (mit Ausnahme von: U-Bahn sowie Straßenbahn, Art. 5 Abs. 6 VO).

22 Richtlinie 2004/17/EG des Europäischen Parlamentes und des Rates vom 31. März 2004 zur Koordinierung der Zuschlagserteilung durch Auftraggeber im Bereich der Wasser-, Energie- und Verkehrsversorgung sowie der Postdienste, ABl. L 134 vom 30.04.2004, S. 1 ff.

23 Richtlinie 2004/18/EG des Europäischen Parlaments und des Rates vom 31. März 2004 über die Koordinierung der Verfahren zur Vergabe öffentlicher Bauaufträge, Lieferaufträge und Dienstleistungsaufträge, ABl. L 134 vom 30.4.2004, S. 114 ff.

24 Im Einzelnen Wachinger, S. 10: Im Jahr 1999 existierten im ÖSPV 6.523 Verkehrsbetriebe; 86 Prozent von ihnen hatten weniger als 20 Mitarbeiter und 90 Prozent der Betriebe weniger als zehn Fahrzeuge.

25 Freilich kann der Rechtsprechung des EuGH spätestens seit der Entscheidung vom 6. 4. 2006 – Rs. C-410/04 „ANAV“ Rn. 22 – NZBau 2006, 326, 327 entnommen werden, dass das völlige Fehlen einer Ausschreibung bei der Vergabe einer Dienstleistungskonzession nicht den Anforderungen der Art. 49 und 56 AEUV und dem Nichtdiskriminierungsgrundsatz entspricht. Hierauf weist auch zutreffend jüngst Höfler hin, in: NZBau 2010, 73, 77.

26 Otting/Scheps, NVwZ 2008, 499, 500.

Die Möglichkeit der zuständigen Behörde, Aufträge im Eisenbahnverkehr nach Art. 5 Abs. 6 VO 1370/2007 ohne Ausschreibungsverfahren direkt zu vergeben, gilt in den Mitgliedstaaten nicht voraussetzungslos. Denn Art. 5 Abs. 6 VO 1370/2007 steht unter dem Vorbehalt der Zulässigkeit der Direktvergabe von Aufträgen im Eisenbahnverkehr nach dem jeweiligen nationalen Recht. Ob solche Direktvergaben nach deutschem Recht möglich sind, war lange Zeit nicht höchstrichterlich geklärt.[27] Der Streit entzündete sich an der Frage, ob § 15 Abs. 2 AEG, nach dessen Wortlaut die Behörde einen Dienstleistungsauftrag mit gemeinwirtschaftlichen Verpflichtungen ausschreiben „kann", gegenüber dem allgemeinen Vergaberecht der §§ 97 ff. GWB eine abschließende Sonderregelung darstellt.[28] Das BVerfG[29] entschied 2006 zwar, dass es aus europarechtlicher Sicht nicht unvertretbar sei, § 15 Abs. 2 AEG eine Vorrangwirkung gegenüber dem allgemeinen Vergaberecht beizumessen, legte sich in der Sache jedoch nicht fest. Jedenfalls für die Vergabepraxis dürfte der Streit mit der Entscheidung des BGH aus dem Jahre 2011[30] indes geklärt sein. Der BGH entschied sich gegen eine Vorrangwirkung des § 15 Abs. 2 AEG und führte aus, dass die Ausnahmetatbestände des allgemeinen Vergaberechts in § 100 Abs. 1 und 2 GWB abschließend definiert seien und daneben eine Ausnahme aufgrund § 15 Abs. 2 AEG nicht in Betracht komme, da dies weder aus dem Zweck des § 15 Abs. 2 AEG folge noch aus dem Motiven des historischen Gesetzgebers hergeleitet werden könne.[31] Eine Direktvergabe nach Art. 5 Abs. 6 VO 1370/2007 ist hingegen nach der Entscheidung des BGH nunmehr nicht schlechthin ausgeschlossen. Denn das allgemeine Vergaberecht ist nach § 99 Abs. 1 und 4 GWB von vornherein nicht anwendbar, wenn der öffentliche Dienstleistungsauftrag eine sog. Dienstleistungskonzession darstellt.[32] Ein öffentlicher Auftrag ist nach den unionsrechtlichen Vorgaben eine Dienstleistungskonzession, wenn dieser Vertrag von den öffentlichen Dienstleistungsaufträgen nur insoweit abweicht, als die Gegenleistung für die Erbringung der Dienstleistung ausschließlich in dem Recht zur Nutzung der Dienstleistung oder in diesem Recht zuzüglich der Zahlung eines Preises besteht (Art. 1 Abs. 4 Richtlinie 2004/18/EG bzw. Art. 1 Abs. 3 lit. b) Richtlinie 2004/17/EG). An Re-

27 Nettesheim, NVwZ 2009, 1449, 1453, mit Blick auf den Grundrechtsschutz der Wettbewerber; siehe auch Rechten/Röbke, NZBau 2010, 680, 681 ff.

28 Für Vorrangwirkung mit eingehender Begründung OLG Brandenburg, Beschl. vom 02.09.2003 – Verg W 3/03 u. a. – NZBau 2003, 688, 689; Kaufmann/Lübbig/Prieß/Pünder, VO 1370/2007-Kommentar, Art. 5 Rn. 226; a. A. VK Magdeburg, Beschl. vom 06.06.2002 – 32571/07 VK 05/02 MD – ZfBR 2002, 706 ff.; OLG Düsseldorf, Beschl. vom 21.07.2010 – VII-Verg 19/10 – NZBau 2010, 582, 587; vgl. auch Rechten/Röbke, NZBau 2010, 680, 681 ff.

29 Beschl. vom 06.12.2006 – 1 BvR 2085/03 – NZBau 2007, 117, 118.

30 Beschl. vom 08.02.2011 – X ZB 4/10 – NZBau 2011, 175 ff.

31 BGH, a. a. O., S. 178 ff.

32 So ausdrücklich BGH, a. a. O., S. 179, vgl. auch die Ausführungen oben Erster Teil A. I. 3.

levanz erfährt diese Frage im öffentlichen Verkehrssektor, wenn der öffentliche Auftraggeber zum Ausgleich für die Erfüllung gemeinwirtschaftlicher Verpflichtungen Zuschüsse an den ausgewählten Betreiber gewährt. Der EuGH[33] hatte hierzu entschieden, dass eine Dienstleistungskonzession nur dann angenommen werden könne, wenn der Auftragnehmer das Betriebsrisiko zu einem erheblichen Teil übernimmt. In der bereits erwähnten Grundsatzentscheidung des BGH zur Vergabepflicht von SPNV-Dienstleistungen hatte der BGH in dem zugrunde liegenden Sachverhalt das Vorliegen einer Dienstleistungskonzession verneint, da der Auftragnehmer etwa 64 Prozent der anfallenden Gesamtkosten als Zuwendung des Aufgabenträgers erhielt.[34]

5. Vergabeverfahren unterhalb der Schwellenwerte

Die Anwendung der VO 1370/2007 setzt nicht voraus, dass das Auftragsvolumen den Schwellenwert für die Geltung der europäischen Vergaberichtlinien von z. Zt. EUR 206.000 für Dienstleistungsaufträge erreicht (Art. 7 lit. b Richtlinie 2004/18/EG).[35] Vielmehr enthält die VO 1370/2007 eigenständige Schwellenwerte, bei deren Unterschreitung die Behörde ein Vergabeverfahren nicht durchführen muss, vgl. Art. 4 Abs. 5 VO. Die Emanzipation der Vergabepflicht für ÖPNV-Dienstleistungen durch die VO 1370/2007 dürfte in vielen Mitgliedstaaten eine Änderung des bisherigen Vergaberechts notwendig machen. In Deutschland ist z. B. die zwingende Anwendung des Kartellvergaberechts der §§ 97 ff. GWB und insbesondere der zur Verfügung stehende gerichtliche Rechtsschutz vom Überschreiten der Schwellenwerte abhängig, vgl. §§ 100 Abs. 1 GWB, 2 VgV. Gleichwohl ist die VO 1370/2007 auch ohne Änderung des nationalen Vergaberechts mit ihrem Inkrafttreten anwendbar: Aufgrund ihrer unmittelbaren Wirkung in den Mitgliedstaaten gem. Art. 288 Unterabs. 2 S. 1 AEUV beansprucht die VO 1370/2007 Geltungsvorrang gegenüber entgegenstehendem nationalen Recht.

33 EuGH, Urt. vom 18.07.2007 – Rs. C-382/05 „Kommission/Italien“ Rn. 34, VergabeR 2007, 604; Urt. vom 10.09.2009 – Rs. C-206/08 „WAZV Gotha“ – NZBau 2009, 729, 733.

34 BGH a. a. O., S. 181.

35 In diesem Sinne wohl auch Hübner, VergabeR 2009, 363, 366.

II. Übergangsregelungen

1. Verbindliche Anwendung der Vergaberegeln

Das neue Vergaberechtsregime ist im Gegensatz zu den beihilferechtlichen Vorschriften[36] dieser Verordnung für die öffentlichen Auftraggeber in den Mitgliedstaaten erst nach Ablauf einer 10-jährigen Übergangsfrist verpflichtend, Art. 8 Abs. 2 VO 1370/2007. Während dieser Phase können die Auftraggeber die Regelungen – auch die Betriebsübergangsregelung gem. Art. 4 Abs. 5 VO 1370/2007 – fakultativ anwenden. Es scheint sich in der Praxis jedoch anzudeuten, dass die Aufsichtsbehörden in den Ländern die zumeist kommunalen Aufgabenträger dazu anhalten, das neue Instrumentarium möglichst frühzeitig zu nutzen.[37] Denn die Mitgliedstaaten sind während der Übergangsfrist gehalten, das neue Vergaberecht schrittweise anzuwenden und der Europäischen Kommission über den Fortschritt ihrer Bemühungen zu berichten, vgl. Art. 8 Abs. 2 UAbs. 2 VO 1370/2007.[38] Auch in der von der Bundesregierung geplanten Gesetzesnovelle ist eine Verkürzung der Übergangsfrist auf einen Zeitraum bis zum 31.12.2013 vorgesehen (§ 62 PBefG-E[39]). Altverträgen gewährt die Verordnung hingegen Bestandsschutz, vgl. Art. 8 Abs. 3 VO 1370/2007. Einen sehr weitgehenden Bestandsschutz genießen dabei öffentliche Dienstleistungsaufträge, die bereits vor dem Inkrafttreten der VO 1370/2007 nach einem fairen Vergabeverfahren vergeben worden sind.[40]

2. Verfahrensrechtliche Vorwirkungen der VO 1370/2007

Saxinger[41] weist darauf hin, dass die VO 1370/2007 auch schon vor ihrem Inkrafttreten Wirkungen entfalte. Sofern die zuständige Behörde plane, kurze Zeit

36 Die beihilferechtlichen Anforderungen für Zuschüsse und Ausgleichszahlungen nach der VO 1370/2007/EG müssen hingegen bereits mit deren Inkrafttreten am 03.12.2009 angewendet werden, siehe auch Winnes/Schwarz/Mietsch, EuR 2009, 290, 294.

37 So bereits in Bayern durch Erlass des Bayerischen Staatsministeriums für Wirtschaft, Infrastruktur, Verkehr und Technologie vom 14. August 2009, Az.: VII/2-7410/160/1, AllMBl S. 309 (Leitlinien zur Anwendung der Verordnung (EG) Nr. 1370/2007 über öffentliche Personenverkehrsdienste auf Schiene und Straße), Ziffer 9.1 lit. b.

38 Auch Winnes/Schwarz/Mietsch, EuR 2009, 290, 293, gehen von einer Verpflichtung der Mitgliedstaaten zur schrittweisen Anwendung der neuen Vergabevorschriften aus.

39 BR-Drs. 462/11, S. 13.

40 Hierzu Hübner, VergabeR 2009, 363, 376.

41 EuZW 2009, 449, 452 mit weiteren Beispielsfällen. Ähnlich auch Winnes/Schwarz/Mietsch, EuR 2009, 290, 295 f., mit der Begründung, dass Art. 7 nicht durch die Übergangsregelung des Art. 8 VO 1370/2007 erfasst werde.

nach Inkrafttreten der VO 1370/2007 eine wettbewerbliche Vergabe oder eine Direktvergabe aufgrund der neuen Verordnung durchzuführen, müsse sie die VO 1370/2007 teilweise bereits vor dem 03.12.2009 beachten. Nach Art. 7 Abs. 2 VO 1370/2007 ist die Behörde verpflichtet, ihre Absicht zur Anwendung der Vergabevorschriften der VO 1370/2007 spätestens ein Jahr im Voraus im Amtsblatt der Europäischen Union zu veröffentlichen hat. Zugleich muss sie die in Art. 7 Abs. 2 S. 1 lit. a) bis c) VO 1370/2007 genannten Informationen im Amtsblatt veröffentlichen. Darüber hinaus hat jede interessierte Partei ein Recht darauf, dass die Behörde ihr die Gründe für eine Direktvergabe des öffentlichen Dienstleistungsauftrages mitteilt, Art. 7 Abs. 4 VO 1370/2007. Will die Behörde die neuen Vergaberegeln innerhalb eines Jahres nach Inkrafttreten der VO 1370/2007 anwenden, so muss sie – um ihrer Informationspflicht aus Art. 7 Abs. 2 VO 1370/2007 zu genügen – bestimmte Verfahrensvorschriften bereits vor dem Inkrafttreten der Verordnung anwenden. Dass die Behörde verpflichtet sein soll, die Informationspflichten des Art. 7 Abs. 2 und 4 VO 1370/2007 schon vor dem 03.12.2009 zu beachten, verdient Zustimmung. Zwar können die in Art. 7 VO 1370/2007 geregelten Informationspflichten vor ihrem Inkrafttreten keine normative Wirkung entfalten. Diese verfahrensrechtliche Vorwirkung hat jedoch ihren Grund darin, dass das Gesetzmäßigkeitsprinzip die zuständige Behörde verpflichtet, mit dem Inkrafttreten der VO 1370/2007 die Vergabe von öffentlichen Dienstleistungsaufträgen, die sie auf das neue Vergaberecht stützt, in Übereinstimmung mit dem höherrangigen Recht zu vollziehen. Hierfür ist es notwendig, dass die Behörde die der Vergabe zwingend vorgelagerten Verfahrenshandlungen auch dann beachtet, wenn diese selbst noch keine normative Bindungswirkung hervorrufen können.[42] Dies gilt jedenfalls dann, wenn – wie hier – die Behörde durch antizipierte Verfahrenshandlungen Rechte Dritter nicht berührt. Für die Vorwirkung des Art. 7 VO 1370/2007 kann festgestellt werden, dass sie nicht nur Rechte Dritter nicht beeinträchtigt, sondern im Gegenteil die Interessen potentieller Bieter erst zu verwirklichen hilft, weil deren frühzeitige Information über die Vergabeabsichten der Behörde Voraussetzung für den angestrebten Wettbewerb ist.[43] Die zweijährige Legisvakanz[44], die der europäische Gesetzgeber den nationalen Behörden

---

42 Jegliche Vorwirkung des Art. 7 VO 1370/2007 verneint jedoch – freilich ohne nähere Begründung – der Erlass des Bayerischen Staatsministeriums für Wirtschaft, Infrastruktur, Verkehr und Technologie vom 14. August 2009, Az.: VII/2-7410/160/1, AllMBl S. 309 (Leitlinien zur Anwendung der Verordnung (EG) Nr. 1370/2007 über öffentliche Personenverkehrsdienste auf Schiene und Straße), Ziffer 6.3 S. 2.

43 Schon das BVerwG hatte mit Urt. vom 02.07.2003 – 3 C 46/02 – NJW 2003, 2696, 2697 – einen auf Art. 12 GG gestützten Auskunftsanspruch von Marktteilnehmern vor einer staatlichen Auftragsvergabe (konkret: Liniengenehmigung nach PBefG) anerkannt.

44 Der Begriff der Legisvakanz beschreibt den Zeitraum zwischen der Verkündung und dem Inkrafttreten einer Norm; zur Begriffsherkunft siehe Saxinger EuZW 2009, 449, 450.

für die Umsetzung der Verordnung eingeräumt hat, stellt dabei sicher, dass die jeweiligen Auftraggeber die verfahrensrechtlichen Anforderungen eines Vergabeverfahren nach der VO 1370/2007 beachten können. Nach § 8a Abs. 4 PBefG-E[45] ist für die Fälle der Eigenerbringung (Art. 5 Abs. 2 VO 1370/2007) oder der Direktvergabe (Art. 5 Abs. 4 VO 1370/2007) einer Verkehrsleistung im Nahverkehr vorgesehen, dass die Wettbewerber innerhalb von sechs Monaten nach der Veröffentlichung nach Art. 7 Abs. 2 VO 1370/2007 ihr Interesse anmelden können, diesen Verkehr ganz oder teilweise selbst zu erbringen. Die zuständige Behörde soll dann verpflichtet werden, die nicht berücksichtigten Unternehmer vor der Vergabe über den Namen des ausgewählten Unternehmens, die Gründe der Nichtberücksichtigung und den frühestmöglichen Zeitpunkt der Beauftragung unverzüglich zu informieren.

B. Die Rechtsnatur des öffentlichen Dienstleistungsauftrags

Die VO 1370/2007 stellt das behördliche Betriebsübergangsverlangen in einen systematischen Zusammenhang mit dem öffentlichen Dienstleistungsauftrag. Eine Maßnahme nach Art. 4 Abs. 5 VO 1370/2007 ist nämlich Bestandteil des öffentlichen Dienstleistungsauftrages. Dies legt nicht nur die amtliche Überschrift des Art. 4 VO 1370/2007 nahe; aus Art. 4 Abs. 5 S. 2 VO 1370/2007 ergibt sich ferner, dass der öffentliche Dienstleistungsauftrag besonderen inhaltlichen Anforderungen[46] genügen muss, wenn ein Betriebsübergangsverlangen ausgesprochen werden soll. Der mitgliedstaatliche Rechtsrahmen eines Betriebsübergangs auf der Grundlage des Art. 4 Abs. 5 VO 1370/2007 hängt somit wesentlich davon ab, welche Rechtsnatur einem öffentlichen Dienstleistungsauftrag im Sinne der VO 1370/2007 nach der deutschen Rechtsordnung zukommt. Den Begriff des öffentlichen Dienstleistungsauftrages im rechtstechnischen Sinne kennt das deutsche Recht bislang nicht.[47]

45 BR-Drs. 462/11, S. 3.

46 Zu den Umsetzungsproblemen dieser Regelung vgl. 4. Teil.

47 Saxinger, DVBl 2008, 688, 689. Das Schrifttum verwendete den Begriff des öffentlichen Dienstleistungsauftrags bislang zumeist als Synonym für vergaberechtlich relevante Beschaffungsvorgänge öffentlicher Auftraggeber.

I. Die Legaldefinition in der VO 1370/2007

Der europäische Gesetzgeber ist sich bewusst, dass die Form und Benennung von Rechtsakten zur Übernahme von Personenverkehrsleistungen mit gemeinwirtschaftlichen Verpflichtungen in den einzelnen Mitgliedstaaten unterschiedlich ausgestaltet ist.[48] Der europäische Gesetzgeber wählt aus diesem Grund den flexiblen Rahmenbegriff des „öffentlichen Dienstleistungsauftrags", der sich möglichst problemlos in die nationalen Rechtsordnungen einfügen soll. Die Begrifflichkeit ist dem europäischen Recht keineswegs fremd. Die allgemeinen Vergaberichtlinien verwenden ihn zur Abgrenzung von öffentlichen Bau- und Lieferaufträgen, (z. B. in Art. 1 Abs. 2 Richtlinie 2004/18/EG). Nach der VO 1370/2007 kommt dem Begriff des öffentlichen Dienstleistungsauftrages eine eigenständige Bedeutung zu. Eine Legaldefinition bietet Art. 2 lit. i):

> „Im Sinne dieser Verordnung bezeichnet der Ausdruck (...) *„öffentlicher Dienstleistungsauftrag"*
>
> einen oder mehrere rechtsverbindliche Akte, die die Übereinkunft zwischen einer zuständigen Behörde und einem Betreiber eines öffentlichen Dienstes bekunden, diesen Betreiber eines öffentlichen Dienstes mit der Verwaltung und Erbringung von öffentlichen Personenverkehrsdiensten zu betrauen, die gemeinwirtschaftlichen Verpflichtungen unterliegen; gemäß der jeweiligen Rechtsordnung der Mitgliedstaaten können diese rechtsverbindlichen Akte auch in einer Entscheidung der zuständigen Behörde bestehen:
>
> – die die Form eines Gesetzes oder einer Verwaltungsregelung für den Einzelfall haben kann oder
> – die Bedingungen enthält, unter denen die zuständige Behörde diese Dienstleistungen selbst erbringt oder einen internen Betreiber mit der Erbringung dieser Dienstleistungen betraut;"

II. Die Transformation ins deutsche Recht

Die Einführung der Rechtsfigur des öffentlichen Dienstleistungsauftrages gem. Art. 2 lit. i) VO 1370/2007 dürfte bei der Anwendung der neuen EU-Verordnung in der Praxis rechtliche Zweifelsfragen aufwerfen. Im Mittelpunkt stehen dabei Rechtsfragen, die unmittelbar mit dem Vergabegegenstand des öffentlichen Dienstleistungsauftrages verknüpft sind – nämlich die Gewährung eines Ausgleichs für die Erbringung gemeinwirtschaftlicher Pflichten als Voraussetzung für die Anwendbarkeit der Betriebsübergangsregelung und ferner die Frage, wer die Kompetenzen der öffentlichen Hand, wozu auch die Betriebsübergangsverpflichtung zählt, nach Inkrafttreten der VO 1370/2007 wahrzunehmen hat.

48 Erwägungsgrund 9 der VO 1370/2007.

1. Gewährung eines ausschließlichen Rechts bzw. einer Ausgleichsleistung

Die Betriebsübergangssituation des Art. 4 Abs. 5 S. 1 VO 1370/2007 setzt voraus, dass die zuständige Behörde die Verkehrsdienstleistung im Rahmen eines öffentlichen Dienstleistungsauftrags nach Art. 3 Abs. 1 VO 1370/2007 vergibt. Zu einem öffentlichen Dienstleistungsauftrag kommt es aber nur dann, wenn die zuständige Behörde dem ausgewählten Betreiber ausschließliche Rechte und / oder Ausgleichsleistungen für die Auferlegung gemeinwirtschaftlicher Verpflichtungen gewährt. Die Betriebsübergangssituation nach Art. 4 Abs. 5 VO 1370/2007 setzt daher auch voraus, dass die Behörde dem Betreiber ein ausschließliches Recht und / oder eine Ausgleichsleistung gewährt. Nach der Legaldefinition in Art. 2 lit. f) und lit. g) VO 1370/2007 bezeichnet ein ausschließliches Recht eine Rechtsposition, die „einen Betreiber eines öffentlichen Dienstes berechtigt, bestimmte öffentliche Personenverkehrsdienste auf einer bestimmten Strecke oder in einem bestimmten Streckennetz oder Gebiet unter Ausschluss aller anderen solchen Betreiber zu erbringen". Entscheidend ist somit die rechtliche Ausgestaltung des Betriebs öffentlicher Personenverkehrsdienste. Diese werden in Deutschland als genehmigungsbedürftige straßengebundene Verkehre aufgrund des PBefG und als schienengebundene Verkehre nach den Vorschriften des AEG erbracht.

a. Im Personenbeförderungsrecht (PBefG)

Für das deutsche Personenbeförderungsrecht gilt vor diesem Hintergrund Folgendes: Nach dem gegenwärtigen Recht der PBefG-Liniengenehmigung gem. §§ 13 ff. PBefG vermittelt die Behörde dem Betreiber mit der Erteilung der Genehmigung stets auch ein ausschließliches Recht im Sinne der VO 1370/2007.[49] Zwar lässt sich dies nicht unmittelbar aus dem Wortlaut der Genehmigungsbestimmungen des Personenbeförderungsrechts entnehmen, weil dem PBefG der Begriff des ausschließlichen Rechts fremd ist.[50] Jedoch sind die Genehmigungsvorschriften im Anwendungsbereich der VO 1370/2007 unionsrechtskonform auszulegen. Hiernach vermittelt die Genehmigung dem Betreiber eine Rechts-

49 So die zutreffende herrschende Meinung, z. B. Bauer, PBefG-Kommentar, § 8 Rn. 25; Heiß, VerwArch 2009, 113, 125; Linke, NZBau 2010, 207; ders., S. 174 f.; Saxinger, DVBl 2008, 688, 691; ders., GewArch 2009, 350, 353; Wachinger, S. 252; Winnes/Schwarz/Mietsch, EuR 2009, 290, 299; Wittig/Schimanek, NZBau 2008, 222, 223. Anders z. B. Werner, GewArch 2004, 89, 94, der in der Liniengenehmigung nur die Verleihung besonderer Rechte i. S. d. Art. 86 Abs. 1 EGV sieht; auch die Bundesregierung scheint der Liniengenehmigung nach dem PBefG kein ausschließliches Recht beizumessen, vgl. BT-Drs. 17/314, S. 3.

50 Saxinger, DVBl 2008, 688, 689.

position, die inhaltlich alle Merkmale des ausschließlichen Rechts nach Art. 2 lit. f) VO 1370/2007 erfüllt. Dies ergibt sich v. a. aus § 13 Abs. 2 Nr. 2 PBefG. Die Vorschrift ordnet an, dass die beantragte Liniengenehmigung zu versagen ist, wenn der beantragte Verkehr die öffentlichen Verkehrsinteressen zu beeinträchtigen droht. Eine solche Beeinträchtigung liegt nach § 13 Abs. 2 Nr. 2 lit. a) PBefG insbesondere dann vor, wenn bereits ein anderer Betreiber die Verkehrsdienstleistung erbringt. Das sog. Verbot der Doppelbedienung, das auch durch die beabsichtigte PBefG-Novelle nicht beseitigt werden soll, führt daher zu einer – freilich zeitlich und räumlich befristeten – Sperrwirkung zugunsten des Altbetreibers. Die Genehmigung führt während ihrer Laufzeit grundsätzlich zu einem Ausschluss neuer Anbieter. Zwar ist es rechtlich möglich, eine ausreichende Verkehrsbedienung im Einzelfall zu verneinen und trotz vorhandener Verkehrsbedienung eine weitere Genehmigung zu erteilen.[51] Dies schließt ein Ausschließlichkeitsrecht des bisherigen Betreibers aber nicht aus. Es genügt bereits (vgl. Art. 2 lit. f) VO 1370/2007: „ein Recht, dass einen bestimmten Betreiber (...) berechtigt...), wenn der bisherige Betreiber die Doppelbedienung zumindest teilweise abwenden kann.[52] Diese Möglichkeit ist dem Altbetreiber durch § 13 Abs. 2 Nr. 2 lit. c) PBefG eröffnet, in dem er sich bereit erklärt, die notwendige Ausgestaltung des Verkehrs selbst durchzuführen.[53] Diese Berechtigung zum Ausschluss anderer Wettbewerber unterfällt dem Regelungszweck der VO 1370/2007, der nach dem Willen des europäischen Gesetzgebers[54] darin besteht, die Wettbewerbsregeln des Unionsrechts auch für Unternehmen zur Geltung zu bringen, die mit Dienstleistungen von allgemeinem wirtschaftlichen Interessen betraut sind. Zugleich erfüllt die Liniengenehmigung nach dem PBefG auch die zweite Voraussetzung des Art. 3 Abs. 1 VO 1370/2007, nämlich die Auferlegung gemeinwirtschaftlicher Verpflichtungen: Bereits die Liniengenehmigung verpflichtet die ausgewählten Betreiber zu gemeinwirtschaftlicher Verpflichtungen im Sinne des Unionsrechts.[55] Dazu zählen die Betriebs- und Beförderungspflicht (§§ 21, 22 PBefG), die Fahrplanpflicht (§§ 45, 40 PBefG) und die Pflicht des Betreibers zur Einhaltung von behördlich festgestellten Beförderungsentgelten sowie Beförderungsbedingungen (§ 39 PBefG). Der Liniengenehmigung nach dem PBefG stellt somit bei unionsrechtskonfor-

---

51 Kaufmann/Lübbig/Prieß/Pünder, VO 1370/2007-Kommentar, Art. 2 Rn. 30.

52 Linke, S. 175.

53 Siehe auch Linke, S. 174 (Fn. 951 mwN).

54 Vgl. Erwägungsgrund 2 zu VO 1370/2007.

55 EuGH, Urt. vom 24.07.2003 – Rs. C-280/00 „Altmark Trans“ – NJW 2004, 2515, 2516, Rn. 46 f. Zustimmend auch Winnes/Schwarz/Mietsch, EuR 2009, 290, 299 und Saxinger, DVBl 2008, 688, 693; a. A. jedoch Ziekow, NVwZ 2009, 865, 867 f., der der VO 1370/2007 einen Vorrang kommerzieller Verkehre entnimmt, weil die eigenwirtschaftliche Liniengenehmigung keine gemeinwirtschaftlichen Verpflichtungen enthalte.

mer Auslegung der Genehmigungsvorschriften ein ausschließliches Recht nach Art. 2 lit. f) VO 1370/2007 dar.

In der Praxis stehen daneben oftmals noch zahlreiche andere durch Verkehrsvertrag mit den Aufgabenträgern im gemeinwirtschaftlichen Interesse vereinbarte Pflichten, für deren Erfüllung die Betreiber eine finanzielle Ausgleichsleistung im Sinne von Art. 3 Abs. 1 und Art. 2 lit. g) VO 1370/2007 erhalten.[56] Auch unter diesem Gesichtspunkt ist für Verkehre nach dem PBefG der Anwendungsbereich der VO 1370/2007 gegeben.

b. Im Eisenbahnrecht (AEG)

Etwas anderes gilt hingegen für den Bereich des Eisenbahnrechts: Hier kann nicht auf die Ausschließlichkeitswirkung einer Betriebsgenehmigung nach § 6 AEG[57] rekurriert werden. Denn im Gegensatz zum Personenbeförderungsrecht kennt das Eisenbahnrecht nicht die an das Bedürfnis einer Verkehrsbedienung geknüpften objektiven Zulassungsschranke, wie sie § 13 Abs. 2 PBefG statuiert.[58] In diesem Zusammenhang gilt es, Zweierlei zu trennen: Zum einen nämlich die Betriebserlaubnis, die nach § 6 Abs. 2 AEG grundsätzlich jedem Eisenbahnverkehrsunternehmer erteilt wird, der die gewerberechtliche Zuverlässigkeit besitzt, finanziell leistungsfähig ist, über die erforderliche Sachkunde verfügt und damit die Gewähr für eine sichere Betriebsführung bietet.[59] Diese gewerberechtliche Genehmigung vermittelt dem Unternehmer im Unterschied zur PBefG kein ausschließliches Recht im Sinne der VO 1370/2007.[60] Die Genehmigung ist nämlich nicht streckenbezogen[61] und schließt daher andere Betreiber nicht aus im Sinne des Art. 2 lit. f) VO 1370/2007. Neben der Genehmigung gem. § 6 AEG sind die Eisenbahnunternehmer jedoch für den Betrieb eines öffentlichen Verkehres zum anderen auf den Zugang zur Eisenbahninfrastruktur, die von den Eisenbahninfrastrukturunternehmen[62] (z. B. DB Netz AG) betrieben wird, angewiesen. Das Eisenbahninfrastrukturunternehmen (im Folgenden: Netzbetreiber) schließt dafür in der Regel mit den einzelnen Eisenbahnverkehrsunternehmen nach Maßga-

56 Hierzu auch Saxinger, DVBl 2008, 688, 694.

57 Allgemeines Eisenbahngesetz vom 27.12.1993, BGBl. I S. 2378, ber. 1994 I S. 2439, zuletzt geändert durch Gesetz vom 29.07.2009, BGBl. I S. 2542.

58 Zu diesem Unterschied vgl. Frotscher/Kramer, NVwZ 2001, 24, 27.

59 Näheres hierzu regelt die aufgrund § 26 Abs. 1 Nr. 3 i. V. m. § 6 Abs. 2 AEG erlassene Eisenbahnunternehmer-Berufszugangsverordnung vom 27.10.1994, BGBl. I S. 3203, zuletzt geändert durch Verordnung vom 05.07.2007, BGBl. I S. 1305.

60 Zu diesem Ergebnis kommt auch Linke, S. 173.

61 Suckale, in: Hermes/Sellner, AEG-Kommentar, § 6 Rn. 49.

62 Die DB Netz AG betreibt den weit überwiegenden Teil der Eisenbahninfrastruktur in Deutschland; einen Einblick in die Inhomogenität des Schieneninfrastrukturmarktes bietet Kramer, S. 271 ff (Fn 1030 ff.).

be der §§ 14 ff. AEG i. V. m. der Eisenbahninfrastruktur-Benutzungsverordnung (EIBV)[63] eine privatrechtliche Vereinbarung über den Zugang zu bestimmten Streckenabschnitten. Der Netzbetreiber hat, im Rahmen der verfügbaren Kapazitäten, allen Anträgen auf Zuweisung von Zugtrassen stattzugeben, § 9 Abs. 1 EIBV. Konkurrieren zwei Eisenbahnverkehrsunternehmer um die Nutzung derselben Trasse, hat der Netzbetreiber zunächst auf eine einvernehmliche Regelung hinzuwirken, § 9 Abs. 3 EIBV. Erforderlichenfalls nimmt der Netzbetreiber bei konkurrierenden Anträgen eine Zuweisung unter Berücksichtigung der Bevorrechtigung bestimmter Trassen bzw. Verkehre vor, § 9 Abs. 4 EIBV. Können sich Netzbetreiber und das Eisenbahnunternehmen nicht über die wesentlichen Vertragsbedingungen (insbesondere Zeitraum und Kosten für die Netznutzung) einigen, kann die Bundesnetzagentur die für den privatrechtlichen Nutzungsvertrag erforderliche Willenserklärung des Netzbetreibers gem. § 14 f Abs. 3 AEG durch privatrechtsgestaltenden Verwaltungsakt ersetzen.[64] Der zwischen dem Netzbetreiber und dem Eisenbahnunternehmer abgeschlossene Nutzungsvertrag vermittelt aber auch kein ausschließliches Recht im Sinne des Art. 2 lit. f) i. V. m. Art. 3 Abs. 1 VO 1370/2007. Deren Anwendungsbereich erfasst nicht den Abschluss des Nutzungsvertrages nach §§ 14 ff. AEG i. V. m. der EIBV. Da ausschließliche Rechte als Kompensation für die Erfüllung gemeinwirtschaftlicher Verpflichtungen gewährt werden, besteht nach Art. 3 Abs. 1 VO 1370/2007 eine tatbestandliche Verknüpfung[65] zwischen dem ausschließlichen Recht und der Erfüllung gemeinwirtschaftlicher Verpflichtungen. Genau daran fehlt es beim Abschluss des Netznutzungsvertrags jedoch. Die §§ 14 ff. AEG i. V. m. den Vorschriften der EIBV räumen dem Verkehrsunternehmer einen Anspruch auf Eingehung des Nutzungsvertrages gegen den Netzbetreiber nicht als Ausgleich für die Erfüllung gemeinwirtschaftlicher Verpflichtungen ein. Das Verfahren zum Abschluss eines Nutzungsvertrags dient vielmehr dem Zweck, die vorhandene Eisenbahninfrastruktur des ehemaligen staatlichen Monopolunternehmens Deutsche Bundesbahn und anderer Netzbetreiber allen Marktteilnehmern diskriminierungsfrei zur Verfügung zu stellen. Das Recht zur Benutzung fremder Infrastruktur gleicht demnach die wirtschaftlichen Probleme aus, die mit der Schaffung einer parallelen Schieneninfrastruktur von Konkurrenten verbunden wären – die im Gegenzug gezahlten Nutzungsentgelte dienen dem Erhalt und dem Ausbau der Schieneninfrastruktur.[66] Ausschließliche Rechte lassen sich

---

63 Verordnung aufgrund der Ermächtigung in § 26 Abs. 1 Nr. 6 und 7 AEG über den diskriminierungsfreien Zugang zur Eisenbahninfrastruktur und über die Grundsätze zur Erhebung von Entgelt für die Benutzung der Eisenbahninfrastruktur i. d. F. vom 03.06.2005, BGBl. I S. 1566.

64 Frotscher/Kramer, NVwZ 2001, 24, 30.

65 Zur parallelen Problematik im PBefG spricht Saxinger, DVBl 2008, 688, 694, vom sog. Gegenzugprinzip; vgl. auch Linke, S. 188.

66 Im Einzelnen zum diskriminierungsfreien Netzzugang Frotscher/Kramer, NVwZ 2001, 24, 29 f.

daher weder der Betriebsgenehmigung noch aus dem Anspruch auf Netzzugang nach den §§ 14 ff. AEG i. V. m. den Vorschriften der EIBV entnehmen.

Jedoch führen auch Ausgleichsleistungen für gemeinwirtschaftliche Verpflichtungen im Sinne von Art. 2 lit. g) VO 1370/2007 zur Anwendung des neuen Vergaberechtsregimes nach Art. 3 Abs. 1 sowie Art. 5 Abs. 1 VO 1370/2007. Es ist anerkannt, dass ein attraktives Verkehrsangebot im öffentlichen Interesse notwendig defizitär ist.[67] Nach § 15 Abs. 1 AEG, der die Vorgaben der nunmehr außer Kraft getretenen Verordnung (EWG) Nr. 1191/69[68] umgesetzt hatte, sowie nach § 4 RegG können die Aufgabenträger daher den Betreibern gemeinwirtschaftliche Verpflichtungen entweder auferlegen oder mit diesen vereinbaren und den Betreibern im Gegenzug einen finanziellen Ausgleich zahlen. In der Praxis ist der Abschluss von subordinationsrechtlichen öffentlich-rechtlichen Verkehrsverträgen verbreitet. Die in diesem Rahmen zum Ausgleich der Kostenunterdeckung den Betreibern gezahlten Zuschüsse stellen Ausgleichsleistungen im Sinne des Art. 2 lit. g) VO 1370/2007 dar. Daran kann auch insoweit kein Zweifel bestehen, als die VO 1370/2007 die Verordnung (EG) Nr. 1191/69, nach deren Maßgabe in der Vergangenheit Ausgleichsleistungen gezahlt worden sind, nach dem Willen des europäischen Gesetzgebers[69] inhaltlich ersetzen soll. Die Regularien der VO 1370/2007 schreiben insoweit die unionsrechtlichen Grundsätze zur Zulässigkeit von öffentlichen Ausgleichsleistungen im ÖPNV lediglich fort und passen sie insbesondere an die Rechtsprechung des EuGH[70] an. Für schienengebundene Verkehre folgt die Anwendbarkeit des neuen Rechtsregimes der VO 1370/2007 somit regelmäßig aus dem Abschluss von Verkehrsverträgen i. S. d. § 4 RegG.

2. Bestimmung der „zuständigen Behörde" i. S. d. VO 1370/2007

Sehr problematisch ist hingegen die Frage, welche Behörde als „Auftraggeber" bei der Vergabe eines öffentlichen Dienstleistungsauftrages nach der VO 1370/2007 überhaupt zuständig ist. Nur die zuständige Behörde kann die Betriebsübergangssituation des Art. 4 Abs. 5 S. 1 VO 1370/2007 herbeiführen. Da eine Anpassung nationaler Vorschriften bislang fehlt, kann zunächst nur auf die Vorschriften der neuen Verordnung selbst abgestellt werden; die insoweit unangepassten nationalen Vorschriften sind – soweit möglich – unionsrechtskonform auszulegen. Dies wirft jedoch angesichts der gegenwärtigen deutschen Rechts-

67 Bericht der Bundesregierung 1996 über die Kostenunterdeckung im öffentlichen Personennahverkehr (BT-Drs. 13/7552); Ruhland, S. 161; Prieß, NZBau 2002, 539, 544.

68 Verordnung (EWG) Nr. 1191/69 des Rates vom 26.06.1969, ABl. EG Nr. L 156 vom 28.06.1969, S. 1 ff.

69 In diesem Sinne Erwägungsgrund 36 zu VO 1370/2007.

70 EuGH, Urt. vom 24.07.2003 – Rs. C-280/00 „Altmark Trans" – NJW 2004, 2515, 2516.

lage insbesondere im Anwendungsbereich des PBefG zum Teil schwierige Abgrenzungsprobleme auf.

a. Legaldefinitionen in Art. 2 lit. b) und c) VO 1370/2007

Die Verordnung differenziert die Zuständigkeit für ihren Vollzug unter zwei Gesichtspunkten: Zum einen definiert sie die Behörde, die den öffentlichen Dienstleistungsauftrag bewirkt, als „zur Intervention im öffentlichen Personenverkehr in einem bestimmten geografischen Gebiet befugt", Art. 2 lit. b) VO 1370/2007. Im Sprachgebrauch der VO 1370/2007 ist sie die „zuständige Behörde". Zum anderen erlaubt die VO 1370/2007 der öffentlichen Hand – soweit das nationale Recht nicht entgegensteht –, Personenverkehrsdienste auch selbst zu erbringen oder an einen internen Betreiber zu vergeben. Hierzu ist indes nur die „örtlich zuständige Behörde" befugt. Nach Art. 2 lit. c) VO 1370/2007 ist die zuständige Behörde nur dann auch örtlich zuständig, wenn sich ihr geografischer Zuständigkeitsbereich nicht auf das gesamte Staatsgebiet erstreckt. Jede örtlich zuständige Behörde im Sinne des Art. 2 lit. c) VO 1370/2007 ist damit notwendig auch im Zuständigkeitsbegriff des Art. 2 lit. b) VO 1370/2007 enthalten.

Im Zusammenhang mit der hier zu untersuchenden Betriebsübergangssituation ist daher die allgemeine Zuständigkeitsregel in Art. 2 lit. b) VO 1370/2007 ausschlaggebend – nur diejenige Behörde kann einen Betriebsübergang nach Art. 4 Abs. 5 VO 1370/2007 bewirken, die nach dem Verständnis des europäischen Gesetzgebers zur Intervention im öffentlichen Personenverkehr befugt ist.

b. Die Zuständigkeitsregelungen nach gegenwärtiger Rechtslage

Nachfolgend ist also darauf einzugehen, welche Behörden in Deutschland zur Intervention im öffentlichen Personenverkehr befugt sind. Dafür ist zunächst ein Überblick über die derzeit geltenden Zuständigkeiten im Personenverkehr zu geben.

aa. Verkehre i. S. d. PBefG

Der straßengebundene Personennahverkehr (einschließlich Straßenbahnen und U-Bahnen) wird in Deutschland einerseits durch das gewerberechtliche PBefG reglementiert. Beförderungsdienstleistungen i. S. d. PBefG unterliegen gem. § 2 PBefG einem präventiven Verbot mit Erlaubnisvorbehalt. Nach § 11 Abs. 1 PBefG erteilt eine von der Landesregierung bestimmte Behörde die Genehmigung. Die Länder haben in ihren Ausführungsverordnungen die Zuständigkeit Ausführung des PBefG unterschiedlich geregelt.[71]

---

71 Vgl. Bauer, PBefG-Kommentar, § 11 Rn. 3 (Fn. 2): Zuständige Landesbehörden sind in **Baden-Württemberg**: Innenministerium; **Bayern**: Staatsministerium für Wirtschaft, Infrastruktur,

Zum anderen gelten die Bestimmungen des RegG. In Verbindung mit den Ausführungsgesetzen der Länder verpflichtet es die kommunalen und regionalen Aufgabenträger, für die Sicherstellung einer ausreichenden Verkehrsbedienung zu sorgen, § 1 RegG. Hierfür können sie mit den jeweiligen Betreibern Verkehrsverträge abschließen, die die Übernahme gemeinwirtschaftlicher Pflichten gegen Gewährung einer Ausgleichsleistung definieren, § 4 RegG. Die Regelung in § 4 RegG verweist zwar noch auf die Verordnung (EWG) 1191/69; sie kann jedoch mit dem Inkrafttreten der VO 1370/2007 ab 03.12.2009 unionsrechtskonform dahingehend ausgelegt werden, dass die bisherigen Aufgabenträger im Personenverkehr auch nach der VO 1370/2007 zuständig bleiben.[72]

Das Verhältnis zwischen der Genehmigungsbehörde und dem kommunalen Aufgabenträger wird weder durch das PBefG noch durch das RegG eindeutig entschieden. Die Rechtsprechung[73] hatte zuletzt die Kompetenzen der Genehmigungsbehörde gegenüber den Aufgabenträgern dadurch gestärkt, dass die Genehmigungsbehörde die Linienkonzession unabhängig vom Willen des kommunalen Aufgabenträgers erteilen kann. Denn die Genehmigungsbehörde habe einen eigenen Ermessensspielraum bei der Bewertung von öffentlichen Verkehrsbedürfnissen, der durch die Kompetenzen der kommunalen Aufgabenträger mit Inkrafttreten des RegG nicht beseitigt worden sei. In der Praxis existiert beim straßengebundenen Personenverkehr infolgedessen ein Nebeneinander von staatlicher Genehmigungsbehörde und den zumeist kommunalen Aufgabenträgern.

bb. Schienengebundener Personenverkehr (AEG)

Der schienengebundene Personenverkehr (ausschließlich U-Bahnen und Straßenbahnen) wird in Deutschland – auch in geschlossenen S-Bahn-Netzen – tra-

---

Verkehr und Technologie; **Berlin**: Senatsverwaltung für Stadtentwicklung; **Brandenburg**: Ministerium für Infrastruktur und Raumordnung; **Bremen**: Senator für Umwelt, Bau, Verkehr und Europa; **Hamburg**: Behörde für Stadtentwicklung und Umwelt; **Hessen**: Ministerium für Wirtschaft, Verkehr und Landesentwicklung; **Mecklenburg-Vorpommern**: Ministerium für Wirtschaft, Arbeit und Tourismus; **Niedersachsen**: Ministerium für Wirtschaft, Arbeit und Verkehr; **Nordrhein-Westfalen**: Ministerium für Bauen und Verkehr; **Rheinland-Pfalz**: Ministerium für Wirtschaft, Verkehr, Landwirtschaft und Weinbau; **Saarland**: Ministerium für Wirtschaft und Wissenschaft; **Sachsen**: Staatsministerium für Wirtschaft und Arbeit; **Sachsen-Anhalt**: Ministerium für Landesentwicklung und Verkehr; **Schleswig-Holstein**: Ministerium für Wissenschaft, Wirtschaft und Verkehr; **Thüringen**: Ministerium für Bau und Verkehr.

72 So auch im Ergebnis Winnes/Schwarz/Mietsch, EuR 2009, 290, 300 f.

73 OVG Münster, Beschl. vom 12.09.2008 – 13 B 929/08 – BeckRS 2008 39239; VGH Hessen, Urt. vom 18.11.2008 - 2 UE 1476/07 – BeckRS 2009 30430; a. A. Saxinger, GewArch 2009, 350, 353, mit Blick auf das neue Vergaberechtsregime der VO 1370/2007.

ditionell dem Eisenbahnverkehr zugeordnet.[74] Die Bestimmung des Anwendungsbereichs des AEG in dessen § 1 Abs. 2 erfolgt dabei – ausgehend vom herkömmlichen deutschen und internationalen Sprachgebrauch der „Eisenbahn" als Verkehrssystems, das durch die Kombination Rad-Schiene[75] geprägt ist – mithilfe einer Negativabgrenzung zu anderen Schienenbahnen, die vom Anwendungsbereich des AEG ausgenommen sind. So gilt das AEG nicht für andere Schienenbahnen wie Magnetschwebebahnen, Straßenbahnen und die nach ihrer Bau- bzw. Betriebsart ähnlichen Bahnen, Bergbahnen und sonstige Bahnen besonderer Bauart, § 1 Abs. 2 S. 2 AEG. Die Zuständigkeiten für Genehmigungen nach dem AEG verteilt § 5 Abs. 1a AEG nach den dort genannten Kriterien auf den Bund und die Länder. Für bundeseigene Eisenbahnen ist danach stets der Bund zuständig.[76] Ferner ist der Bund zuständig für nichtbundeseigene Eisenbahnen ohne Sitz im Inland, soweit es um Belange der Benutzung der Eisenbahninfrastruktur geht.[77] Im Übrigen sind die Länder zuständig. Zusätzlich können gem. § 5 Abs. 2 S. 2 AEG die Länder und das Eisenbahn-Bundesamt (EBA) vereinbaren, die Befugnis zur Erteilung von Betriebsgenehmigungen ganz oder teilweise auf das EBA zu übertragen.[78]

Des Weiteren schließen die kommunalen Aufgabenträger auch im Bereich des schienengebundenen Personennahverkehrs regelmäßig Verkehrsverträge auf der Grundlage des § 4 RegG ab, um durch gemeinwirtschaftliche Verpflichtungen der Verkehrsunternehmen ein attraktives Verkehrsangebot zu gewährleisten. Die Durchführung des schienengebundenen Personennahverkehrs unterliegt damit aufgrund der Trennung von gewerberechtlicher Betriebserlaubnis und der regionalisierten Zuständigkeit der Aufgabenträger für die ausreichende Bedienung der Bevölkerung mit Verkehrsleistungen ebenfalls einem Behördendualismus.

c. Umsetzungsprobleme mit Inkrafttreten der VO 1370/2007

aa. Interventionsrecht im Sinne von Art. 2 lit. b) VO 1370/2007

Da sowohl staatliche Genehmigungsbehörde als auch kommunale und regionale Aufgabenträger in den Personenverkehr regulativ eingreifen, muss ein Anknüpfungspunkt für die Bestimmung des Interventionsrechts nach Art. 2 lit. b) VO 1370/2007 gefunden werden. Zwar könnte man es ausreichen lassen, ein Interventionsrecht überall dort anzuerkennen, wo nationale Behörden – gleichviel mit

74 Bauer, PBefG-Kommentar, § 4 Rn. 4.
75 Siehe Hermes, in: Hermes/Sellner, AEG-Kommentar, § 1 Rn. 13.
76 Hermes/Schweinsberg, in: Hermes/Sellner, AEG-Kommentar, § 5 Rn. 40.
77 Hermes/Schweinsberg, in: Hermes/Sellner, AEG-Kommentar, § 5 Rn. 41.
78 Nach Hermes/Schweinsberg, in: Hermes/Sellner, AEG-Kommentar, § 5 Rn. 62, machen von dieser Möglichkeit derzeit 13 Länder in unterschiedlichem Umfang Gebrauch.

welcher Zielsetzung – hoheitlich oder mit den Mitteln des Privatrechts im Bereich des öffentlichen Personenverkehrs eingreifen dürfen.[79] Ein solcher Ansatz verkennt jedoch, dass es sich bei dem Begriff des Interventionsrechts i. S. v. Art. 2 lit. b) VO 1370/2007 notwendig um einen funktionalen Begriff handeln muss, der nur im Lichte des Regelungszweckes der neuen Verordnung im Speziellen und des europäischen Primärrechts im Allgemeinen ausgelegt werden kann. Die VO 1370/2007 dient nämlich der Einführung eines unionsweiten regulierten Wettbewerbs im Bereich des Personenverkehrs.[80] Aufgrund der Erfahrung, dass viele Mitgliedstaaten den Verkehrsunternehmen Ausgleichsleistungen und/oder ausschließliche Rechte für die Erbringung von Leistungen im allgemeinen Interesse gewähren und die Vergabe solcher Aufträge in den einzelnen Mitgliedstaaten bislang sehr unterschiedlichen Regeln unterlag, hielt der europäische Gesetzgeber – ausgehend von der Vorgänger-Verordnung (EWG) Nr. 1191/69 – eine Aktualisierung des unionsweiten Rechtsrahmens für angebracht.[81] Die VO 1370/2007 richtet sich mit ihrem Pflichtenprogramm also an diejenigen nationalen Behörden, deren Intervention in den Bereich des Personenverkehrs die Belange des unionsweiten Wettbewerbs gem. Art. 91 Abs. 1 i. V. m. Art. 106 AEUV berührt. Dies trifft für den straßengebundenen Personenverkehr auf die staatliche Genehmigungsbehörde nach § 11 PBefG zu, weil sie – wie oben[82] ausgeführt – ausschließliche Rechte i. S. v. Art. 2 lit. f) VO 1370/2007 verleiht und damit andere in ihrer Dienstleistungsfreiheit beschränkt, und zugleich auf die Aufgabenträger, die nach § 4 RegG wettbewerbsrelevante Ausgleichsleistungen für die Übernahme gemeinwirtschaftlicher Verpflichtungen gewähren können.

Gegen die (Mit-)Zuständigkeit der Genehmigungsbehörde spricht nicht, dass Bundes- und Landesgesetzgeber die Zuständigkeit für die Anwendung der Verordnung (EWG) Nr. 1191/69 bereits auf die Aufgabenträger übertragen hätten und insoweit eine Klarstellung unnötig sei, weil die neue VO 1370/2007 die Verordnung (EWG) Nr. 1191/69 ersetze und die alte Aufgabenzuweisung bestehen bleibe.[83] Daran ist zwar richtig, dass die VO 1370/2007 ihre Vorgängerverordnung inhaltlich ersetzt. Sie geht aber mit ihren Regularien deutlich über die Vorgängerverordnung hinaus. Die VO 1370/2007 führt nicht nur erstmals ein spezielles Vergaberegime für Aufträge im öffentlichen Personenverkehr ein, sondern bezieht neben Ausgleichszahlungen auch die Verleihung ausschließliche Rechte durch nationale Behörden ein. Da die ausschließlichen Rechte nach Art. 4 Abs. 1 VO 1370/2007 ebenfalls Gegenstand eines öffentlichen Dienstleistungs-

79 In diese Richtung wohl Schröder, NVwZ 2008, 1288, 1289.
80 Vgl. Erwägungsgrund 2 zu VO1370/2007.
81 Erwägungsgründe 5 und 6 zu VO 1370/2007.
82 Siehe Erster Teil B. II. 1. a.
83 So aber Winnes/Schwarz/Mietsch, EuR 2009, 290, 300 f.

auftrages sein müssen und diese von der Genehmigungsbehörde gewährt werden, kann nicht allein auf die Zuständigkeitsübertragung durch das RegG i. V. m. den ÖPNV-Gesetzen der Länder abgestellt werden.

Von einem Interventionsrecht i. S. v. Art. 2 lit. b) VO 1370/2007 kann hingegen keine Rede sein, wenn eine Behörde lediglich gewerberechtliche Voraussetzungen für die Erbringung von Personenverkehrsdienstleistungen prüft und anschließend eine Betriebsgenehmigung erteilt, mit der weder Ausgleichsleistungen noch ausschließliche Rechte verbunden sind. Dies ist bei der Betriebsgenehmigung nach § 6 AEG der Fall.[84] Im Bereich des schienengebundenen Personenverkehrs obliegt daher lediglich dem Aufgabenträger gem. § 4 RegG i. V. m. § 15 Abs. 1 AEG ein solches Interventionsrecht. Die Zuständigkeitsregel des Art. 2 lit. b) i. V. m. Art. 3 Abs. 1 VO 1370/2007 löst daher im schienengebundenen Personenverkehr nicht zwingend Anpassungsbedarf aus, da gegenwärtig jeweils nur der Aufgabenträger zuständige Behörde i. S. d. Art. 2 lit. b) VO 1370/2007 ist.

bb. Problematische Doppelzuständigkeit nach PBefG und RegG

Ein anderes Bild zeigt sich bei den straßengebundenen Verkehren. Die Problematik der Doppelzuständigkeit von Genehmigungsbehörde nach § 11 PBefG und Aufgabenträger nach § 4 RegG liegt hier noch nicht darin begründet, dass die VO 1370/2007 eine solche Doppelzuständigkeit ausschlösse.[85] Ganz im Gegenteil erlaubt die neue Verordnung die Zuständigkeit mehrerer Behörden, was sich aus Art. 2 lit. b) VO 1370/2007 ergibt. Die Aufgaben nach dieser Verordnung können daher auch von einer „Gruppe von Behörden“ ausgeübt werden.

Schwierig wird die Kompetenzverteilung dort, wo die VO 1370/2007 den zuständigen Behörden – also im ÖSPV der Genehmigungsbehörde und dem Aufgabenträger – konkrete Pflichten zuweist. So muss der öffentliche Dienstleistungsauftrag nach Art. 4 Abs. 1 VO 1370/2007 unter anderem sowohl die vom Betreiber zu erfüllenden gemeinwirtschaftlichen Verpflichtungen klar definieren als auch die Parameter zur Berechnung der Ausgleichsleistung sowie Art und Umfang der gegebenenfalls gewährten ausschließlichen Rechte angeben. Gegenwärtig können Genehmigungsbehörde und Aufgabenträger jeweils voneinander unabhängig Gebrauch von der Rechtsfigur des öffentlichen Dienstleistungsauftrages machen: die Genehmigungsbehörde in Gestalt der Liniengenehmigung, der Aufgabenträger durch den Abschluss von Zuschussverträgen mit den Verkehrsunternehmen. Problematisch ist dies insoweit, als das sich aus dem Normzweck des Art. 4 Abs. 1 VO 1370/2007 aber ergibt, dass der öffent-

84 Vgl. Erster Teil B. II. 1. b.

85 Darauf weist Saxinger zutreffend hin, in: GewArch 2009, 350, 353. Nach Heiß, VerwArch 2009, 113, 121, bestehe kein Gebot zur Schaffung einer einheitlichen Behördenstruktur.

lichen Dienstleistungsauftrag alle Ausgleichsleistungen und ausschließlichen Rechte vollständig enthalten muss.[86] Dafür spricht zum einen, dass Art. 4 Abs.1 VO1370/2007 schon dem Wortlaut nach dem vergaberechtlichen Transparenzgrundsatz verpflichtet ist.[87] Denn nur durch nachvollziehbare und vollständige Angaben in den öffentlichen Dienstleistungsaufträgen sind die Aufsichtsbehörden, die Wettbewerber und die Gerichte in der Lage, die Rechtmäßigkeit der gewährten Ausgleichsleistungen und der Auftragsvergabe zu prüfen. Des Weiteren dient Art. 4 Abs. 1 VO 1370/2007 dazu, die Vorgaben des EuGH[88] zur Zulässigkeit von Ausgleichsleistungen im ÖPNV im europäischen Sekundärrecht umzusetzen. Die Prüfung, ob eine staatliche Ausgleichsleistung für die Übernahme gemeinwirtschaftlicher Verpflichtungen den unionsrechtlichen Voraussetzungen entspricht, würde erschwert, wenn in der derselben Sache mehrere öffentliche Dienstleistungsaufträge i. S. d. Art. 4 VO 1370/2007 existierten. Die dargestellten Anforderungen des Art. 4 Abs. 1 VO 1370/2007 sind in Deutschland so lange nicht gewährleistet, wie an der bisherigen Aufgabenverteilung zwischen Genehmigungsbehörde und Aufgabenträger festgehalten wird. Es ist insbesondere nicht mit Art. 4 Abs. 1 VO 1370/2007 vereinbar, dass die Genehmigungsbehörde die Linienkonzession im Rahmen von Art. 3 Abs. 1 i. V. m. Art. 4 Abs. 1 VO 1370/2007 durch öffentlichen Dienstleistungsauftrag erteilt, ohne dass die vom Aufgabenträger an den Betreiber gezahlte Ausgleichsleistung Gegenstand des Genehmigungsverfahrens ist. So war es zumindest vor Inkrafttreten der VO 1370/2007 aber gängige Praxis.[89]

Eine weitere Folge des nicht angepassten PBefG ist, dass möglicherweise zwei voneinander getrennte Vergabeverfahren nach Art. 5 Abs. 1 VO 1370/2007 durchzuführen wären, obwohl ein und derselbe Sachverhalt betroffen ist. Denn gewährt die Behörde einem Betreiber ausschließliche Rechte und/oder Ausgleichsleistungen gleich welcher Art für die Erfüllung gemeinwirtschaftlicher Verpflichtungen, so erfolgt dies im Rahmen eines öffentlichen Dienstleistungsauftrages, vgl. Art. 3 Abs. 1 VO 1370/2007. Für diese öffentliche Dienstleistungsaufträge ordnet Art. 5 Abs. 1 nunmehr grundsätzlich die Durchführung eines Vergabeverfahrens an.[90] Unklar ist auch die Rechtslage, wenn die Vergabeentscheidungen von Genehmigungsbehörde und Aufgabenträger dadurch möglicherweise voneinander abweichen. Die bislang herrschende Auffassung,[91] dass die staatliche Genehmi-

86 Saxinger, GewArch 2009, 350, 354.

87 Vgl. die Eingangsformulierung in Art. 4 Abs. 2 lit. b) VO 1370/2007: „(...) sind zuvor in objektiver und transparenter Weise aufzustellen (...)".

88 EuGH, Urt. vom 24.07.2003 – Rs. C-280/00 „Altmark Trans" – NJW 2004, 2515; der Erwägungsgrund 36 zu VO 1370/2007 bezieht sich ausdrücklich auf diese Entscheidung des EuGH.

89 Z. B. BVerwG, Urt. vom 19.10.2006 – 3 C 33/05 – NVwZ 2007, 330, 332, Rn. 37.

90 Vgl. Dritter Teil A. I.

91 Vgl. oben Erster Teil B. II. 2. aa.

gungsbehörde auch gegen den Willen des Aufgabenträgers entscheiden könne, birgt ein hohes Maß an Rechtsunsicherheit in sich.

Für die Befugnisnorm des Art. 4 Abs. 5 S. 1 VO 1370/2007 ist damit nicht nur die Frage aufgeworfen, ob Genehmigungsbehörde oder Aufgabenträger – womöglich sogar beide alternativ – den neuen Betreiber verpflichten können, den betroffenen Arbeitnehmern des alten Betreibers die Rechtsfolgen des Betriebsübergangs zu gewähren. Es stellt sich zugleich die Frage, wer die Informationspflichten des Art. 4 Abs. 5 S. 2 VO 1370/2007 zu erfüllen hat.

d. Lösungsmöglichkeiten

Wenn man anerkennt, dass das Art. 4 Abs. 1 VO 1370/2007 innewohnende Transparenzgebot und das praktische Bedürfnis, Rechte und Pflichten der zuständigen Behörden rechtssicher zuzuordnen, es nicht zulassen, dass mehrere Behörden in derselben Sache öffentliche Dienstleistungsaufträge unabhängig voneinander vergeben, ist nach geeigneten Lösungsmöglichkeiten zu suchen.

aa. De lege lata

Saxinger[92] schlägt vor, die notwendige inhaltliche Verknüpfung zwischen Liniengenehmigung und Zuschussvertrag auf der Grundlage des geltenden Rechts dadurch herzustellen, dass die Genehmigungsbehörde in Anlehnung an das gemeindliche Einvernehmenserfordernis im Baurecht (§ 36 BauGB) den jeweiligen Aufgabenträger vor Erteilung der Genehmigung zu beteiligen habe. Mangels Anpassung des PBefG durch den Gesetzgeber seien die beteiligten Behörden daher gehalten, eine Verwaltungspraxis zu entwickeln, die die neuen unionsrechtlichen Vorgaben umsetze.

Dieser Ansatz ist begrüßenswert. Da nicht ignoriert werden darf, dass die Liniengenehmigung nach dem PBefG ein ausschließliches Recht verleiht und die Genehmigungsbehörde somit nach Art. 2 lit. b) VO 1370/2007 über ein Interventionsrecht verfügt, sind die Länder aufgefordert, zügig auf die unmittelbar wirkenden Vorschriften der VO 1370/2007 zu reagieren. Die bereits zugänglichen ministeriellen Ausführungsbestimmungen der Länder gehen auf die beschriebene Problematik der Doppelzuständigkeit indes nicht ein.[93] Auch in der

92 Saxinger, GewArch 2009, 350, 354.

93 Vgl. Erlass des Bayerischen Staatsministeriums für Wirtschaft, Infrastruktur, Verkehr und Technologie vom 14. August 2009, Az.: VII/2-7410/160/1, AllMBl S. 309 (Leitlinien zur Anwendung der Verordnung (EG) Nr. 1370/2007 über öffentliche Personenverkehrsdienste auf Schiene und Straße). Dies erklärt sich damit, dass die Staatsregierung der Linienverkehrsgenehmigung kein ausschließliches Recht i. S. d. Unionsrechts zumisst. Auch das bereits novellierte Hessische ÖPNVG kennt lediglich eine einseitige Kompetenzzuweisung an die Aufgabenträger (vgl. §§ 5, 9 HesÖPNVG).

Literatur fehlen bislang konkrete Vorschläge für eine unionsrechtskonforme Zuständigkeitsabgrenzung.

Denkbar ist die folgende: Die Zuständigkeiten der Genehmigungsbehörde werden auf ihre gewerberechtlichen Befugnisse und auf die Verleihung des mit der Genehmigung verbundenen ausschließlichen Rechts begrenzt. Der Anwendungsbereich des § 13a PBefG, der in der Praxis ohnehin gering war, ist durch die VO 1370/2007 entfallen.[94] Zudem sind die bisherigen Auswahlkriterien des § 13 Abs. 2 und 3 PBefG, insbesondere das Altunternehmerprivileg mit dem wettbewerblichen Vergaberechtsregime nicht verträglich.[95] Damit obliegt die Ermittlung des wirtschaftlichsten Anbieters dem Aufgabenträger, der ausschließlich ein Vergabeverfahren nach Art. 5 VO 1370/2007 durchführt. Dafür spricht, dass er die örtlichen Verkehrsbedürfnisse in der Regel am besten beurteilen und damit die Leistungsbeschreibung und die Berechnung der Ausgleichsleistung anhand der regionalen Verkehrsbedürfnisse vornehmen kann. Die alleinige Befugnis des Aufgabenträgers zur Ermittlung des wirtschaftlichsten Betreibers folgt auch aus §§ 3 und 4 RegG i. V. m. den ÖPNV-Gesetzen der Länder: Die Regionalisierung der Aufgaben des öffentlichen Personenverkehrs diente der Stärkung der Wirtschaftlichkeit durch Zusammenführen der Zuständigkeit von Planung, Organisation und Finanzierung, vgl. § 3 S. 1 RegG. Diese funktionelle Zuständigkeit der Aufgabenträger erheischt auch unter Geltung der neuen VO 1370/2007 Beachtung. Wenngleich die Befugnisse des Aufgabenträgers nach § 4 RegG (gemeinwirtschaftliche Verkehrsleistungen) nicht dazu führen, ein Interventionsrecht anderer Behörden auszuschließen, folgt daraus jedenfalls, dass die vergaberechtsspezifischen Aufgaben des Auftraggebers bei den regionalen und kommunalen Aufgabenträgern liegen. Sofern der jeweilige Aufgabenträger beabsichtigt, einen öffentlichen Dienstleistungsauftrag zu vergeben und er diese Absicht gem. Art. 7 Abs. 2 VO 1370/2007 – auch gegenüber der Genehmigungsbehörde – rechtzeitig angezeigt hat, sollte die Genehmigungsbehörde in unionsrechtskonformer Anwendung des § 13 Abs. 2 Nr. 2 PBefG bis zur Vergabeentscheidung keine Genehmigung für die betreffende Linie aussprechen (Genehmigungssperre).[96] Nach Ermittlung des wirtschaftlichsten Betreibers müsste die Genehmigungsbehörde ferner – unbeschadet einer Prüfung der gewerberechtlichen Anforderungen des § 13 Abs. 1 PBefG – inhaltlich an die Entscheidung des

94 Siehe nur Bauer, PBefG-Kommentar, § 13a Rn. 1. Er weist zu Recht darauf hin, dass die Vorschrift aufzuheben ist.

95 Fehling/Niehnus, DÖV 2008, 662, 668. Der jüngste Gesetzentwurf der Bundessregierung sieht folgerichtig eine Aufhebung des § 13a PBefG vor, BR-Drs. 462/11, S. 7.

96 Ähnliches sah noch – im Gegensatz zum Gesetzentwurf aus dem Jahr 2011 - der zurückgezogene Referentenentwurf des BMVBS aus dem Jahre 2008 vor (§ 13 Abs. 2 Nr. 2d RE-PBefG); allerdings sollte die Genehmigungssperre erst mit Einleitung des Vergabeverfahrens greifen.

Aufgabenträgers gebunden werden.[97] Dies ließe sich rechtstechnisch nach den Vorschriften über den zustimmungsbedürftigen öffentlich-rechtlichen Vertrag erreichen. Die Liniengenehmigung kann ebenso wie die ausgleichspflichtige Betrauung des Verkehrsunternehmers mit gemeinwirtschaftlichen Verpflichtungen durch öffentlich-rechtlichen Vertrag erfolgen, § 54 S. 2 VwVfG.[98] Die Verknüpfung von Verkehrsvertrag und Genehmigungserteilung folgte sodann aus der Anwendung des § 58 Abs. 2 VwVfG. Danach wird ein öffentlich-rechtlicher Vertrag erst wirksam, wenn die erforderliche Genehmigung, Zustimmung oder das Einvernehmen einer anderen Behörde vorliegt. Die Norm setzt freilich voraus, dass die Mitwirkung des Aufgabenträgers aufgrund Rechtsvorschrift vorgesehen und damit erforderlich ist (formelle Bindungswirkung).[99] Eine solche Rechtsvorschrift fehlt hier. Die Lücke kann jedoch in Gesamtanalogie zu den §§ 14 Abs. 2, 22 Abs. 6, 36 Abs. 1 S. 1 BauGB, 58 Abs. 2 FlurbG sowie 11 Abs. 3 und 4 PBefG unter Berücksichtigung der europarechtlichen Vorgaben (insbesondere Art. 4 Abs. 1 VO 1370/2007) geschlossen werden. Den Vorschriften ist gemein, dass sie Ausdruck der Bindungswirkung des jeweiligen Mitwirkungsaktes sind.[100] Die sekundärrechtliche Verankerung des Transparenzgrundsatzes in Art. 4 Abs. 1 VO 1370/2007 rechtfertigt eine Übertragung des Rechtsgedankens auf das Verhältnis von Genehmigungsbehörde und Aufgabenträger. Dadurch wäre sichergestellt, dass der öffentliche Dienstleistungsauftrag im Anwendungsbereich des PBefG bis zu einer Anpassung des Gesetzes an die VO 1370/2007 durch die (zumindest zuständigkeitsmäßige) Verknüpfung von Liniengenehmigung und Verkehrsvertrag wirksam abgeschlossen werden kann. Eine Doppelausschreibung wird so vermieden. Eine solche wäre auch weder mit dem Wettbewerbsgedanken der VO 1370/2007 vereinbar noch in der Praxis umsetzbar.

Für die behördliche Befugnis, die Rechtsfolgen des Betriebsübergangs nach Art. 4 Abs. 5 VO 1370/2007 herbeizuführen, folgt aus dem Vorstehenden: Da der Aufgabenträger allein zur Durchführung des wettbewerblichen Vergabeverfahrens nach Art. 5 Abs. 1 VO 1370/2007 berufen sein sollte, obliegt ihm damit nicht nur ausschließlich die Festlegung der Eignungs- und Wertungskriterien, sondern auch die Aufnahme bestimmter Sozial- und Qualitätsstandards in die Leistungsbeschreibung, vgl. Art. 4 Abs. 5 und 6 VO 1370/2007. Damit ist es auch im Bereich des straßengebundenen Personenverkehrs allein der Aufgabenträger,

97 So auch der ursprüngliche Referentenentwurf in § 13 Abs. 2b RE-PBefG.

98 Anzuwenden ist das Verwaltungsverfahrensgesetz des jeweiligen Landes. In Bayern richtet sich das Verwaltungsverfahren demnach nach den Vorschriften des BayVwVfG. Die vorliegende Darstellung legt aus Gründen der Einheitlichkeit jeweils das gleichlautende VwVfG des Bundes zugrunde.

99 Zu diesem Kriterium Spieth, in: Bader/Ronellenfitsch-BeckOK/VwVfG, § 58 Rn. 15; Bonk, in: Stelkens/Bonk/Sachs, VwVfG-Kommentar, § 58 Rn. 27.

100 Spieth, in: Bader/Ronellenfitsch-BeckOK/VwVfG, § 58 Rn. 15.

der im Rahmen der Vergabe des öffentlichen Dienstleistungsauftrages von der Befugnis des Art. 4 Abs. 5 VO 1370/2007 Gebrauch machen kann. Es ist überdies ausgeschlossen, dass die Genehmigungsbehörde außerhalb des Vergabeverfahrens anlässlich der Genehmigungserteilung die Befugnis nach Art. 4 Abs. 5 VO 1370/2007 ausüben kann. Dem steht das Recht der Bieter entgegen, dass ihnen durch die Teilnahme am Wettbewerb um den Auftrag kein ungewöhnliches Wagnis aufgebürdet wird. Dazu käme es, wenn die Bieter erst nach Kalkulation ihres Angebotes erführen, dass die Arbeitsverhältnisse mit dem Altbetreiber auf sie übergehen gehen könnten. Dies schließt denn auch Art. 4 Abs. 5 S. 2 VO 1370/2007 aus, der so zu lesen ist, dass der Aufgabenträger bereits in den Ausschreibungsunterlagen darauf hinweisen muss, wenn er die Betriebsübergangssituation herbeiführen will.[101]

bb. De lege ferenda

Angesichts der dargestellten Schwierigkeiten bei der Zuständigkeitsabgrenzung und anderer „Friktionen“[102] zwischen der VO 1370/2007 und dem PBefG fordert das vergaberechtliche Schrifttum eine Anpassung des deutschen Rechts.[103]

Diskutiert wird zunächst, ob am Genehmigungserfordernis nach dem PBefG festgehalten werden soll. Vertreten wird, das PBefG solle dahingehend geändert werden, dass der vom Aufgabenträger vergebene öffentliche Dienstleistungsauftrag die Liniengenehmigung nach § 13 PBefG ersetzt.[104] Damit würde eine eigenständige Prüfung der gewerberechtlichen Voraussetzungen für die Erbringung von Personenverkehrsdienstleistungen partiell entfallen. Dagegen wird jedoch zutreffend eingewandt, dass die Gefahrenabwehrfunktion des PBefG nicht aufgegeben werden dürfe.[105] Nach § 13 Abs. 1 Nr. 1, Abs. 2 PBefG ist das Kriterium der Gewährleisung der Sicherheit des Betriebs und damit des Straßenverkehrs Gegenstand des Genehmigungsvorbehalts, womit der Gesetzgeber die überragende Bedeutung dieses öffentlichen Verkehrsinteresses unter Berücksichtigung der spezifischen Gefahren der Massenbeförderung bereits im Genehmigungsverfahren zum Ausdruck bringt.[106] Der genannte Einwand hat daher für sich, dass kein Grund ersichtlich ist, im Anwendungsbereich der VO 1370/2007 auf eine eigenständige gewerberechtliche Prüfung zu verzichten. Gerade die bezweckte Öffnung des Personenverkehrsmarktes für die EU-Wettbewerber macht es er-

101 Vgl. Vierter Teil B. III. 2.

102 So formuliert treffend Saxinger, GewArch 2009, 350, 353.

103 Bauer, PBefG-Kommentar, § 8 Rn. 23 ff.; Fehling/Niehnus, DÖV 2008, 662, 668; Saxinger, GewArch 2009, 350, 354; Winnes/Schwarz/Mietsch, EuR 2009, 290, 301.

104 So Winnes/Schwarz/Mietsch, EuR 2009, 290, 301.

105 Fehling/Niehnus, DÖV 2008, 662, 668.

106 Heinze, PBefG, § 13 Anmerkung 10, 4. a).

forderlich, einen hohen Sicherheitsstandard zu erhalten. Diesen Ansatz verfolgt auch die neue Verordnung: Nach Art. 1 Abs. 1 VO 1370/2007 soll der mit Verordnung bezweckte kontrollierte Wettbewerb eine sicherere und höherwertigere Leistungserbringung ermöglichen, als es das freie Spiel des Marktes gewährleisten würde.

Soll am bisherigen Genehmigungserfordernis festgehalten werden, plädieren andere Stimmen[107] dafür, dass die Aufgaben von Genehmigungsbehörde und Aufgabenträger zusammengelegt werden. Eine Zuständigkeitsabgrenzung entfiele ebenso wie die notwendige Verknüpfung von Genehmigung und Verkehrsvertrag, was die Fehleranfälligkeit des Vergabeverfahrens reduzieren dürfte. Welchen Behörden dabei die Länder letztlich die Zuständigkeit nach der VO 1370/2007 einräumen, ist vorrangig eine rechtspolitische Frage. Da sich die Regionalisierung des Personenverkehrs grundsätzlich bewährt hat, erscheint eine Konzentration des Interventionsrechts auf die Aufgabenträger sinnvoll. Nicht ausreichend wäre es indes, im PBefG oder RegG die Befugnisse nach der VO 1370/2007 einseitig den Aufgabenträgern zuzuweisen, aber die Ausschließlichkeit der Liniengenehmigung beizubehalten.[108] Denn damit kann der Gesetzgeber den oben[109] dargestellten Anforderungen des Art. 4 Abs. 1 VO 1370/2007 und dem in ihm verkörperten Gedanken der wettbewerblichen Transparenz nicht entsprechen. In diese Richtung scheint jedoch gegenwärtig das jüngst initiierte Gesetzgebungsverfahren zu laufen. Zwar sieht § 8a Abs. 1 PBefG-E[110] ausdrücklich vor, dass die zuständige Behörde nach der VO 1370/2007 grundsätzlich identisch sein soll mit dem Aufgabenträger; indes hält der Gesetzentwurf fest an der Doppelzuständigkeit von Genehmigungsbehörde und Aufgabenträger. Dies dürfte in der Überlegung wurzeln, dass die Liniengenehmigung nach dem PBefG kein ausschließliches Recht im Sinne des Art. 2 lit. f) VO 1370/2007 vermittelt.[111] Die Bedenken gegen die Auffassung sind bereits oben[112] dargestellt worden.

Soll die bisherige Doppelzuständigkeit beibehalten werden, könnte das bereits beschriebene Einvernehmenserfordernis für den Abschluss eines zustimmungsbedürftiges öffentlich-rechtlichen Vertrages zur Klarstellung gegenüber der bloßen (Gesamt-)Analogie gesetzlich geregelt werden.[113] Auf dahingehende Bemühungen des Gesetzgebers deutet indes nichts hin.

107 Fehling/Niehnus, DÖV 2008, 662, 668; Saxinger, GewArch 2009, 350, 354.

108 So aber der Referentenentwurf des BMVBS aus dem Jahre 2008 (§ 8 Abs. 4 RE-PBefG).

109 Erster Teil B. II. 2. c. bb.

110 BR-Drs. 462/11, S. 2.

111 Siehe zur diesbezüglichen Auffassung der Bundesregierung BT-Drs. 17/314, S. 3.

112 Erster Teil B. II. 1. a.

113 Vgl. oben Erster Teil B. II. 2. d. aa.

e. Zusammenfassung

Die Kompetenz für ein Betriebsübergangsverlangen obliegt der zuständigen Behörde nach Art. 2 lit. b) VO 1370/2007. Die Zuständigkeit erfordert nach dieser Vorschrift die Befugnis zur Intervention im öffentlichen Personenverkehr. Für Eisenbahnverkehre verfügt lediglich der kommunale bzw. regionale Aufgabenträger über eine solche Interventionsbefugnis. Bei straßengebundenem Verkehr hingegen besteht gegenwärtig eine Doppelzuständigkeit von Aufgabenträger und Genehmigungsbehörde, weil die Betriebserlaubnis aufgrund des PBefG nach zutreffender Auffassung ein ausschließliches Recht verleiht und es daneben i. d. R. zu einem Verkehrsvertrag zwischen dem Aufgabenträger und dem Verkehrsunternehmen kommt. De lege lata kann die Doppelzuständigkeit durch ein sog. Einvernehmenserfordernis zugunsten des Aufgabenträgers bei der Genehmigungserteilung ausgeglichen werden. Eine gesetzliche Anpassung der Vorschriften des PBefG und des RegG dürfte für eine rechtssichere Handhabung der VO 1370/2007 unumgänglich sein. Eine Zusammenführung der Aufgaben von Genehmigungsbehörde und Aufgabenträger könnte die bisherigen Probleme bei der Verteilung der Kompetenzen nach der neuen VO 1370/2007 überwinden.

C. Fazit

Dem deutschen Gesetzgeber ist es bislang nicht gelungen, den nationalen Rechtsrahmen für die Vergabe öffentlicher Personenverkehrsdienste unter Berücksichtigung einer veränderten Rechtslage auf europäischer Ebene fortzuentwickeln. Zwar lassen sich etliche Vorschriften der neuen Verordnung in der Praxis ohne eine Anpassung des nationalen Rechts unmittelbar vollziehen. Wesentliche Weichenstellungen, wie z. B. die Kompetenzverteilung zwischen Genehmigungsbehörde und Aufgabenträger, bedürfen aber einer legislativen Entscheidung. Die Schwierigkeiten bei der Anpassung des nationalen Rechts mag der Tatsache geschuldet sein, dass die notwendigen Veränderungen der nationalen Vorschriften den vielfältigen Interessen der am Markt für öffentliche Personenverkehrsdienste agierenden Beteiligten Rechnung tragen muss – seien es die Interessen der öffentlichen Auftraggeber, der Wettbewerber einschließlich ihrer Arbeitnehmer und nicht zuletzt die Interessen der Kunden, die sich zuverlässige und kostengünstige Personenverkehrsdienste wünschen. Der Gesetzgeber sollte sich bei der Novellierung des PBefG insbesondere der Problematik des ausschließlichen Charakters der Liniengenehmigung stellen und die Interventionsbefugnisse der beteiligten Behörden eindeutig regeln. Der 2011 vorgelegte Entwurf einer PBefG-Novelle weicht dieser Möglichkeit aus. In der Zwischenzeit dürfte ein eng aufeinander abgestimmtes Vorgehen von Genehmigungsbehörde und Aufgabenträger die Anlaufprobleme des neuen Vergaberechts bewältigen helfen. Für die Betriebsübergangsregelung kann indes bereits de lege lata gesagt werden, dass der wirtschafts- und sozialpolitisch dominierte Entscheidungskomplex für oder gegen die Einbeziehung dieses Vergabekriteriums auf den Schultern des Aufgabenträgers ruht. Es sind die Aufgabenträger, die nach Einführung des neuen Vergaberechts für öffentliche Personenverkehrsdienste für die Ermittlung des wirtschaftlichsten Angebotes zuständig sind. Soweit die neue Verordnung für die Anwendung des Art. 4 Abs. 5 S. 1 VO 1370/2007 das Vorliegen eines öffentlichen Dienstleistungsauftrages nach Art. 2 lit. i) VO 1370/2007 erfordert, ergeben sich daraus für die deutsche Vergabepraxis keine zusätzlichen Anforderungen. Sowohl die Liniengenehmigungen (nach dem PBefG) als auch Verkehrsverträge zur Bestellung öffentlicher Personenverkehrsleistungen sind regelmäßig Rechtsakte i. S. d. Art. 2 lit. i) VO 1370/2007.

Zweiter Teil: Die Betriebsübergangsverpflichtung nach Art. 4 Abs. 5 S. 1 VO 1370/2007 im Kontext des europäischen Rechts

Eine behördliche Gestaltungsbefugnis, wie sie Art. 4 Abs. 5 S. 1 VO 1370/2007 verkörpert, sucht man im europäischen Recht bislang vergeblich. Es ist daher abzusehen, dass auch die Diskussion um die Unionsrechtskonformität der Regelung in nächster Zeit an Dynamik gewinnen wird. Dies gilt umso mehr, als der EuGH durch seine Rechtsprechung in der Sache „Rüffert“[114] der bisherigen Praxis öffentlicher Auftraggeber hierzulande, einheimische Arbeitnehmer mithilfe sog. Tariftreueerklärungen zu schützen, im Jahr 2008 eine Absage erteilt hat. Die Einbeziehung des sozialen Kriteriums der Tariftreue in das Vergabeverfahren scheiterte an einem Verstoß gegen die Arbeitnehmerentsende-Richtlinie, die nach Auffassung des EuGH[115] in erster Linie der Verwirklichung des freien Dienstleistungsverkehrs (Art. 56 AEUV) dient. Auch die Regelung des Art. 4 Abs. 5 S. 1 VO 1370/2007 bezweckt die Einbeziehung sozialer Standards in das Vergabeverfahren und ist damit mit Tariftreueverlagen zumindest in ihrer sozialpolitischen Zielsetzung vergleichbar. Sie steht damit zugleich im Fokus der durch die „Beentjes“-Rechtsprechung des EuGH[116] ausgelösten Kontroverse um die Berücksichtigung sozialer Aspekte in Vergabeverfahren. Zu klären ist damit, ob – wie es auf den ersten Blick nahe zu liegen scheint – die Grundsätze des EuGH aus der Rechtssache „Rüffert“ auf Art. 4 Abs. 5 S. 1 VO 1370/2007 übertragbar sind. Die neue Betriebsübergangsregelung soll nachfolgend auch darauf überprüft werden, inwieweit sie den Maßstäben der Grundfreiheiten und der Unionsgrundrechte sowie des europäischen Wettbewerbsrechts gerecht wird. Des Weiteren wird zu betrachten sein, welches Verhältnis Art. 4 Abs. 5 VO 1370/2007 zu anderen Sekundärrechtsakten des europäischen Rechts einnimmt.

114 EuGH, Urt. vom 03.04.2008 – Rs. C-346/06 – „Rüffert“, NJW 2008, 3485 ff.

115 EuGH, Urt. vom 03.04.2008 – Rs. C-346/06 – „Rüffert“, Rn. 36, NJW 2008, 3485, 3488. Vgl. auch Rn. 37: „Eine Maßnahme wie die, um die es im Ausgangsverfahren geht, kann daher eine Beschränkung i. S. von Art. 49 EG [heute Art. 56 AEUV] darstellen.“

116 EuGH, Urt. vom 20.09.88 – Rs. 31/87 – „Beentjes“, NVwZ 1990, 353 ff.

A. Vereinbarkeit mit den Grundfreiheiten und Unionsgrundrechten

I. Grundfreiheiten

Bezugnehmend auf die Ziele des Weißbuches der Kommission zur europäischen Verkehrspolitik vom 12.09.2001, bekennt sich der europäische Gesetzgeber zum regulierten Wettbewerb für Personenverkehrsdienste.[117] Dieser Wettbewerb im öffentlichen Personenverkehr ist jedoch nicht bedingungslos. Er soll nach dem Willen des Unionsgesetzgebers vielmehr auch soziale, umweltpolitische und raumplanerische Faktoren mit berücksichtigen.[118] Die Befugnis der zuständigen Behörde nach Art. 4 Abs. 5 S. 1 VO 1370/2007 stellt in diesem Sinne dem regulierten Wettbewerb den sozialen Belang des Arbeitnehmerschutzes zur Seite. Die Regelung setzt damit Zielvorgaben einer gemeinsamen Sozialpolitik um, zu der sich die Union nach Art. 151 AEUV verpflichtet hat. Für die Arbeitnehmer des bisherigen Betreibers besteht nämlich die Gefahr, den Arbeitsplatz zu verlieren, sollte ihr Arbeitgeber den verlorenen Auftrag nicht anderweitig kompensieren können. Macht die Behörde von ihrer Gestaltungsbefugnis Gebrauch, müssen die Interessenten hingegen mit den Personalkosten des alten Betreibers kalkulieren. Angesichts der unterschiedlichen Lohnkosten innerhalb der Europäischen Union kann dies die wirtschaftlichen Entwicklungschancen von Wettbewerbern – insbesondere von denen aus anderen Mitgliedstaaten – einschränken. Die Gewährleistung der wirtschaftlichen Betätigungsfreiheit im Binnenmarkt ist Aufgabe der Dienstleistungs- und Niederlassungsfreiheit.[119] Beide Freiheiten stehen zu diesem Zweck in enger Beziehung zueinander, weshalb Rechtsakte der Union häufig auf beide Freiheiten zugleich Bezug nehmen.[120] Die VO 1370/2007 bildet hierbei keine Ausnahme, was ein Blick in ihren Erwägungsgrund 20[121] bestätigt. Vor einer Prüfung der Vereinbarkeit des Art. 4 Abs. 5 S. 1 VO 1370/2007 mit der Dienstleistungs- und Niederlassungsfreiheit muss zunächst die grundsätzliche Frage angesprochen werden, welchem Prüfungsmaßstab diese Norm unterworfen ist. Dies ist insoweit nicht unproblematisch, als es sich bei Art. 4 Abs. 5 VO 1370/2007 nicht um die Maßnahme eines Mitgliedstaates, sondern um sekundäres Unionsrecht handelt.

---

117 Erwägungsgrund 4 zu VO 1370/2007.

118 Erwägungsgrund 4 zu VO 1370/2007.

119 Kluth, in: Calliess/Ruffert, EUV/AEUV, Art. 56, 57 AEUV Rn. 1.

120 Kluth, in: Calliess/Ruffert, EUV/AEUV, Art. 62 AEUV Rn. 4; Randelzhofer/Forsthoff, in: Grabitz/Hilf/Nettesheim, Band I, Art. 62 AEUV Rn. 1.

121 In Erwägungsgrund 20 heißt es u. a.: „Entscheidet eine Behörde, eine Dienstleistung (...) zu übertragen, so muss die Auswahl des Betreibers (...) unter Einhaltung des (...) geltenden Unionsrechts, das sich aus den Artikel 43 bis 49 des Vertrages ergibt, (...) erfolgen."

1. Die Bindung des europäischen Gesetzgebers an die Grundfreiheiten

So anerkannt der Vorrang des europäischen Primärrechts vor dem Sekundärrecht auch ist,[122] ist damit noch keine Aussage darüber getroffen, welche materiellen Vorgaben für das jeweilige Sekundärrecht daraus abzuleiten sind. Dies betrifft insbesondere die Frage, welche Bindungen die Grundfreiheiten dem Unionsgesetzgeber auferlegen. Eine Übertragung des Verständnisses vom Vorrang des Verfassungsrechts vor dem einfachen Recht nach moderner deutscher Rechtstradition auf das Verhältnis der Grundfreiheiten zum Sekundärrecht stößt dort an Grenzen, wo das Unionsrecht im Unterschied zur homogenen und unitaristischen Verfasstheit z. B. des deutschen Föderalismus, auf die Akzeptanz und den Vollzug durch die einzelnen Mitgliedstaaten angewiesen ist.[123] Das Sekundärrecht stellt zumeist einen aus den partikularen Interessen der Mitgliedstaaten oft mühsam destillierten Kompromiss dar, das sich im Gegensatz zu einzelstaatlichen Regelungen auf den gesamten Binnenmarkt erstreckt. Daher nimmt die Literatur[124] zu Recht an, dass für das Sekundärrecht ein anderer Prüfungsmaßstab als für Maßnahmen der Mitgliedstaaten gelten müsse. Der abweichende Prüfungsmaßstab äußert sich darin, dass der Unionsgesetzgeber nur an die Grundsätze der Freiheiten gebunden und das Sekundärrecht zudem einer Betrachtung zu unterziehen ist, die die Auswirkungen einer Regelung auf den gesamten Binnenmarkt berücksichtigt.[125]

Der EuGH[126] billigt in diesem Sinne dem Unionsgesetzgeber das Recht zu, bei der Verwirklichung der Vertragsziele zum Ausgleich der mitgliedstaatlichen Interessen ein Schutzniveau festzulegen, „das in der Union akzeptabel erscheint". Für die Bestimmung dieses Schutzniveaus verfüge der europäische Gesetzgeber über ein „weites Ermessen".[127] Das Konzept des eingeschränkt überprüfbaren Gestaltungsermessens des Unionsgesetzgebers verdient auch weiterhin Zustimmung. Es anerkennt, dass sich aus den Grundfreiheiten zunächst gegenüber den Mitgliedstaaten unmittelbar wirkende Marktöffnungsgebote ergeben, die entgegenstehenden nationalen Regelungen vorgehen. Gleichwohl haben die Grundfreiheiten universellen Charakter innerhalb des Unionsrechts und binden auch

122 Siehe nur Ruffert, in: Calliess/Ruffert, EUV/AEUV, Art. 288 Rn. 8 mwN.

123 Schönberger, EuR 2003, 600, 615 f.

124 Allen voran Schwemer, S. 54 f; Schönberger, EuR 2003, 600, 621 f.; Frenz, Europarecht, Band 1, Rn. 316.

125 Forsthoff, in: Grabitz/Hilf/Nettesheim, Band I, Art. 45 AEUV Rn. 133.

126 EuGH, Urt. vom 07.11.2000 – Rs. C-168/98 – „Luxemburg/Europäisches Parlament und Rat der EU" NJW 2001, 137, 139; Urt. vom 13.05.1997 – Rs. C-233/94 – „Deutschland/Europäisches Parlament und Rat", EuZW 1997, 436, 438.

127 EuGH, Urt. vom 07.11.2000 – Rs. C-168/98 – Rn. 32 „Luxemburg/Europäisches Parlament und Rat der EU", NJW 2001, 137, 139.

den Unionsgesetzgeber.[128] Folgerichtig formuliert Art. 3 Abs. 3 EUV die Errichtung eines Binnenmarktes als fundamentales Unionsziel.

Die Politiken der Union sind indes auch Zielen verpflichtet, die mit den Grundfreiheiten konfligieren können. Besonders deutlich wird dies bei den Politiken Soziales (Art. 151 ff. AEUV), Verbraucherschutz (Art. 169 AEUV), Forschung und technologische Entwicklung (Art. 179 AEUV) und Umwelt (Art. 191 ff. AEUV). Die Steuerungsaufgaben der Union zielen in diesen Bereichen überwiegend nicht auf die Verwirklichung der Grundfreiheiten ab. Oftmals wird der Unionsgesetzgeber diese Politiken nur dadurch verwirklichen können, dass er diese Ziele in einen verhältnismäßigen Ausgleich mit den Grundfreiheiten bringt. Der zwingend notwendige Abwägungsprozess bei der Rechtssetzung auf europäischer Ebene weist daher Parallelen zum Gebot der praktischen Konkordanz[129] aus der deutschen Verfassungsrechtsprechung[130] auf: Widerstreitende Verfassungsprinzipien sind danach schonend auszugleichen, sodass jeder Rechtssatz seine optimale Wirkung entfalten kann. Der Kompromisscharakter des Sekundärrechts rechtfertigt es dabei, dem Unionsgesetzgeber ein Gestaltungsermessen bei der Festlegung des sekundärrechtlichen Schutzniveaus zuzuerkennen. Grenze des Gestaltungsermessens müssen jedoch die Grundsätze der Freiheiten und das unionsrechtliche Verhältnismäßigkeitsgebot (Art. 5 Abs. 4 EUV) sein.[131]

Der Unionsgesetzgeber nimmt auf sein Gestaltungsermessen gleich zu Beginn der VO 1370/2007 Bezug. In Art. 1 Abs. 1 Unterabs. 1 VO 1370/2007 heißt es: „Zweck dieser Verordnung ist es, festzulegen, wie die zuständigen Behörden unter Einhaltung des Unionsrechts (...) tätig werden können (...)“. Damit erhebt der Unionsgesetzgeber den Anspruch, die Bedingungen für einen regulierten Wettbewerb im Personenverkehr durch den Ausgleich divergierender Vertragsziele und der mitgliedstaatlichen Einzelinteressen festgelegt zu haben.

Dass Art. 4 Abs. 5 S. 1 VO 1370/2007 das Recht der Behörde, den ausgewählten Betreiber zu den Rechtsfolgen des Betriebsübergangs zu verpflichten, nur „unbeschadet“ des Unionsrechts statuiert, unterwirft Art. 4 Abs. 5 S. 1 VO 1370/2007 keinen höheren Rechtmäßigkeitsanforderungen. Darin kommt vielmehr zur Geltung, dass die Betriebsübergangsregelung gegenüber anderen Vorschriften des Unionsrechts, die Rechte der Arbeitnehmer im Falle der Auftragsnachfolge regeln, subsidiär ist. Das behördliche Verlangen nach Art. 4 Abs. 5 S. 1

---

128 Vgl. nur Kluth, in: Calliess/Ruffert, EUV/AEUV, Art. 56, 57 AEUV Rn. 41.

129 Hierzu auch Schwemer, S. 55.

130 BVerfG, Beschl. vom 28.03.2002 – 2 BvR 307/01 – NJW 2002, 2227, 2228; BVerfG, Beschl. vom 19.10.1971 – 1 BvR 387/65 – E 32, 98, 108 f.; Beschl. vom 08.02.1977 – 1 BvR 329/71 u. a. – E 44, 37, 49 f.; Beschl. vom 16.10.1979 – 1 BvR 647/70 – E 52, 223, 247.

131 Schwemer, S. 54 ff. mwN.

VO 1370/2007 tritt daher zurück, wenn aufgrund des Vorliegens der Tatbestandsvoraussetzungen der Richtlinie 2001/23/EG[132] die Rechtsfolgen eines Betriebsübergang bereits zwingend ausgestaltet sind. Die Ermächtigung der zuständigen Behörde durch die neue Verordnung erfolgt insoweit „unbeschadet“ der vorrangigen Richtlinie 2001/23/EG.

2. Vereinbarkeit mit den Grundsätzen der Dienstleistungsfreiheit

Die Dienstleistungsfreiheit nach Art. 56, 57 AEUV schützt vor Behinderungen der grenzüberschreitenden Ausübung selbstständiger Tätigkeiten.[133] Darin stimmt sie mit der Niederlassungsfreiheit überein. Gemeinsam ist den beiden Grundfreiheiten zudem, dass sie die Schaffung einer Infrastruktur im Aufnahmemitgliedstaat als Voraussetzung für die Dienstleistungserbringung gleichermaßen schützen.[134] Geht es um die Erbringung von Personenverkehrsleistungen auf Grundlage der VO 1370/2007, ist zu erörtern, ob diese Tätigkeit überhaupt dem sachlichen Schutzbereich der Dienstleistungsfreiheit zuzuordnen ist. Beide Grundfreiheiten schließen sich nämlich nach der Rechtsprechung des EuGH[135] aus.

a. Ausschlusskriterium: dauerhafte Integration in einem anderen Mitgliedstaat

Im Gegensatz zur Dienstleistungsfreiheit gewährt nur die Niederlassungsfreiheit dem Unternehmer das Recht, sich dauerhaft in den Markt eines anderen Mitgliedstaates zu integrieren.[136] Wann aber eine dauerhafte Integration im Unterschied zur lediglich vorübergehenden Dienstleistung in einem anderen Mitgliedstaat vorliegen soll, kann nur im Wege einer Gesamtschau ermittelt werden. Allen Abgrenzungsschwierigkeiten zum Trotz haben sich in der Rechtsprechung des EuGH Kriterien herausgebildet, die bei der notwendigen Gesamtschau zu berücksichtigen sind. Diese sollen nachfolgend vorgestellt und anhand der Besonderheiten von Personenverkehrsdienstleistungen aufgrund der VO 1370/2007 bewertet werden. Dabei ist zwischen innerstaatlichen und grenzüberschreitenden Personenverkehren zu differenzieren.

---

132 Richtlinie des Rates vom 12.03.2001 zur Angleichung der Vorschriften der Mitgliedstaaten über die Wahrung von Ansprüchen der Arbeitnehmer beim Übergang von Unternehmen, Betrieben oder Unternehmens- oder Betriebsteilen, ABl. L 82 v. 22.03.2001, S. 16 – 20.

133 Forsthoff, in: Grabitz/Hilf/Nettesheim, Band I, Art. 56/57 AEUV Rn. 3.

134 EuGH, Urt. vom 30.11.1995 – Rs. C-55/94 – „Gebhard“ Rn. 27 – NJW 1996, 579, 580. Der EuGH räumt damit etwaige Zweifel hinsichtlich der Dienstleistungsfreiheit aus.

135 EuGH, Urt. vom 30.11.1995 – Rs. C-55/94 – „Gebhard“ Rn. 20 – NJW 1996, 579, 580.

136 Vgl. Oppermann/Classen/Nettesheim, Europarecht, § 29 Rn. 7; ausführlich auch Forsthoff, in: Grabitz/Hilf/Nettesheim, Band I, Art. 49 AEUV Rn. 26 f.

Für den sachlichen Anwendungsbereich der Niederlassungsfreiheit spricht zunächst die Errichtung einer festen Einrichtung im Aufnahmemitgliedstaat. Obwohl Einvernehmen darüber besteht, dass an das Merkmal der festen Einrichtung keine überhöhten Anforderungen zu stellen sind, genügt die Anschaffung und der Betrieb nicht ortsfester Betriebsmittel – wie etwa von Fahrzeugen, Flugzeugen und Schiffen – nicht für die Annahme einer festen unternehmerischen Organisationsstruktur.[137] Allein der Betrieb von Bussen, Eisenbahnen und anderen Schienenfahrzeugen im Aufnahmemitgliedstaat, wie sie von Art. 1 Abs. 2 S. 1 VO 1370/2007 erfasst werden, schließt den Anwendungsbereich der Dienstleistungsfreiheit also nicht von vornherein aus. Der EuGH[138] grenzt den Anwendungsbereich der Dienstleistungsfreiheit des Weiteren danach ein, ob die Leistungserbringung in dem Aufnahmestaat nur vorübergehend erfolgt, vgl. Art. 57 Abs. 3 AEUV. Eine klare zeitliche Grenze lässt sich der Rechtsprechung indes nicht entnehmen, was angesichts der Vielgestaltigkeit des Wirtschaftslebens nachvollziehbar ist. Ein Integrationswillen für die „Ewigkeit“ dürfte indes für die Abgrenzung zur Niederlassungsfreiheit nicht zu fordern sein.[139] Hilfreich ist eine wirtschaftliche Betrachtungsweise: Erweist sich danach das Engagement des betreffenden Unternehmens im anderen Mitgliedsstaat als derart beständig, dass er am dortigen Marktgeschehen wie ein Inländer teilnehmen will, ist nicht die Dienstleistungsfreiheit, sondern die Niederlassungsfreiheit berührt. Indizien hierfür können eine langfristige vertragliche Bindung und hohe Investitionskosten sein.[140]

aa. Innerstaatlicher Personenverkehr

Für den innerstaatlichen Personenverkehr kann davon ausgegangen werden, dass der ausländische Dienstleister den Dienstleistungsauftrag nach der VO 1370/2007 unter dauerhafter Integration in den anderen Mitgliedstaat erbringt.[141] Diese Einschätzung erscheint zwingend, wenn man berücksichtigt, dass die Erbringung von Dienstleistungen im innerstaatlichen Bereich rein tatsächlich nur dann ordnungsgemäß und effektiv durchgeführt werden kann, wenn in räumlicher Nähe zum Einsatzgebiet (Trasse bzw. bediente Linie) Einrichtungen existieren, die der Wartung, Reparatur und dem Abstellen von Fahrzeugen etc. dienen können.

137 EuGH, Urt. vom 25.07.1991 – Rs. C-221/89 – „Factortame” Rn. 20 – Slg. 1991, I-03905.

138 EuGH, Urt. vom 25.07.1991 – Rs. C-221/89 „Factortame“ Rn. 20 – Slg. 1991, I-03905; Urt. vom 30.11.1995 – Rs. C-55/94 „Gebhard“ Rn. 27 – NJW 1996, 579, 580.

139 Forsthoff, in: Grabitz/Hilf/Nettesheim, Band I, Art. 49 AEUV Rn. 35.

140 Für eine Gesamtschau aller Umstände des Einzelfalles Forsthoff, in: Grabitz/Hilf/Nettesheim, Band I, Art. 49 Rn. 30.

141 So jüngst auch ohne nähere Begründung EuGH, Urt. vom 22.12.2010 – Rs. C-338/09 – „Yellow Cab“ – zitiert nach juris.

Auch die periphere Infrastruktur wie z. B. der Fahrkartenverkaufsstellen, die Betreuung des Haltestellennetzes und kaufmännische Leitungsfunktionen dürften – gerade im Nahverkehr – stets zu einer oder mehreren ortsfesten Einrichtungen im Aufnahmestaat zwingen.[142] Besonders augenfällig ist dies beim betriebsmittelintensiven SPNV, aber auch der ÖSPV wird fast ausschließlich nur mithilfe ortsfester Betriebsstätten bedient werden können. *Eigene* Betriebsstätten sind dabei nicht einmal erforderlich. Nach der Rechtsprechung des EuGH ist vom Merkmal der ortsfesten Einrichtung sogar selbst dann auszugehen, wenn der Unternehmer sich im Aufnahmestaat der Infrastruktur eines Dritten bedient, wie dies im Falle von langfristigen Serviceverträgen denkbar ist.[143] Auch die jüngsten Entwicklungen auf dem deutschen Personenverkehrsmarkt bestätigen, dass ausländische Anbieter zur Wettbewerbsteilnahme inländische Verkehrsgesellschaften gründen oder sich an ihnen beteiligen. Für die weitere rechtliche Bewertung kann daher davon ausgegangen werden, dass die Beteiligung ausländischer Betreiber am innerstaatlichen öffentlichen Personenverkehrsmarkt mit den Mitteln einer dauerhaften Integration stattfindet.

Die Notwendigkeit einer festen Einrichtung und damit einen „Zwang zur Niederlassung" im Aufnahmestaat ergibt sich für innerstaatliche Verkehre auch unter Rückgriff auf das nationale Recht. Neben die betrieblichen Belange tritt nämlich hinzu, dass nach deutschem Recht Genehmigungen für Personenverkehrsdienste davon abhängen, dass der Unternehmer eine Betriebsstätte im Inland vorhält (vgl. §§ 13 Abs. 1 Nr. 4 PBefG; 6 Abs. 5 AEG).[144] Dieser Umstand kann für die Abgrenzung insbesondere in grenznahen Regionen bedeutsam sein, wo aus betrieblichen Gründen eine inländische Niederlassung unter Umständen nicht erforderlich ist. Für innerstaatliche Verkehre nach dem PBefG ist das Niederlassungserfordernis in § 13 Abs. 1 Nr. 4 PBefG gesetzlich verankert. Zwar ist auch für den Erhalt einer Betriebserlaubnis nach dem deutschen Eisenbahnrecht eine inländische Niederlassung nach § 6 Abs. 5 AEG Genehmigungsvoraussetzung. Dieses Niederlassungserfordernis für die Personenbeförderung mit Eisenbahnen im Inland wird für die Betriebsgenehmigung gleichwohl an entscheidender Stelle durch § 6 Abs. 8 AEG durchbrochen. Die Vorschrift dient der Umsetzung des sog. Ersten EU-Eisenbahnpaketes,[145] mit dem die Marktöffnung im unionsweiten Eisenbahnverkehr neue Impulse bekommen sollte. Demnach bedarf keiner Genehmigung für Eisenbahnverkehrsleistungen, wer bereits nach

142 Wachinger, S. 230.

143 EuGH, Urt. vom 04.12.1986 – Rs. 205/84 „Kom./.Deutschland" Rn. 21 – NJW 1987, 572, 573.

144 Bayreuther, NZA 2009, 582, 583.

145 Der Inhalt von § 6 Abs. 8 AEG geht zurück auf Art. 1 Nr. 4 der Richtlinie 2001/13/EG des Europäischen Parlaments und des Rates vom 26.02.2001 zur Änderung der Richtlinie 95/18/EG des Rates über die Erteilung von Genehmigungen an Eisenbahnunternehmen, ABl. EG Nr. L 75 vom 15.03.2001, S. 26.

dem Recht eines anderen Staates für die Erbringung solcher Dienstleistungen zugelassen ist. Damit entfällt für diese Fälle gleichzeitig nach § 6 Abs. 8 AEG auch das Niederlassungserfordernis für die Betriebsgenehmigung. Daraus darf jedoch nicht geschlossen werden, dass für innerstaatliche Personenverkehrsdienste mit Eisenbahnen eine eigene Niederlassung des ausländischen Betreibers entbehrlich wäre. Dies liegt daran, dass der ausländische Eisenbahnunternehmer neben der Betriebsgenehmigung auch noch des Zugangs zum inländischen Schienennetz bedarf. Der Zugang zum Schienennetz steht für innerstaatliche Personenverkehre nach dem AEG gem. § 14 Abs. 2 Nr. 1 AEG jedoch nur Eisenbahnverkehrsunternehmen mit Sitz im Inland offen, wie sich aus einem Gegenschluss aus § 14 Abs. 3 und 3a AEG zeigt. Da für ausländische Wettbewerber eine Teilnahme am Vergabeverfahren nur dann in Betracht kommt, wenn sie auch Zugang zur Netzinfrastruktur haben, existiert ein faktisches Niederlassungserfordernis daher auch für Eisenbahnverkehrsunternehmen.[146] Für innerstaatliche Personenverkehre besteht somit ein umfassendes Niederlassungserfordernis, unerheblich ob der Personenverkehr auf der Schiene oder auf der Straße durchgeführt wird. Die genannten Niederlassungserfordernisse können indes nur beachtlich sein, wenn sie ihrerseits nicht gegen Unionsrecht verstoßen. Solche Bedenken sind aber gegenwärtig unbegründet. Denn die Dienstleistungsrichtlinie 2006/123/EG,[147] die Beschränkungen der Niederlassungsfreiheit von nicht gebietsansässigen Dienstleistern beseitigen soll, schließt in ihrem Art. 2 Abs. 2 lit. d) Verkehrsdienstleistungen ausdrücklich von ihrem Anwendungsbereich aus.

Gegen die Annahme einer nachhaltigen Integration von Dienstleistern, die innerstaatliche Personenverkehre erbringen wollen, lässt sich gleichwohl nicht argumentieren, dass die Liniengenehmigungen und die Verkehrsverträge zeitlich befristet erteilt bzw. abgeschlossen würden. Dies ist zwar an sich zutreffend. Nicht überzeugend ist es aber, aus der Befristung öffentlicher Dienstleistungsaufträge nach der VO 1370/2007 darauf zu schließen, die Leistungserbringung im fremden Mitgliedstaat erfolge nur vorübergehend und unterfalle damit der Dienstleistungsfreiheit. Dagegen spricht die langfristige Bindung, die der Verkehrsunternehmer zur Erlangung des Dienstleistungsauftrages eingeht. Dies beruht einerseits darauf, dass der Verkehrssektor aufgrund kostenintensiver Betriebsmittel und Infrastruktur von einem überdurchschnittlichen Investitionsaufwand gekennzeichnet ist. Andererseits besteht bei den Bestellern von Verkehrsleistungen mit gemeinwirtschaftlichen Verpflichtungen, nämlich den Aufgabenträgen, das Bedürfnis nach Planungssicherheit, das ebenfalls nur durch langfristige öf-

146 Auf die betrieblichen Belange abstellend: Bayreuther, NZA 2009, 582, 583.

147 Richtlinie 2006/123/EG des Europäischen Parlaments und des Rates vom 12.12.2006 über Dienstleistungen im Binnenmarkt, ABl. EG Nr. L 376, S. 36. Siehe Bauer, PBefG-Kommentar, § 13 PBefG Rn. 22.

fentliche Dienstleistungsaufträge gewährleistet ist. Die neue VO 1370/2007 trägt dem Rechnung und legt in ihrem Art. 4 Abs. 3 großzügige Höchstlaufzeiten für öffentliche Dienstleistungsaufträge fest. Für Busverkehrsdienste sind dies grundsätzlich zehn, für Eisenbahnverkehrsdienste sogar 15 Jahre, wobei diese Laufzeit nochmals um bis zu 50 Prozent verlängert werden kann, Art. 4 Abs. 4 VO 1370/2007. Überdies liegt es nahe, dass sich neue Betreiber, die einen Dienstleistungsauftrag erstmals erhalten haben, auch an weiteren Vergabeverfahren beteiligen werden, um sich in dem Markt dauerhaft zu etablieren.

Daraus kann gefolgert werden, dass dem Merkmal der Dauerhaftigkeit der Leistungserbringung im fremden Mitgliedstaat für den öffentlichen Personenverkehr insgesamt nur eine sehr eingeschränkte Abgrenzungswirkung zukommt. Bei dieser Sachlage kann beim innerstaatlichen Personenverkehr vielmehr – aufgrund eines zwingenden tatsächlichen und rechtlichen Niederlassungserfordernisses – davon gesprochen werden, dass Bewerber um einen solchen Dienstleistungsauftrag eine nachhaltige und damit wirtschaftlich dauerhafte Integration in dem betreffenden Mitgliedstaat anstreben.

bb. Grenzüberschreitender Personenverkehr

Die VO 1370/2007 gilt nach ihrem Art. 1 Abs. 2 S. 1 auch für grenzüberschreitende Personenverkehre. Was grenzüberschreitende Verkehre sind, ist in der VO 1370/2007 nicht definiert. Es bestehen indes keine Bedenken, den grenzüberschreitenden Personenverkehr im Sinne des Art. 1 Abs. 2 S. 1 VO 1370/2007 als eine Dienstleistung zu definieren, die sich aus dem Hoheitsgebiet eines Mitgliedstaates in das Hoheitsgebietes eines anderen Mitgliedstaates erstreckt.[148] Es bedarf jedoch der Überprüfung, ob sich das zum innerstaatlichen Personenverkehr Gesagte auch auf die Verhältnisse im Personenverkehr mit grenzüberschreitendem Charakter übertragen lässt.

Das Erfordernis einer festen Einrichtung im Aufnahmestaat erscheint zunächst bei grenzüberschreitenden Verkehren sowohl beim schienengebundenen als auch beim straßengebundenen Verkehr aus betrieblichen Gründen nicht zwingend. Die zur Instandhaltung erforderlichen Betriebsstätten lassen sich unter Berücksichtigung der Besonderheiten der konkreten Linie bzw. Trasse durchaus im ursprünglichen Sitzstaat des Verkehrsunternehmens vorhalten. Dies setzt im Einzelfall voraus, dass die ausländische Betriebsstätte aufgrund ihrer Nähe zur bedienten Verkehrsstrecke effektiv nutzbar ist. Die tatsächlichen Verhältnisse können hierbei sehr unterschiedlich sein. Überdies bleibt es jedem ausländischen Verkehrsunternehmen unbenommen, sich mit einer Zweitniederlassung zur Durchführung seiner grenzüberschreitenden Dienstleistung in anderen Mitglied-

148 Ähnlich Kaufmann/Lübbig/Prieß/Pünder, VO 1370/2007-Kommentar, Art. 1 Rn. 40.

staaten zu etablieren, um seinen Kunden wie ein Inländer Leistungen anzubieten und damit eine dauerhafte Integration in den Mitgliedstaat anzustreben.

Ein rechtliches Niederlassungserfordernis besteht in Deutschland für die Erbringung grenzüberschreitender Personenverkehre jedenfalls nicht durchgehend. Für den Eisenbahnverkehr ergibt sich dies aus §§ 6 Abs. 8, 14 Abs. 2, 3 Nr. 1 AEG. Dort haben auch ausländische Dienstleister ohne inländischen Sitz Zugang zum nationalen Schienennetz, soweit die Beförderung von Fahrgästen zwischen Bahnhöfen in verschiedenen Mitgliedstaaten Hauptzweck ist, § 14g Abs. 2 i. V. m. § 14 Abs. 2, 3 Nr. 1 AEG. Ausgeschlossen ist damit der Schienenpersonennahverkehr, was aufgrund der Bereichsausnahme für den ÖPNV in der Richtlinie 91/440/EWG[149] auch unionsrechtskonform ist. Bei Verkehren nach dem PBefG besteht ein Niederlassungserfordernis beim grenzüberschreitendem Verkehr nur eingeschränkt. Denn Unternehmer mit Betriebssitz im Ausland sind nach § 52 Abs. 1 S. 2 PBefG vom Niederlassungserfordernis des § 13 Abs. 1 Nr. 4 PBefG befreit, soweit sie Personenbeförderung mit Kraftfahrzeugen betreiben.[150] Bei Personenverkehren nach dem PBefG im grenzüberschreitenden Bereich bedürfen daher nur Betreiber von Straßenbahnen, Hoch- oder Untergrundbahnen, Schwebebahnen und Obussen eines inländischen Betriebssitzes. Diese Beförderungsarten spielen im grenzüberschreitenden Verkehr wegen der fehlenden oder unzureichenden grenzüberschreitenden Infrastruktur indes gegenwärtig nur eine sehr geringe Rolle. Von diesen Ausnahmefällen abgesehen – die für grenzüberschreitende Personenverkehre nach dem PBefG auch nicht charakteristisch sind – besteht daher im grenzüberschreitenden Bereich ein relevantes Niederlassungserfordernis auch in rechtlicher Hinsicht nicht.

Wie bereits dargelegt, stellt allein die Laufzeit der öffentlichen Dienstleistungsaufträge für den öffentlichen Personenverkehr kein geeignetes Abgrenzungskriterium zwischen Dienstleistungs- und Niederlassungsfreiheit dar. Dies gilt gleichermaßen auch für den grenzüberschreitenden Personenverkehr. Welcher der Grundfreiheiten der öffentliche Personenverkehr in seiner grenzüberschreitenden Form zuzuordnen ist, kann somit nicht generalisierend beantwortet werden. Sofern der Dienstleister im internationalen Personenverkehr auf eine Zweigniederlassung, eine Tochtergesellschaft, Betriebsstätten oder sonstige feste Einrichtungen in dem anderen Mitgliedstaat verzichtet, weil er aus betrieblichen

149 Artikel 2 Abs. 2 der Richtlinie 91/440/EWG des Rates vom 29.07.1991 zur Entwicklung der Eisenbahnunternehmen der Union (ABl. L 237 vom 24.08.1991, S. 25–28), geändert durch Richtlinie 2007/58/EG des Europäischen Parlaments und des Rates vom 23.10.2007 (ABl. L 315 vom 03.12.2007, S. 44–50).

150 Die partielle Befreiung von der Niederlassungspflicht erfolgte aufgrund der Verordnung (EWG) Nr. 684/92 des Rates vom 16. März 1992 zur Einführung gemeinsamer Regeln für den grenzüberschreitenden Personenverkehr mit Kraftomnibussen (ABl. L 74 vom 20.03.1992, S. 1).

Gründen nicht darauf angewiesen ist, wird man vom sachlichen Anwendungsbereich der Dienstleistungsfreiheit gem. Art. 56, 57 AEUV ausgehen müssen. Die Beförderungsleistung in dem fremden Mitgliedstaat ist in diesem Fall kein Anzeichen für eine dauerhafte wirtschaftliche Integration, sondern Bestandteil des Beförderungsangebotes, das der Verkehrsunternehmer als Gebietsfremder am Markt unterbreitet. Im grenzüberschreitenden Verkehr erbringt der Betreiber demnach seine Leistung *auch* in einem anderen Mitgliedstaat, ohne dass damit eine wirtschaftlich dauerhafte Integration in den anderen Mitgliedstaat zwingend verbunden wäre. Dass sich der Betreiber zum Zwecke der Leistungserbringung vorübergehend in einem anderen Mitgliedstaat aufhält, lässt den Schutzbereich der Dienstleistungsfreiheit dabei nicht entfallen, vgl. Art. 57 Abs. 3 AEUV.

cc. Zwischenergebnis

Für den innerstaatlichen Personenverkehr, für den in der Regel ein tatsächliches sowie ein unionsrechtskonformes rechtliches Niederlassungserfordernis nach deutschem Recht besteht, ist Art. 4 Abs. 5 S. 1 VO 1370/2007 nicht an den Grundsätzen der Dienstleistungsfreiheit, sondern an denen der Niederlassungsfreiheit zu messen.[151] Für den Bereich der grenzüberschreitenden Personenverkehre ohne Vorliegen einer dauerhaften festen Einrichtung sind hingegen in der Regel die Grundsätze der Dienstleistungsfreiheit beachtlich, weil die grenzüberschreitende Verkehrsdienstleistung regelmäßig nicht durch eine dauerhafte Integration in den Wirtschaftsraum eines anderen Mitgliedsstaat geprägt ist.

b. Dienstleistungsfreiheit im Verkehrssektor (Art. 58 Abs. 1 AEUV)

Die Einbeziehung des grenzüberschreitenden Personenverkehrs in den Geltungsbereich des Art. 4 Abs. 5 S. 1 VO 1370/2007 erfordert eine Auseinandersetzung mit der Frage, in welchem Umfang die Verträge die Dienstleistungsfreiheit im Verkehrssektor gewährleisten. Denn Art. 58 Abs. 1 AEUV besagt, dass für die Dienstleistungsfreiheit im Verkehrssektor die Bestimmungen des Titels über den Verkehr (Art. 90 ff. AEUV) gelten. Das Verkehrskapitel bildet die rechtliche Grundlage für die gemeinsame Verkehrspolitik der Europäischen Union. Die besonderen Vorschriften über die gemeinsame Verkehrspolitik erklären sich daraus, dass insbesondere der Eisenbahnverkehr durch seine Bindung an die Schieneninfrastruktur lange Zeit als ein natürliches Monopol und der gesamte Verkehrssektor für die einzelnen Volkswirtschaften als strategisch besonders bedeutsam ein-

151 So auch Bayreuther, NZA 2009, 582, 583; Wachinger, S. 230, vor dem Hintergrund des ÖPNV; a. A. wohl Kaufmann/Lübbig/Prieß/Pünder, VO 1370/2007-Kommentar, Einleitung Rn. 6.

gestuft wurden.[152] Der EuGH hatte in der vielbeachteten sog. Untätigkeitsklage „Parlament/Rat“[153] und in der Rechtssache „Corsica Ferries“[154] geäußert, dass die Dienstleistungsfreiheit im Verkehrssektor durch Rechtsakte einer gemeinsamen Verkehrspolitik verwirklicht werden müsse und die Einzelheiten bei der Herbeiführung der Dienstleistungsfreiheit im Ermessen des europäischen Gesetzgebers stünden. Daraus ist allgemein gefolgert worden, dass die Art. 56 ff. AEUV für den Verkehrsbereich nicht direkt gelten, sondern die Dienstleistungsfreiheit dort erst schrittweise durch das Sekundärrecht zu verwirklichen ist.[155] Ein Verstoß des Art. 4 Abs. 5 S. 1 VO 1370/2007 gegen die Grundsätze der Dienstleistungsfreiheit – so sie nach der oben vorgenommenen Schutzbereichsabgrenzung überhaupt einschlägig ist – kann demnach nur dann gegeben sein, *soweit* die Dienstleistungsfreiheit auf dem Verkehrssektor durch Sekundärrecht bereits verwirklicht worden ist. Der Umfang der Marktöffnung hat hierbei einen unterschiedlichen Stand: Während das Schrifttum[156] für grenzüberschreitende Personenverkehre eine grundsätzliche Liberalisierung des straßengebundenen[157] und des schienengebundenen[158] Personenverkehrs bereits annimmt, ist der rein innerstaatliche Personenverkehr noch weitgehenden Restriktionen und Bereichsausnahmen,[159] insbesondere für den öffentlichen Personennahverkehr, ausgesetzt.

Nicht überzeugend wäre es jedoch, wollte man Art. 4 Abs. 5 S. 1 VO 1370/2007 infolgedessen für grenzüberschreitende Verkehre am Maßstab eines bereits liberalisierten Marktes und damit vollumfänglich an den Grundsätzen der Dienst-

152 Zur Bedeutung des Verkehrskapitels des EG-Vertrages vgl. Kaufmann/Lübbig/Prieß/Pünder, VO 1370/2007-Kommentar, Einleitung Rn. 4.

153 EuGH, Urt. vom 22.05.1985 – Rs. 13/83 „Parlament/Rat“ Rn. 62 – NJW 1985, 2080, 2084. Der EuGH hat darin (vgl. Rn. 63) zugleich festgestellt, dass auch der Ablauf der Umsetzungsfrist des Art. 8 EWG-Vertrag nicht zu einer unmittelbaren Geltung der Regelungen über die Dienstleistungsfreiheit im Verkehrssektor führe; der Unionsgesetzgeber sei jedoch verpflichtet, marktöffnend tätig zu werden.

154 EuGH, Urt. vom 13.12.1989, Rs. C-49/89 „Corsica Ferries“ Rn. 11 – Slg. 1989, Seite 4441 – BeckRS 2004 77476.

155 Jung, in: Calliess/Ruffert, EUV/AEUV, Art. 90 AEUV Rn. 16; Randelzhofer/Forsthoff, in: Grabitz/Hilf/Nettesheim, Band I, Art. 58 AEUV Rn. 1; Bayreuther, NZA 2009, 582, 583; Kaufmann/Lübbig/Prieß/Pünder, VO 1370/2007-Kommentar, Art. 5 Rn. 223; Otting/Scheps, NVwZ 2008, 499, 503.

156 Z. B. Bayreuther, EuZW 2009, 102, 106; Otting/Scheps, NVwZ 2008, 499, 503; Kaufmann/Lübbig/Prieß/Pünder, VO 1370/2007-Kommentar, Einleitung Rn. 31 ff.

157 Siehe Verordnung 684/92/EWG (oben Fn. 120).

158 Siehe Richtlinie 91/440/EWG (oben Fn. 119).

159 Vgl. Art. 10 Abs. 3a bis 3f Richtlinie 91/440/EWG (Bereichsausnahme für schienengebundene ÖPNV-Dienste) und Art. 3 VO 12/98/EG des Rates vom 11.12.1997 über die Bedingungen der Zulassung von Verkehrsunternehmen zum Personenkraftverkehr innerhalb eines Mitgliedstaates, in dem sie nicht ansässig sind, ABl. 1997 Nr. L 4/10, S. 98 ff. (Bereichsausnahme ÖPNV für Personenkraftverkehr)

leistungsfreiheit messen. Es gilt nämlich zu berücksichtigen, dass der Rechtsrahmen der Union im Verkehrssektor eine Vielzahl von Sekundärrechtsakten mit unterschiedlichen Regelungsabsichten aufweist, seien es objektive und subjektive Marktzugangsvoraussetzungen, technische Vorschriften oder beihilferechtliche Maximen.[160] Um zu entscheiden, ob Art. 4 Abs. 5 VO 1370/2007 die Grundsätze der Dienstleistungsfreiheit eines liberalisierten Verkehrsmarktes (Art. 58 Abs. 1, 90 ff. EG) beeinträchtigt, ist es vielmehr sachgerecht, zunächst die Frage aufzuwerfen, ob denn Art. 4 Abs. 5 VO 1370/2007 überhaupt die Gewährleistungen tangiert, die die oben genannten Marktöffnungsregelungen den Marktteilnehmern garantieren. Diese Frage ist zu verneinen. Denn das bisherige Sekundärrecht diente im Wesentlichen dem Abbau von Wettbewerbshemmnissen, die durch unterschiedliche Regelungen zur Erlangung einer Linien- bzw. Betriebsgenehmigung in den einzelnen Mitgliedstaaten bestanden, und schuf ein partielles Zugangsrecht zur Netzinfrastruktur für Schienenverkehre. Diese Reichweite der bisherigen Marktöffnung schränken weder die Vergabevorschriften der VO 1370/2007 im Allgemeinen noch die Betriebsübergangsregelung in Art. 4 Abs. 5 S. 1 VO 1370/2007 im Besonderen ein. Vielmehr führt die VO 1370/2007 erstmals eine unionsweite Harmonisierung und Liberalisierung der beihilfe- und vergaberechtlichen Rahmenbedingungen für die Durchführung von Personenverkehrsdiensten mit gemeinwirtschaftlichen Verpflichtungen herbei. Die Vorgängerverordnung 1191/69/EWG enthielt zwar auch bereits wettbewerbliche Impulse, insbesondere die Verpflichtung, gemeinwirtschaftliche Verpflichtungen nur zu den geringsten Kosten für die Allgemeinheit zu gestatten, Art. 3 Abs. 1 VO 1191/69/EWG. Indes war die wettbewerbsfördernde Wirkung dieser Verordnung gering, da sie über erhebliche Ausnahmetatbestände verfügte (Teilbereichsausnahme für den ÖPNV, Art. 1 Abs. 2 VO 1191/69/EWG). Des Weiteren fehlte es an einheitlichen Bedingungen für die Vergabe von Personenverkehrsdiensten. Diese führt die VO 1370/2007 nun auch für den wichtigen Bereich der Dienstleistungskonzessionen erstmals ein. Insofern ergänzt die VO 1370/2007 die bereits bestehenden Wettbewerbsregelungen,[161] beschränkt sie aber nicht. Die neue Verordnung führt damit zu einer weiter gehenden Harmonisierung und Stärkung des unionsweiten Wettbewerbs. Dagegen lässt sich auch nicht anführen, dass Art. 4 Abs. 5 VO 1370/2007 seinerseits eine Behinderung der an sich forcierten Dienstleistungsfreiheit im grenzüberschreiten Personenverkehr darstellt, indem die Bewerber verpflichtet werden können, die Arbeitnehmer des Alt-Betreibers

160 Einen guten Überblick bieten Epiney, in: Dauses/Handbuch des EU-Wirtschaftsrechts, L. 4. Rn. 300–319, sowie Kaufmann/Lübbig/Prieß/Pünder, VO 1370/2007-Kommentar, Einleitung Rn. 31 ff.

161 Auf die unterschiedlichen Regelungsbereiche der verschiedenen Marktöffnungsregeln weisen auch Kaufmann/Lübbig/Prieß/Pünder, VO 1370/2007-Kommentar, Einleitung Rn. 38, hin.

zu übernehmen. Dies würde den prozesshaften Charakter eines schrittweisen Abbaus von Wettbewerbsbeschränkungen durch das Sekundärrecht verkennen. Wenn wie im Falle der VO 1370/2007 der kontrollierte Ausschreibungswettbewerb bei öffentlichen Dienstleistungsaufträgen mit gemeinwirtschaftlichen Verpflichtungen sukzessive verwirklicht werden soll, kann der Unionsgesetzgeber nach seinem politischen Ermessen die gegenwärtig noch notwendigen Bedingungen und Beschränkungen festlegen, nach denen die Grundfreiheiten verwirklicht werden sollen. Die nach dem Sekundärrecht zulässigen Beschränkungen (z. B. Art. 4 Abs. 5 S. 1 VO 1370/2007) sind als Ausdruck des politischen Gestaltungsermessen des europäischen Gesetzgebers hinzunehmen und können nicht der Grund für eine Unvereinbarkeit mit den Grundfreiheiten sein.[162] Dieser allgemeine Rechtsgedanke muss erst recht in einem Bereich der Politiken gelten, in dem – wie im hier maßgeblichen Verkehrssektor gem. Art. 90 ff. AEUV – nach dem Willen der Vertragsstaaten der diskriminierungsfreie Wettbewerb in der Union und die Verpflichtung, Dienste von allgemeinem Interesse (Art. 14 AEUV) bereitzustellen, im Rahmen eines besonderen Entscheidungsprozesses verwirklicht werden sollen (Art. 91 Abs. 1 AEUV).

Im Hinblick auf Art. 58 Abs. 1 AEUV kann daher gesagt werden, dass Art. 4 Abs. 5 S. 1 VO 1370/2007 schon nicht als rechtfertigungsbedürftiger Eingriff in die Dienstleistungsfreiheit angesehen werden kann, da die Betriebsübergangsregelung insoweit nicht auf einen bereits liberalisierten Verkehrsmarkt trifft. Vielmehr ergänzt die neue Verordnung die bestehenden Wettbewerbsregeln; ein regulierter Ausschreibungswettbewerb für Dienstleistungskonzessionen wird unter den Bedingungen des Art. 4 Abs. 5 VO 1370/2007 erstmals eingeführt. Wenn der europäische Gesetzgeber zur schrittweisen Harmonisierung und Liberalisierung eines Sachgebietes bestimmte Beschränkungen der Dienstleistungsfreiheit wie in Art. 4 Abs. 5 VO 1370/2007 zulässt, handelt er somit in Ausfüllung seines politischen Gestaltungsermessens.

3. Verstoß gegen die Grundsätze der Niederlassungsfreiheit

Die beschränkte Geltung der Dienstleistungsfreiheit, die Art. 58 Abs. 1 AEUV für den Verkehrssektor statuiert, lässt sich hingegen nicht auf die Niederlassungsfreiheit übertragen. Niederlassungen in einem anderem Mitgliedstaat, wie sie zur Erbringung innerstaatlicher Personenverkehre erforderlich und üblich sein dürften, sind anhand der Niederlassungsfreiheit zu beurteilen.[163] Wenn die Ver-

162 Forsthoff, in: Grabitz/Hilf/Nettesheim, Band I, Art. 45 AEUV Rn. 133.

163 Roth, in: Dauses/Handbuch des EU-Wirtschaftsrechts, E. I. Rn. 5; Frenz, Europarecht, Band 1, Rn. 2009; Forsthoff, in: Grabitz/Hilf/Nettesheim, Band I, Art. 49 AEUV Rn. 130.

tragsstaaten wie bei Art. 58 Abs. 1 AEUV die Gewährleistungen der Niederlassungsfreiheit speziellem Sekundärrecht hätten vorbehalten wollen, so hätten sie dies im Vertrag ausdrücklich vorgesehen.[164] Ausweislich der Regelung in Art. 49 Abs. 2 AEUV haben die Vertragsstaaten einen Vorrang anderer Grundfreiheiten in Teilbereichen (Kapital- und Zahlungsverkehr) ausdrücklich normiert; für den Verkehrssektor fehlt hingegen eine solche Ausnahme. Die Niederlassungsfreiheit ist daher auch im Verkehrssektor nach Maßgabe der Art. 49 bis 55 AEUV gewährleistet.

a. Schutzbereich der Grundfreiheit

Der Schutzbereich der Niederlassungsfreiheit umfasst grundsätzlich nicht nur den Zugang zu einem fremden Markt, sondern auch – wie Art. 49 Abs. 2 AEUV klarstellt – die Tätigkeitsausübung niedergelassener Unternehmer. Da die Betriebsübergangsregelung des Art. 4 Abs. 5 S. 1 VO 1370/2007 unmittelbar auf die wirtschaftlichen Rahmenbedingungen der Dienstleistungserbringung der betroffenen Verkehrsunternehmer Einfluss nimmt, ist die Reichweite des Verbotes von Beschränkungen der freien Niederlassung nach Art. 49 Abs. 1 AEUV entscheidend.

Anfänglich ist die Niederlassungsfreiheit als Ausprägung des Diskriminierungsverbotes im Sinne des Art. 18 AEUV verstanden worden.[165] Der EuGH[166] hat den Schutzbereich allerdings später erheblich ausgeweitet und geurteilt, dass auch Maßnahmen, die die Ausübung der Tätigkeit „behindern oder weniger attraktiv“ machen können, rechtfertigungsbedürftig seien. Vor dem Hintergrund dieser sehr allgemeinen Aussage wäre es nicht fernliegend, eine Behinderung integrationswilliger ausländischer Verkehrsunternehmen anzunehmen, wenn sie bei der Ausführung des öffentlichen Dienstleistungsauftrages verpflichtet werden könnten, die Arbeitnehmer des Altbetreibers zu übernehmen. Es bleibt aber nach der Rechtsprechung des EuGH insoweit offen, ob die Niederlassungsfreiheit vor jeglicher Behinderung schützen soll oder bestimmte Maßnahmen von vornherein nicht dem Schutzbereich des Art. 49 AEUV unterfallen. Dass der Schutzbereich der Niederlassungsfreiheit insoweit einer Begrenzung bedarf, ist aber allgemein anerkannt, weil ansonsten das gesamte mitgliedstaatliche Recht unter unionsrechtlichen Rechtfertigungsdruck gerät.[167] Gerade dies ist aber beim derzeitigen Stand der europäischen Integration von den Mitgliedstaaten nicht ge-

---

164 Überzeugend Forsthoff, in: Grabitz/Hilf/Nettesheim, Band I, Art. 49 AEUV Rn. 130.

165 Siehe nur Oppermann/Classen/Nettesheim, Europarecht, § 29 Rn. 34.

166 EuGH, Urt. vom 30.11.1995 – Rs. C-55/94 „Gebhard“ Rn. 37 – NJW 1996, 579, 581; Urt. vom 15.05.1997 – Rs. C-250/95 „Futura“ Rn. 24, 26 – BeckRS 2004 75444 = DStRE 1997, 514, 515.

167 Forsthoff, in: Grabitz/Hilf/Nettesheim, Band I, Art. 45 AEUV mwN; Oppermann/Classen/Nettesheim, Europarecht, § 29 Rn. 34.

wollt. Die Frage nach der Betroffenheit des Schutzbereiches der Niederlassungsfreiheit durch Art. 4 Abs. 5 S. 1 VO 1370/2007 muss zudem die Besonderheit berücksichtigen, dass für die Beurteilung einer Regelung des Sekundärrechts am Maßstab der Grundfreiheiten eine andere Perspektive einzunehmen ist, als bei der Prüfung einer mitgliedstaatlichen Maßnahme. Unterschiede können zudem zwischen der Rechtmäßigkeit der Ermächtigungsnorm und ihrer konkreten Anwendung bestehen.

b. Diskriminierung / Beschränkung der Grundfreiheit

aa. Durch die sekundärrechtliche Ermächtigungsnorm

Zunächst kann die Ermächtigungsnorm selbst gegen die Grundsätze der Niederlassungsfreiheit verstoßen. Eine rechtfertigungsbedürftige Diskriminierung ausländischer Verkehrsunternehmer könnte darin gesehen werden, dass durch die Betriebsübergangsverpflichtung Wettbewerbshemmnisse entstehen. Die Wettbewerber werden in diesem Zusammenhang sowohl hinsichtlich der Auswahl der Arbeitnehmer als auch mit Blick auf die konkrete Lohnhöhe durch die Betriebsübergangsanordnung in ihrer unternehmerischen Betätigungsfreiheit gebunden. Eine Diskriminierung kann darin aber nur bestehen, wenn die ausländischen Bewerber nicht wie ihre inländischen Wettbewerber unternehmerisch tätig werden können. Die Gefahr einer Schlechterstellung ausländischer Bewerber besteht indes dann nicht, wenn die Maßnahme – wie im Falle der Betriebsübergangsanordnung nach Art. 4 Abs. 5 S. 1 VO 1370/2007 – unterschiedslos jeden Wettbewerber trifft. Des Weiteren wäre es nicht überzeugend, in Art. 4 Abs. 5 VO 1370/2007 eine rechtfertigungsbedürftige faktische Benachteiligung beim Zugang zu Märkten mit einem hohen Lohnniveau oder eine vergleichbare Behinderung zu erblicken, die eine Niederlassung in einem anderen Mitgliedstaat weniger attraktiv erschienen ließe. Die Einordnung der Norm kann nämlich nicht ohne Rücksicht darauf erfolgen, dass sie unionsweite Geltung beansprucht. Sie ist nicht – wie eine mitgliedstaatliche Maßnahme – auf die Regulierung eines bestimmten nationalen Marktes beschränkt, sondern erhebt den Anspruch, in allen Mitgliedstaaten als Grundlage für die Berücksichtigung sozialer Belange im Ausschreibungswettbewerb um öffentliche Personenverkehrsaufträge zu dienen. Das bedingt eine andere Perspektive bei der Beurteilung der Vereinbarkeit des Art. 4 Abs. 5 S. 1 VO 1370/2007 am Maßstab der Niederlassungsfreiheit: Die Grundfreiheiten verbieten dem europäischen Gesetzgeber zwar, Regelungen zu treffen, die einzelne Märkte abschotten; sie gewähren indes keinen Schutz davor, dass der Unternehmer mit unionsweit geltenden Vorschriften konfrontiert wird, die die wirtschaftliche Betätigungsfreiheit – wie im Falle der Betriebsübergangsverpflichtung – unterschiedslos in allen Mitgliedstaaten betreffen. Die oben erwähnte Rechtsprechung des EuGH zur Weiterentwicklung der Dogmatik der Grundfreiheiten hin zu einem allgemeinen Beschränkungsverbot kann nicht auf die Ebene der Unionsorgane übertragen werden, weil unionsweit unterschiedslos geltende Vorschriften für die wirtschaftliche Betätigungsfreiheit die Marktöffnungsgebote der Grundfreiheiten insoweit nicht beeinträchtigen.[168] Dies alles hat aber nicht zur Folge, dass der europäische Gesetzgeber bei unterschiedslos geltenden wirtschaftspolitischen Lenkungsmaßnahmen keinem Rechtfertigungszwang ausgesetzt wäre. Die Sicherung der Freiheitsrechte der Unionsbürger gegenüber den Unionsorganen obliegt vielmehr in solchen Fällen den Unionsgrundrechten, mit denen im Gegensatz zu den Grundfreiheiten auch für nichtdiskriminierende Maßnahmen der Union ein einheitlicher Prüfungsmaßstab gegeben ist.[169]

Selbst wenn man die Dogmatik vom allgemeinen Beschränkungsverbot auf die Ebene der Unionsorgane übertragen wollte, bedürfte diese aufgrund ihrer uferlosen Weite einer Eingrenzung. Diskutiert[170] wird dabei die Übertragung der Keck-Rechtsprechung des EuGH[171] auf die anderen Grundfreiheiten. Speziell für die Niederlassungsfreiheit würde dies bedeuten, dass Regelungen, die nicht die Frage der Eingliederung des Niederlassungswilligen in den anderen Mitgliedstaat, sondern die fortlaufende Berufsausübung betreffen, schon nicht in den Schutzbereich der Niederlassungsfreiheit fallen, sofern diese Regelungen unterschiedslos gelten.[172] Dies ist insofern konsequent, als es nicht Zweck der Niederlassungsfreiheit sein kann, die wirtschaftlichen Rahmenbedingungen im Aufnahmestaat zu verbessern. Dass insbesondere in den einzelnen Mitgliedstaaten unterschiedlich hohe (Tarif-) Löhne existieren und daraus unterschiedliche Wettbewerbsbedingungen für Niederlassungswillige herrschen, ist in der gegenwärtigen Phase der Integrationsbemühungen ein Wesensmerkmal des Gemeinsamen Marktes und berührt den Schutzbereich der Niederlassungsfreiheit nicht, solange sich die Regelung – wie bei Art. 4 Abs. 5 S. 1 VO 1370/2007 – auf Ausländer und Einheimische gleichermaßen bezieht.[173]

---

168 Hierzu auch Schwemer, S. 191 und S. 204 ff.; in diese Richtung auch Forsthoff, in: Grabitz/Hilf/Nettesheim, Band I, Art. 45 AEUV Rn. 132 f.; a. A. aber Scheffer, S. 141.

169 Schwemer, S. 207 f.; siehe auch Forsthoff, in: Grabitz/Hilf/Nettesheim, Band I, Art. 45 AEUV Rn. 131.

170 Einen guten Überblick bietet Frenz, Europarecht, Band 1, Rn. 2014 ff.

171 EuGH, Urt. vom 21.11.1993 – Rs. C-267/91 u. C-268/91 „Keck" Rn. 14 ff. – GRUR Int 1994, 56, 57.

172 Bayreuther, EuZW 2009, 102, 106; Bröhmer, in: Callies/Ruffert, EUV/AEUV, Art. 49 AEUV Rn. 33; Frenz, Europarecht, Band 1, Rn. 2019.

173 Ähnlich, aber nicht auf Art. 4 Abs. 5 S. 1 VO 1370/2007 bezogen: Oppermann/Classen/Nettesheim, Europarecht, § 29 Rn. 10 aE.

bb. Durch Anwendung der Regelung im Einzelfall

Wenngleich Art. 4 Abs. 5 S. 1 VO 1370/2007 als solcher nicht gegen die Niederlassungsfreiheit verstößt, kann in der Praxis freilich die Anwendung der Norm durch den Auftraggeber Anlass zu Streit bieten. Die Wettbewerber haben nämlich stets Anspruch darauf, dass die mit den Grundfreiheiten zu vereinbarenden Regelungen des Sekundärrechts auch rechtmäßig angewendet werden. Der Niederlassungswillige kann sich daher gegen eine Betriebsübergangsanordnung, unabhängig davon, wie diese in den Mitgliedstaaten rechtstechnisch umgesetzt wird, unter Verweis auf seine Grundfreiheiten wehren, wenn die jeweiligen Behörden von Art. 4 Abs. 5 S. 1 VO 1370/2007 in diskriminierender Art und Weise Gebrauch machen. Dies könnte Fälle betreffen, in denen die Betriebsübergangssituation ersichtlich dem Zweck dienen soll, ausländischen Wettbewerbern den Marktzutritt zu erschweren. Davon wäre wohl in der Regel auszugehen, wenn die zuständige Behörde ein bereits initiiertes Ausschreibungsverfahren, in dem sie auf eine Betriebsübergangsregelung verzichtete, nach Eingang von Angeboten ausländischer Wettbewerber wieder aufhebt, im Anschluss daran aber ein neues Verfahren unter Anwendung des Art. 4 Abs. 5 S. 1 VO 1370/2007 einleitet.

c. Zwischenergebnis

Die Ermächtigungsnorm des Art. 4 Abs. 5 S. 1 VO 1370/2007 fällt hinsichtlich innerstaatlicher Verkehre grundsätzlich in den Anwendungsbereich der Niederlassungsfreiheit. Jedoch schützt die Niederlassungsfreiheit in ihrer Eigenschaft als Marktöffnungsgebot einerseits nicht vor unionsrechtlichen Lenkungsmaßnahmen, die unionsweite und unterschiedslose Geltung beanspruchen. Andererseits fallen tätigkeitsregulierende Maßnahmen – wie sie die Betriebsübergangsregelung erlaubt – aufgrund der Übertragung der Grundsätze der Keck-Rechtsprechung des EuGH ohnehin nicht in den Schutzbereich der Grundfreiheit. Gleichwohl ist eine diskriminierende und damit gegen die Niederlassungsfreiheit verstoßende Anwendung durch die zuständigen Auftraggeber denkbar, was indes eine Frage des Einzelfalles ist.

4. Verstoß gegen die Grundsätze der Arbeitnehmerfreizügigkeit (Art. 45 AEUV)

Sollte der Auftraggeber den neuen Betreiber des ausgeschriebenen Personenverkehrsdienstes nach Art. 4 Abs. 5 S. 1 VO 1370/2007 verpflichten wollen, könnte dies auch zur Anwendbarkeit der Arbeitnehmerfreizügigkeit nach Art. 45 AEUV führen. Wie bereits im Zusammenhang mit Tariftreueerklärungen diskutiert, kann die Betriebsübergangsverpflichtung zu einer mittelbaren Zugangsbeschränkung ausländischer Arbeitnehmer des ausgewählten Betreibers führen, die im Falle des Zuschlags bestrebt sind, im Rahmen der Leistungserbringung im Aufnahmestaat tätig zu werden. Ein Verstoß gegen Art. 45 AEUV ist jedoch bei der hier in Rede stehenden sekundärrechtlichen Regelung ebenso zu verneinen wie für die Parallelproblematik bei den sog. Tariftreueerklärungen. Denn Gewährleistungsinhalt der Arbeitnehmerfreizügigkeit ist im Kern die freie Wahl und Begründung eines Arbeitsverhältnisses im Aufnahmemitgliedstaat.[174] Sofern der neue Dienstleister den öffentlichen Dienstleistungsauftrag überhaupt mit eigenen Arbeitskräften aus seinem Herkunftsstaat auszuführen beabsichtigt, geht es jedoch nicht um die Begründung eines neuen Arbeitsverhältnisses, sondern um die Entsendung im Rahmen eines bestehenden Arbeitsverhältnisses. Im Übrigen würde bei diesen Entsende-Sachverhalten zumeist das Merkmal der Dauerhaftigkeit fehlen, weil sich die Arbeitnehmer in der Regel nur vorübergehend im Aufnahmemitgliedstaat aufhielten.[175] Die allenfalls indirekte Betroffenheit der Arbeitnehmer des neuen Dienstleisters fällt damit schon nicht in den Schutzbereich der Arbeitnehmerfreizügigkeit.

II. Unionsgrundrechte

Die autonome Rechtssetzungsbefugnis der Europäischen Union und der allgemein anerkannte Anwendungsvorrang[176] des Unionsrechts vor dem mitgliedstaatlichen Recht bedingt einen effektiven Grundrechtsschutz auch auf Unionsebene. Während der EuGH den Grundrechtsschutz bislang durch Rechtsfortbildung unter Zugrundelegung der gemeinsamen Rechtsüberzeugungen der einzelnen Mitgliedstaaten gewährleistete, schlug der Vertrag von Lissabon[177] vom 13. Dezember 2007 ein neues Kapitel für den europäischen Grundrechtsschutz auf: Nach Art. 6 Abs. 1 EUV erlangt nämlich die EU-Grundrechte-Charta[178] (GR-Charta) mit Inkrafttreten des Lissabon-Vertrages am 01.12.2009 erstmals juristische Verbindlichkeit und steht auf einer rechtlichen Ebene mit den Verträgen. Die Relevanz der GR-Charta dürfte dadurch erheblich wachsen – nicht zuletzt in ihrer Bedeu-

174 Reichert, S. 201.

175 Reichert, S. 200 ff.; Dobmann, S. 244. Letzterer betont zutreffend, dass Tariftreueverlangen nicht das Recht beeinträchtigten, eine Beschäftigung auszuüben und im Arbeitsmarkt eines anderen Mitgliedstaates tätig zu sein.

176 Statt vieler Ruffert, in: Callies/Ruffert, EUV/AEUV, Art. 1 AEUV Rn. 16 mwN.

177 ABl. 2007 Nr. C 306, S. 1.

178 Charta der Grundrechte der Europäischen Union vom 12.12.2007, ABl. 2007 Nr. C 303, S. 1.

tung, Freiheitsräume gegenüber dem Unionsgesetzgeber zu sichern.[179] Da sich die Rechtsprechung des EuGH zu den Grundfreiheiten als Beschränkungsverboten grundsätzlich nicht auf Rechtsakte der Unionsgesetzgebers übertragen lässt,[180] genießen die EU-Grundrechte gegenüber der umfangreichen wirtschaftsregulierenden Tätigkeit des europäischen Gesetzgebers einen entscheidenden Stellenwert. Da der europäische Gesetzgeber unmittelbar an die EU-Grundrechte gebunden ist, was nunmehr Art. 51 Abs. 1 S. 1 GR-Charta ausdrücklich bestimmt, darf Art. 4 Abs. 5 S. 1 VO 1370/2007 nur angewendet werden, wenn die Regelung nicht gegen die GR-Charta verstößt. Im Blickpunkt stehen hierbei die Unternehmerfreiheit gem. Art. 16 GR-Charta sowie der allgemeine Gleichheitssatz des Art. 20 GR-Charta.

1. Unternehmerfreiheit (Art. 16 GR-Charta)

a. Schutzbereich

Die GR-Charta unterscheidet bei der Gewährleistung der beruflichen Tätigkeit die Berufsfreiheit nach Art. 15 GR-Charta in Gestalt der unselbstständige Berufsausübung und die Unternehmerfreiheit gem. Art. 16 GR-Charta, also die selbstständige Berufstätigkeit. Diese Differenzierung war der Rechtsprechung des EuGH bislang fremd; materiell ergibt sich daraus jedoch keine Konsequenz, denn Art. 16 GR-Charta bündelt lediglich die vom EuGH unter dem Gesichtspunkt der wirtschaftlichen Betätigungsfreiheit entwickelten unternehmerischen Einzelrechte.[181] Die für Verkehrsunternehmen relevante Unternehmerfreiheit umfasst nach der ständigen Rechtsprechung des EuGH[182] ein umfassendes Abwehrrecht gegen Eingriffe in die wirtschaftliche Betätigungsfreiheit. Insbesondere betont der EuGH,[183] dass auch Eingriffe in die Wettbewerbsstellung als Beschränkung der wirtschaftlichen Entfaltungsfreiheit rechtfertigungsbedürftig sind. Die Betriebsübergangsverpflichtung, die Art. 4 Abs. 5 S. 1 VO 1370/2007 der zuständigen Behörde ermöglicht und die sowohl die unternehmerische Handlungsfreiheit als auch die Wettbewerbsstellung berührt, fällt damit in den sachlichen Anwendungsbereich des Art. 16 GR-Charta. Zwar entbehrt die GR-Charta einer Bestim-

179 Pache, in: Schulze/Zuleeg/Kadelbach, § 10 Rn. 51; Schubert/Jerchel, EuZW 2010, 687.

180 Schwemer, S. 191.

181 Ruffert, in: Callies/Ruffert, EUV/AEUV, Art. 16 GRCh Rn. 2. So erkannte der EuGH z. B. die Handelsfreiheit und die erwerbsbezogene Vertragsfreiheit, Nachweise bei Ruffert a. a. O.

182 Grundlegend EuGH, Urt. vom 14.05.1974 – Rs. C-4/73 „Nold" Rn. 14 – BeckEuRS 1974, 40164; Urt. vom 19.09.1985 – Rs. C-63/84 „Finsider" Rn. 23 f. – BeckEuRS 1985, 119399; Urt. vom 05.10.1994 – Rs. C-280/93 „Bananenmarkt" Rn. 78 – NJW 1995, 945, 948.

183 EuGH, Urt. vom 05.10.1994 – Rs. C-280/93 „Bananenmarkt" Rn. 81 – NJW 1995, 945, 948.

mung, die die Einbeziehung juristischer Personen in den Schutzbereich einzelner Grundrechte normiert, was gelegentlich kritisiert worden ist.[184] Aus der Systematik zwischen Art. 15 und Art. 16 GR-Charta und dem Normzweck der Vorschrift ergibt sich indes klar, dass die Unternehmerfreiheit des Art. 16 GR-Charta unabhängig von der rechtlichen Organisationsform und damit auch juristischen Personen gewährleistet ist, woran auch der EuGH nicht zweifelt.[185]

Problematischer ist hingegen die Frage, ob auch juristische Personen des Privatrechts, die von Hoheitsträgern der einzelnen Mitgliedstaaten kontrolliert werden, gleichfalls den Schutz des Art. 16 GR-Charta genießen. Besonders der ÖPNV ist davon gekennzeichnet, dass Personenverkehrsdienste von privatisierten Rechtsträgern durchgeführt werden, die sich zumeist in kommunaler Hand befinden (sog. öffentlich-rechtliche Unternehmen im Sinne des Art. 106 AEUV[186]). Im Schrifttum[187] findet sich hierzu der Hinweis, dass derart hoheitlich beeinflusste Unternehmen nicht den Schutz der EU-Grundrechte genießen. Diese Aussage befindet sich auf einer Linie mit der hierzulande diskutierten Grundrechtsberechtigung von juristischen Personen des Privatrechts, deren Anteile in öffentlicher Hand liegen. Ihnen wird die Grundrechtsberechtigung versagt, da eine solche nicht durch bloßen Rechtsformwechsel erlangt werden könne.[188] In diesem Zusammenhang kann indes gefragt werden, ob etwas anderes zu gelten hat, wenn man berücksichtigt, dass die VO 1370/2007 die Betriebsübergangsregelung in einen vergaberechtlichen Kontext stellt. Der EuGH[189] hat hierzu entschieden, dass selbst Hoheitsträger (in der Entscheidung: die Stadt München) Bieter im Rahmen eines Vergabeverfahrens sein können. Daraus ist sodann eine partielle Grundrechtsberechtigung der öffentlichen Hand im Rahmen der Vergabe eines öffentlichen Auftrages abgeleitet und der Schluss gezogen worden, dass zumindest der allgemeine Gleichbehandlungsgrundsatz auch Privatrechtssubjekte in öffentlicher Hand berechtige.[190] Dies ist einerseits konsequent unter Berücksichtigung der überragenden Bedeutung[191] des Gleichheitssatzes für das staatliche Beschaffungswesen; andererseits aber nicht übertragbar auf die Unternehmerfreiheit. Denn von der Berechtigung der öffentlichen Hand, sich an staatlichen Ausschreibungen zu beteiligen und an dem das Vergaberecht prägenden

184 Schwarze, EuZW 2001, 517, 521.

185 Vgl. Hilf/Hörmann, NJW 2003, 1, 5; Schwarze EuZW 2001, 517, 521.

186 Mestmäcker/Schweitzer, in: Immenga/Mestmäcker, Wettbewerbsrecht, Band 1/EG-Teil 1, C. Art. 86 Abs. 1 Rn. 33.

187 Oppermann/Classen/Nettesheim, Europarecht, § 18 Rn. 27.

188 BVerfG, Beschl. vom 07.06.1977 – 1 BvR 108/73 u. a. – BVerfGE 45, 63, 80; Dreier, in: Dreier/ GG-Kommentar, § 19 Rn. 70; vgl. auch Homeister, S. 153.

189 EuGH, Urt. vom 18.11.2004 – C-126/03 – EuZW 2005, 26.

190 Frenz, EuZW 2006, 748, 749.

191 Frenz, EuZW 2006, 748, 749 f.

Gleichbehandlungsgebot zu partizipieren, ist die Frage zu trennen, ob sie in deren Rahmen auch den Schutz ihrer wirtschaftlichen Betätigungsfreiheit geschützt ist. Dafür ist aber – anders als bei dem Gleichbehandlungsgebot – kein Grund ersichtlich. Denn die Gewährleistung eines ausreichenden öffentlichen Verkehrsangebotes ist eine Aufgabe der Daseinsvorsorge, vgl. § 1 RegG. Zwar mag es angesichts dieser Funktion berechtigt sein, die öffentliche Hand insoweit an einem wettbewerblichen Vergabeverfahren teilnehmen zu lassen. Der bloße Rechtsformwechsel bei der Erfüllung der Daseinsvorsorge führt indes nicht zur einem Schutz durch die Unternehmerfreiheit, auf die sich die öffentliche Hand ohne Rechtsformwechsel als Grundrechtsverpflichtete jedenfalls nicht berufen könnte.[192]

b. Eingriff

Die Grundrechtsdogmatik des EuGH fußt auf einem weit gefassten Eingriffsverständnis. Erfasst sind sowohl final-normative Einschränkungen als auch mittelbare Eingriffe in die Freiheitsausübung.[193] Indem Art. 4 Abs. 5 S. 1 VO 1370/2007 den mitgliedstaatlichen Behörden die Befugnis gewährt, die Ausübung der unternehmerischen Gestaltungsfreiheit zu reglementieren, stellt dies daher eine wettbewerbsregulierende Vorschrift dar, die rechtfertigungsbedürftig ist. Dagegen lässt sich auch nicht – wie teilweise im Schrifttum[194] vertreten – argumentieren, dass es sich bei der staatlichen Auftragsvergabe um eine Leistungsgewährung handele, deren Modifikation durch Ausführungsbedingungen weder einen Eingriff in die Freiheitsrechte des erfolgreichen noch des unterlegenen Bieters darstelle. Dies soll daraus folgen, dass der Staat den unterlegenen Bietern zwar nichts gebe, er ihnen aber auch nichts nehme; der erfolgreiche Bieter hingegen erlange nur eine Minderleistung, die keine freiheitsbeschränkende Bedeutung habe.[195] Da jedoch die zuständige Behörde durch die Aufnahmen einer Betriebsübergangsregelung bewusst in Kauf nimmt, dass diejenigen Bieter aus dem Verfahren ausscheiden, die eine solche Verpflichtungserklärung nicht abgeben wollen, macht sie die Auftragserteilung von nicht leistungsbezogenen Faktoren abhängig und „greift zur Verfolgung wirtschaftslenkender Zwecke in den sich maßgeblich an Wirtschaftlichkeitskriterien ausrichtenden Wettbewerb ein".[196] Für einen Eingriff streitet zudem, dass Art. 4 Abs. 5 S. 1 VO 1370/2007 nicht nur die Wettbewerbschancen der Bieter beeinflusst, sondern je nach Handlungsform der Behörde un-

192 Ruffert, in: Callies/Ruffert, EUV/AEUV, Art. 16 GRCh Rn. 3.

193 So z. B. Ruffert, in: Callies/Ruffert, EUV/AEUV, Art. 15 GRCh Rn. 10 f.

194 Burgi, NZBau 2001, 64, 66; Wiedmann, S. 194.

195 Burgi, NZBau 2001, 64, 66.

196 Zitiert von Widmann, S. 104.

mittelbar oder mittelbar auf die Rechtsbeziehungen der Unternehmen und ihrer Arbeitnehmer Einfluss zu nehmen bestimmt ist. Die Regelung erfasst damit nicht nur das Wettbewerbsverhalten der Bieter im Allgemeinen, sondern auch deren Vertragsbeziehungen mit Dritten, was für die Unternehmerfreiheit der Bieter einen Eingriff bedeutet.[197]

c. Rechtfertigung

aa. Art. 4 Abs. 5 S. 1 VO 1370/2007 als Schranke der Unternehmerfreiheit

Die GR-Charta kennt einen allgemeinen Gesetzesvorbehalt; dieser gilt für sämtliche europäischen Grundrechte unterschiedslos.[198] Nach Art. 52 Abs. 1 GR-Charta muss jede Einschränkung der Grundrechte gesetzlich vorgesehen sein. Nicht hinreichend geklärt ist bislang indes, welche Anforderungen an diese gesetzliche Grundlage zu stellen sind – insbesondere, ob ein Parlamentsvorbehalt zu fordern ist.[199] Für die hier vorliegende Untersuchung kann diese Frage indes auf sich beruhen, weil Art. 4 Abs. 5 S. 1 VO 1370/2007 aus unionsrechtlicher Sicht nicht nur Gesetz im materiellen, sondern auch im formellen Sinne ist. Die VO 1370/2007 ist nämlich durch das Europäische Parlament und dem Rat der Europäischen Union in einem ordentlichen Gesetzgebungsverfahren (vgl. Art. 294 AEUV) erlassen worden und damit Gesetzgebungsakt im Sinne des Art. 289 AEUV.

bb. Verhältnismäßigkeitsgebot als Schranken-Schranke

Das Verhältnismäßigkeitsgebot stellt auch für die Einschränkung der Unionsgrundrechten die maßgebliche Schranken-Schranke dar, § 52 Abs. 1 S. 2 GR-Charta. Nach der Judikatur des EuGH ist die Beschränkung von Grundrechten nur dann rechtmäßig, „wenn sie zur Erreichung der zulässigerweise mit der fraglichen Regelung verfolgten Ziele geeignet und erforderlich sind. Dabei ist, wenn mehrere geeignete Maßnahmen zur Auswahl stehen, die am wenigsten belastende zu wählen; ferner müssen die auferlegten Belastungen in angemessenem Verhältnis zu den angestrebten Zielen stehen."[200] Daraus ergibt sich das folgende Prüfungsprogramm:

---

197 Zu Art. 12 GG im Zusammenhang mit der Berliner Tariftreueregelung: BVerfG, Beschl. vom 11.07.2006 – 1 BvL 4/00 – NJW 2007, 51, 54; auch Beschl. vom 06.07.2010 – 2 BvR 2661/06 – NJW 2010, 3422, 3423. Zustimmend auch Widmann, S. 104.

198 Ausführlich Fassbender, NVwZ 2010, 1049, 1050.

199 Einen Überblick gibt Kingreen, in: Callies/Ruffert, EUV/AEUV, Art. 52 GRCh Rn. 61–63.

200 EuGH, Urt. vom 11.07.1989 – Rs. C-265/87 „Schräder" Rn. 21 – Slg. 1989, 2237 = BeckEuRS 1989, 1553341.

(1) Verfolgung eines zulässigen Zieles

Die hinter Art. 4 Abs. 5 S. 1 VO 1370/2007 stehende Regelungsabsicht des Unionsgesetzgebers wird mit Blick auf die Rechtsprechung des EuGH zur Geltung der Betriebsübergangsrichtlinie 2001/23/EG bei Auftragsneuvergaben im öffentlichen Personenverkehr sichtbar. In der Rs. Liikenne[201] hatte der EuGH entschieden, dass die Auftragsnachfolge bei öffentlichen Dienstleistungsaufträgen der Anwendung der Richtlinie 2001/23/EG[202] zwar nicht grundsätzlich entgegen stehe, der „Übergang einer wirtschaftlichen Einheit" jedoch im Linienbusverkehr voraussetze, dass der neue Betreiber Betriebsmittel vom alten Betreiber in nennenswertem Umfang übernehme, weil der Linienbusbetrieb wesentlich betriebsmittelgeprägt sei. Dies ist – wie die Rs. Liikenne zeigt – nicht selbstverständlich. Die betroffenen Arbeitnehmer können sich daher in Fällen der fehlenden Übernahme materieller Betriebsmittel bisher nicht auf die Rechte aus den nationalen Umsetzungsvorschriften zur Richtlinie 2001/23/EG berufen. Eine Ausnahme bilden hier freilich die Auftragsvergaben, bei denen der alte wie der neue Betreiber die Dienstleistung nicht mit eigenen Fahrzeugen, sondern mit solchen des Auftraggebers bzw. hier des Aufgabenträgers (sog. Fahrzeugpool) erbringt. Der EuGH hatte hierzu in der Rs. Abler[203] und später in der Rs. Güney-Gorres[204] bekräftigt, dass der Übergang der wirtschaftlichen Einheit nicht voraussetze, dass die vom neuen Unternehmer übernommenen Betriebsmittel im Eigentum des alten Unternehmers standen; es genüge vielmehr, wenn der Auftraggeber die Betriebsmittel zur Durchführung des Auftrages zur Verfügung stellt. Da die Liikenne-Rechtsprechung jedoch wegen des betriebsmittelintensiven Charakters des gesamten öffentlichen Personenverkehrs weit über den Linienbusverkehr hinaus Anwendung findet und die Übertragung der Fahrzeuge auf den neuen Betreiber nicht die Regel ist, kann es unter dem neuen Vergaberechtsregime der VO 1370/2007 künftig zu einer größeren Anzahl von Betreiberwechseln kommen, bei denen die betroffenen Arbeitnehmer des Altbetreibers von betriebsbedingten Kündigungen bedroht wären, sofern der neue Betreiber sie nicht freiwillig übernimmt oder der bisherige Arbeitgeber nicht einen vergleichbaren Ersatzauftrag erlangt.[205] Eine Besonderheit besteht bei Personenverkehrsdiensten im Sinne der VO 1370/2007 nämlich darin, dass sie befristet vergeben werden (Art. 4 Abs. 3 und 4 VO 1370/2007) und der Bestand der betroffenen Arbeitsverhältnisse damit weitgehend unter dem Vorbehalt der Erlangung eines entsprechen-

201 EuGH, Urt. vom 25.01.2001 – Rs. C-172/99 „Liikenne" – NZBau 2001, 221, 223 f. = NZA 2001, 249, 250.

202 Das Urteil erging noch zur Vorgänger-Richtlinie 77/187/EWG.

203 EuGH, Urt. vom 20.11.2003 – Rs. C-340/01 „Abler" – NZBau 2004, 111, 113.

204 EuGH, Urt. vom 15.12.2005 – Rs. C-232, 233/04 „Güney-Görres" – NJW 2006, 889, 890 f.

205 Dazu auch Bayreuther, NZA 2009, 582.

den Ersatzauftrages durch den Altbetreiber stünde. In den Erwägungsgründen zur VO 1370/2007 stellt der Unionsgesetzgeber daher maßgeblich auf die mit einem Betreiberwechsel verbundenen Auswirkungen auf die Arbeitsverhältnisse der betroffenen Arbeitnehmer ab.[206] Im Kern handelt es sich dabei um den Schutz vor Arbeitslosigkeit, die durch die Marktöffnung im Verkehrssektor verstärkt befürchtet wird. Die „Versöhnung" des freien Wettbewerbs mit sozialer Gerechtigkeit und sozialem Fortschritt ist ein grundlegendes Ziel der Union, vgl. Art. 3 Abs. 3 EUV. Das Bekenntnis der Vertragsstaaten zu einem umfassenden Arbeitnehmerschutz in Art. 151 Abs. 1 AEUV ist dieser Zielsetzung verpflichtet. In Ziffer 7 der Unionscharta der Sozialen Grundrechte der Arbeitnehmer wird dieses Ziel schließlich dahingehend näher präzisiert, dass die Verwirklichung des Binnenmarktes zur einer Verbesserung der Arbeitsbedingungen der Arbeitnehmer der Union führen müsse. Konsequent hat daher auch der EuGH[207] die Absicht, Arbeitslosigkeit zu verhüten, insbesondere im Zusammenhang mit der Teilhabe an der öffentlichen Auftragsvergabe, als Integrationsziel des Unionsrechts gebilligt.[208]

Die Erwägungsgründe zur VO 1370/2007 deuten indes noch auf ein weiteres Ziel hin, das der europäische Gesetzgeber mit Art. 4 Abs. 5 S. 1 VO 1370/2007 verfolgt. In Erwägungsgrund 17 geht der Unionsgesetzgeber nämlich von der Zulässigkeit sozialer Kriterien im Vergabeverfahren aus, insbesondere auch zur Schaffung vergleichbarer Wettbewerbsbedingungen zwischen den Wettbewerbern. Da die fragliche Regelung als Spezialfall der in Erwägungsgrund 17 angesprochenen sozialen Kriterien angesehen werden kann, tritt zugleich eine wettbewerbsregulierende Zielsetzung des Art. 4 Abs. 5 VO 1370/2007 hinzu. Mit ihr gibt der Unionsgesetzgeber den zuständigen Behörden die Möglichkeit, einem Bieterwettstreit um die niedrigsten Löhne (Dumping) des mit der Leistungserbringung betrauten Personals zu begegnen, da der neue Dienstleister grundsätzlich an die (vor allem Lohn-)Ansprüche der betroffenen Arbeitnehmer aus ihrem Arbeitsvertrag mit dem Altbetreiber gebunden ist. Die dahinter stehende Intention einer wettbewerbsregulierten Marktwirtschaft kommt damit ebenfalls als Rechtfertigung einer Beschränkung der Unternehmerfreiheit durch Art. 4 Abs. 5 S. 1 VO 1370/2007 in Betracht.

206 Erwägungsgrund 16 zu VO 1370/2007.

207 EuGH, Urt. vom 20.09.1988 – Rs. 31/87 „Beentjes" – NVwZ 1990, 353 ff.; Urt. vom 26.09.2000 – Rs. C-225/98 „Nord-Pas-de-Calais" – BeckEuRS 2000, 242231.

208 Vgl. auch Reichert, S. 210 f., der diesen Aspekt anhand Vergabekriterium der Tariftreueerklärung erörtert.

(2) Geeignetheit

Die Zweckdienlichkeit des Art. 4 Abs. 5 S. 1 VO 1370/2007 für den Schutz der Arbeitnehmer vor Entlassung aufgrund eines Betreiberwechsels dürfte nicht auf Zweifel stoßen. Darüber hinaus ist die Regelung aber auch zur Verhinderung von Lohndumping förderlich. Freilich könnte man gegen die Geeignetheit argumentieren, dass die Bindung des neuen Betreibers insbesondere an die bisherige Lohnhöhe nach der Richtlinie 2001/23/EG je nach Lage des Einzelfalles nur eingeschränkt wirke. Nach Art. 3 Ziffer 3 der Richtlinie 2001/23/EG ist es nämlich zulässig, den Zeitraum der Aufrechterhaltung der Arbeitsbedingungen auf ein Jahr zu begrenzen; der deutsche Gesetzgeber hat davon in § 613a Abs. 1 S. 2 BGB Gebrauch gemacht. Ungünstigere Arbeitsbedingungen der Arbeitnehmer vor Ablauf der Jahresfrist können auch aus dem Umstand folgen, dass das Arbeitsverhältnis von einem Kollektivvertrag erfasst wird, der abweichende Rechte und Pflichten regelt. Dies alles steht der Geeignetheit des Art. 4 Abs. 5 S. 1 VO 1370/2007 zum Zwecke der Verhinderung von Lohndumping indes nicht entgegen. Dem Unionsgesetzgeber kommt ebenso wie dem deutschen Gesetzgeber bei der Wahl seiner Mittel ein weitgehender Einschätzungsspielraum zu.[209] Dies bezieht sich insbesondere auf Sachbereiche wie der Arbeit- und Wirtschaftspolitik, bei denen die konkrete Regelungswirkung nur schwer prognostizierbar ist.[210] Der Unionsgesetzgeber bewegt sich daher innerhalb der Grenzen seines Prognosespielraums, wenn er zur Abwehr des Lohndumpings bei der Vergabe vom Aufträgen im öffentlichen Personenverkehr die Rechtsfolgen der Richtlinie 2001/23/EG nach entsprechendem Verlangen durch die zuständige Behörde insoweit als zweckdienlich erachtet. Es ist jedenfalls nicht als schlechthin ungeeignet zu bewerten, wenn der Unionsgesetzgeber zur Verhinderung von Lohndumping an die Auftragsvergabe – also an den Umstand anknüpft, der mit der Einführung des regulierten Wettbewerbs im Verkehrssektor zu einem verstärkten Preiswettbewerb geführt hat. Die Beschränkung der Weitergeltung der bisherigen Arbeitsbedingungen durch abweichende Kollektivregelungen stärkt überdies das Recht auf Kollektivverhandlungen nach Art. 28 GR-Charta unter Anerkennung der Zuständigkeit der Tarifvertragsparteien, vgl. Ziffer 12 der Charta der Sozialen Grundrechte der Arbeitnehmer.

209 EuGH, Urt. vom 06.12.2005 – Rs. C-453/03 u. a. „ABNA“ Rn. 69 – LMRR 2005, 40: „Was die gerichtliche Nachprüfbarkeit (...) angeht, so verfügt der Unionsgesetzgeber in einem Bereich wie dem hier betroffenen, der von ihm politische, wirtschaftliche und soziale Entscheidungen verlangt und in dem er komplexe Prüfungen durchführen muss, über ein weites Ermessen. Folglich ist eine in diesem Bereich erlassene Maßnahme nur dann rechtswidrig, wenn sie im Hinblick auf das Ziel, das die zuständigen Organe verfolgen, offensichtlich unverhältnismäßig ist.“

210 Bayreuther, Tarifautonomie, S. 50.

(3) Erforderlichkeit

Die Betriebsübergangsregelung muss aber auch notwendig sein, d. h. für den Normadressaten milder wirkende Mittel, die das gesetzgeberische Ziel ebenso wirksam erreichen können, dürfen dem Unionsgesetzgeber unter Berücksichtigung seine Einschätzungsspielraums nicht zur Verfügung stehen.[211]

Gegen den befürchteten Wettbewerb um die niedrigsten Löhne sind in der Vergangenheit bei der öffentlichen Auftragsvergabe hierzulande sog. Tariftreueverlangen zum Einsatz gekommen. Da ein Tariftreueverlangen im Falle des Betreiberwechsels im Unterschied zu Art. 4 Abs. 5 S. 1 VO 1370/2007 den neuen Betreiber nicht an die Weiterbeschäftigung bestimmter Arbeitnehmer binden würde, griffe es insoweit weniger intensiv in die unternehmerische Freiheit ein. Nachdem der EuGH in der Rs. „Rüffert“[212] entschieden hatte, dass Tariftreueregelungen in ihrer bisherigen Form gegen die Entsende-Richtlinie verstoßen, stellt sich die Frage, ob eine Tariftreueerklärung bei der Vergabe eines Auftrages im öffentlichen Personenverkehrs überhaupt eine zulässige Option darstellt. Dies wird in der Literatur[213] bejaht. Dafür spreche, dass die Dienstleistungsfreiheit aufgrund der fehlenden Liberalisierung im Verkehrssektor nur eingeschränkt wirke. Die Frage bedarf an dieser Stelle jedoch keiner Vertiefung. Denn die Tariftreueerklärung ist gegenüber der Betriebsübergangsverpflichtung nicht gleich effektiv. Das Anliegen des Unionsgesetzgebers, die Arbeitnehmer aufgrund der Befristung öffentlicher Dienstleistungsaufträge im Personenverkehr vor Arbeitslosigkeit im Falle des Betreiberwechsels zu schützen, kann mit der Tariftreueerklärung nicht erreicht werden. Denn die Verhütung des befürchteten Lohndumpings durch die Tariftreueerklärung verhindert noch nicht, dass die Arbeitnehmer des Altbetreibers im Falle des Auftragsverlustes möglicherweise ihren Arbeitslatz verlieren.

Denkbar wäre auch, dem alten Dienstleister beim Betreiberwechsel – zeitlich befristet – eine Kündigung seiner bisher mit der Leistungserbringung betrauten Arbeitnehmer aus betrieblichen Gründen zu untersagen. Eine solche Regelung würde zwar den neuen Betreiber schonen, den alten Betreiber aber, wenn nicht der Existenzgefährdung, dann zumindest doch einem erheblichen wirtschaftlichen Nachteil aussetzen, sollte er keinen adäquaten Ersatzauftrag akquirieren können. Ein milderes Mittel ist insgesamt somit nicht erkennbar.

211 Kingreen, in: Callies/Ruffert, EUV/AEUV, Art. 52 GRCh Rn. 69.

212 EuGH, Urt. vom 03.04.2008 – Rs. C-346/06 „Rüffert“, NJW 2008, 3485 ff.

213 Bayreuther, EuZW 2009, 102, 106; sich anschließend Kaufmann/Lübbig/Prieß/Pünder, VO 1370/2007-Kommentar, Art. 4 Rn. 56.

(4) Angemessenheit

Die den Verkehrsunternehmen auferlegten Belastungen dürfen schließlich nicht außer Verhältnis zu den mit der Regelung angestrebten Zielen stehen.

(a) Benachteiligung von Wettbewerbern mit geringeren Lohnkosten

Macht die zuständige Behörde von Art. 4 Abs. 5 S. 1 VO 1370/2007 Gebrauch, so kann dies Bieter daran behindern, den Ausschreibungswettbewerb um den öffentlichen Dienstleistungsauftrag über die Kalkulation mit geringeren Lohnkosten zu erreichen. Eine unverhältnismäßige Belastung ist damit jedoch unter folgenden Gesichtspunkten nicht verbunden: Die Verpflichtung trifft den ausgewählten Bewerber. Dies bedeutet, dass alle an der Ausschreibung teilnehmenden Unternehmer die aus dem Ausschreibungsunterlagen ermittelbaren Personalkosten kalkulieren müssen und die Wettbewerber damit gleich behandelt werden. Zwar darf nicht übersehen werden, dass die Ausnutzung des Vorteils niedriger (rechtmäßiger) Löhne dem Interessenten nicht zum Vorwurf gemacht werden kann, weshalb das Ziel des Gesetzgebers, Lohndumping vorzubeugen, gegenüber der Unternehmerfreiheit nur von eingeschränkter Schlagkraft ist.[214] Anders ist jedoch das Gewicht der Zielsetzung zu bemessen, die auf den Schutz der Arbeitnehmer vor Entlassung bei generell befristeten Dienstleistungsaufträgen gerichtet ist. Das Bestandsinteresse des Arbeitnehmers wird regelmäßig aus der existentiellen Bedeutung des Arbeitsplatzes für die eigenwirtschaftliche und selbstbestimmte Lebensführung des Einzelnen begründet und findet ausdrückliche Berücksichtigung bei der sozialpolitischen Selbstverpflichtung, zu der sich die Europäische Union in Art. 9 AEUV bekennt. Das Bestandsinteresse der betroffenen Arbeitnehmer rechtfertigt die partielle Beschränkung eines Wettbewerbsvorteils, das lediglich die Auftragsausführung und damit nicht den Kernbereich der Unternehmerfreiheit berührt. Denn die Teilnahme der interessierten Verkehrsunternehmen am Vergabeverfahren wird damit grundsätzlich nicht in Frage gestellt. Zudem findet der Wettbewerb um einen öffentlichen Dienstleistungsauftrag im Personenverkehr auch nicht ausschließlich über die Lohnkosten statt. Ein erheblicher Anteil der Gesamtkosten entfällt auf materielle Betriebsmittel, wie Infrastruktur, Rollmaterial etc., was betriebswirtschaftliche Spielräume eröffnet. Ferner entsteht dem ausgewählten Betreiber zumeist in wirtschaftlicher Hinsicht auch bei der Verpflichtung zur statischen Fortführung der Tariflöhne der übergegangenen Arbeitnehmer kein wesentlicher Nachteil. Denn die Verpflichtung zu gemeinwirtschaftlichen Leistungen geht in aller Regel mit einer Ausgleichszahlung durch den öffentlichen Auftraggeber einher. Wie sich aus Art. 4

214 So insbesondere auch Reichert, S. 208, hinsichtlich der Parallelproblematik bei Tariftreueerklärungen.

Abs. 1 lit. c) VO 1370/2007 ergibt, sind die Personalkosten des ausgewählten Betreibers bei der Berechnung der Ausgleichsleistung zu berücksichtigen. Die Betriebsübergangsregelung belastet damit vorrangig den öffentlichen Auftraggeber, der jedoch nicht schutzwürdig ist und es überdies in der Hand hat, den öffentlichen Zuschussbedarf ggf. durch Verzicht auf eine Maßnahme nach Art. 4 Abs. 5 S. 1 VO 1370/2007 zu seinen Gunsten zu beeinflussen.

(b) Verstoß gegen das Wettbewerbsprinzip im Vergaberecht

Eine unangemessene Beschränkung der Unternehmerfreiheit könnte sich jedoch aus dem Gesichtspunkt ergeben, dass Art. 4 Abs. 5 S. 1 VO 1370/2007 die zuständige Behörde dazu befugt, die Ausführung des Auftrages von der Erfüllung eines sog. nicht-wirtschaftlichen (vergabefremden) Kriteriums abhängig zu machen. Da die Regelung – wie ausgeführt – dazu bestimmt ist, die Tätigkeitsausübung der Unternehmen inhaltlich zu reglementieren und daraus die Eingriffsqualität des Art. 4 Abs. 5 S. 1 VO 1370/2007 folgt, dürfte ein vergabefremdes Kriterium, wie es die Betriebsübergangsregelung ist, nur dann angemessen sein, wenn es in seiner konkreten Ausprägung dem vergaberechtlichen Wettbewerbsgrundsatz nicht widerspricht. Es erscheint dabei durchaus sachgerecht, die Vereinbarkeit vergabefremder Kriterien am Maßstab der Unternehmerfreiheit des Art. 16 GR-Charta zu überprüfen, da den Auftragnehmern das Recht zuzuerkennen sein dürfte, dass sich die Vergabe nach den Funktionsbedingungen des Wettbewerbs vollzieht.[215] Die Vereinbarkeit vergabefremder Kriterien hat der EuGH bislang am Maßstab des allgemeinen Diskriminierungsverbotes und der Grundfreiheiten, speziell der Dienstleistungs- und Niederlassungsfreiheit erörtert. Dies ist angesichts dessen, dass der EuGH[216] über die Vereinbarkeit mitgliedsstaatlicher Maßnahmen zu entscheiden hatte, konsequent. Sofern – wie hier – vergabefremde Kriterien am Maßstab der Unionsgrundrechte zu messen sind, ist es ebenso sachgerecht, diese Fragestellung in die Betrachtung der Angemessenheit des Eingriffs in die Unternehmerfreiheit einzuordnen.

Nachdem der EuGH bereits in der „Beentjes“[217]-Entscheidung die Vereinbarkeit sozialer (vergabefremder) Kriterien als vereinbar mit dem Wettbewerbsprinzip erachtet und dies später in der Entscheidung „Nord-Pas-de-Calais“[218] allgemein bestätigt hatte, präzisierte der EuGH in den Entscheidungen „Concordia Bus“[219] und „Wienstrom“[220] die inhaltlichen Anforderungen an vergabefremde Kriterien,

---

215 BVerfG, Beschl. vom 13.07.2006 – 1 BvR 1160/03 – BVerfGE 116, 135, 152.

216 Siehe nur EuGH, Urt. vom 20.09.1988 – Rs. 31/87 „Beentjes“ Rn. 30 – NVwZ 1990, 353, 354.

217 EuGH a. a. O.

218 EuGH, Urt. vom 26.09.2000 – Rs. C-225/98 „Nord-Pas-de-Calais” – BeckEuRS 2000, 242231.

219 EuGH, Urt. vom 17.09.2002 – Rs. C-513/99 „Concordia Bus” – EuZW 2002, 628.

220 EuGH, Urt. vom 04.12.2003 – Rs. C-448/01 „Wienstrom“ Rn. 32 – EuZW 2004, 81, 83.

mit denen der Auftraggeber sozial- oder umweltpolitische Belange im Vergabeverfahren verfolgen dürfe. So urteilte der EuGH in der Rechtssache „Concordia Bus", dass „der Auftraggeber [vergabefremde Kriterien] berücksichtigen darf, sofern diese Kriterien mit dem Gegenstand des Auftrages zusammenhängen, diesem Auftraggeber keine uneingeschränkte Entscheidungsfreiheit einräumen, im Leistungsverzeichnis oder in der Bekanntmachung des Auftrages ausdrücklich genannt sind und bei ihnen alle wesentlichen Grundsätze des Unionsrechts, vor allem das Diskriminierungsverbot beachtet werden."[221] Die Betriebsübergangsregelung in Gestalt des Art. 4 Abs. 5 S. 1 VO 1370/2007 wird diesen materiellen Voraussetzungen gerecht. Die Regelung knüpft zum einen an den durch die Vergabe möglicherweise eintretenden Betreiberwechsel an. Damit besteht ein unmittelbarer Zusammenhang mit dem Auftragsgegenstand. Dieser ist nicht rein „produktbezogen" zu bestimmen, sondern kann sich auch aus der Art und Weise der Leistungserbringung ergeben.[222] Deshalb genügt Art. 4 Abs. 5 S. 1 VO 1370/2007 auch dem Zusammenhangserfordernis, weil der Anknüpfungspunkt des Vergabekriteriums die Auswirkung der Vergabeentscheidung auf Dritte – die betroffenen Arbeitnehmer des Altunternehmers – ist. Zudem verfügt der Auftraggeber, also die zuständige Behörde im Sinne des Art. 2 lit. b) VO 1370/2007, nicht über uneingeschränkte Entscheidungsfreiheit. Dieses Merkmal darf nicht verwechselt werden mit dem Ermessenspielraum, den Art. 4 Abs. 5 S. 1 VO 1370/2007 dem Auftraggeber gewährt. Das Kriterium bezieht sich auf die Angebotswertung.[223] Die Betriebsübergangsverpflichtung nimmt darauf jedoch keinen Einfluss. Entweder wird sie – freilich nach Ankündigung in den Ausschreibungsunterlagen – nach Auftragsvergabe von der zuständigen Behörde angeordnet (verwaltungsrechtliche Lösung), oder die Behörde fordert die Bieter zur Abgabe einer Verpflichtungserklärung (zivilrechtliche Lösung) auf. In beiden Fällen würde es sich jedoch wie bei der Tariftreueerklärung um eine Ausführungsbestimmung mit absolutem Ausschlusscharakter handeln – wobei lediglich ausschlaggebend ist, ob der Bieter das Betriebsübergangsverlangen akzeptiert oder nicht. Der Behörde verbliebe dabei kein Entscheidungsspielraum. Schließlich genügt die Betriebsübergangsregelung auch dem vom EuGH geforderten Transparenzgebot, indem Art. 4 Abs. 5 S. 2 VO 1370/2007 die Behörde zur Ankündigung des vergabefremden Kriteriums in den Ausschreibungsunterlagen verpflichtet. Die obigen

221 EuGH a. a. O. Rn. 64.

222 Überzeugend Wiedmann, S. 57. Es sei insbesondere kein direkter oder enger Zusammenhang mit dem Auftragsgegenstand notwendig.

223 EuGH, Urt. vom 17.09.2002 – Rs. C-513/99 „Concordia Bus" Rn. 66 – EuZW 2002, 628, 632: „Sodann sind Kriterien, nach denen an Angebote, die bestimmten spezifischen und objektiv quantifizierbaren Umweltanforderungen entsprechen, Zusatzpunkte vergeben werden, nicht so geartet, dass dem öffentlichen Auftraggeber eine unbeschränkte Entscheidungsfreiheit eingeräumt wird."

Ausführungen zu den Grundfreiheiten haben des Weiteren gezeigt, dass die sekundärrechtliche Berufsübergangsregelung aufgrund ihrer unionsweiten Geltung keine diskriminierende Wirkung aufweist.

Im Übrigen kann mit Blick auf das vergaberechtliche Wettbewerbsprinzip festgestellt werden, dass ein Betriebsübergangsverlangen der zuständigen Behörde sogar in der Lage sein kann, die Wettbewerbsstellung der Bieter bei der Auftragsvergabe zu stärken. Bisher konnte die interessierten Bieter nicht sicher vorhersehen, ob im Zuge der Auftragsvergabe die Rechtsfolgen des Betriebsübergangs gem. § 613a Abs. 1 BGB eintreten werden. Darin kann ein beträchtliches betriebswirtschaftliches Planungsrisiko liegen, zumal der öffentliche Auftraggeber nach der vergaberechtlichen Judikatur[224] nicht verpflichtet ist, in den Vergabeunterlagen anzugeben, ob ein Betriebsübergang voraussichtlich eintreten wird. Mit dem „vorsorglichen" Betriebsübergangsverlangen bestehen damit für alle Wettbewerber einheitliche Rahmenbedingungen für die Personalkostenkalkulation.

(c) Verletzung der unternehmerischen Vertragsfreiheit

Eine unzumutbare Belastung liegt auch nicht in dem Umstand begründet, dass die Betriebsübergangsverpflichtung zur Folge hat, dass dem ausgewählten Betreiber die Verpflichtung obliegt, die Dienstleistung mit Arbeitnehmern zu erbringen, auf deren Auswahl er keinen Einfluss nehmen konnte. Diese Ausübungsbeschränkung ist nicht unverhältnismäßig, will man – was aufgrund der sozialpolitischen Verantwortung im Rahmen der Unionsgesetzgebung zulässig sein dürfte – die negativen Auswirkungen für die im Verkehrssektor tätigen Arbeitnehmer durch eine Inpflichtnahme der beteiligten Wettbewerber auflösen. Die Betriebsübergangsverpflichtung hindert den ausgewählten Betreiber auch nicht daran, sich von den Arbeitnehmern, die ihre arbeitsvertraglichen Pflichten nicht ordnungsgemäß erfüllen, unter Beachtung des vor Ort geltenden Kündigungsschutzes wieder zu trennen. Die Betriebsübergangssituation kann den ausgewählten Betreiber im Gegenteil auch begünstigen. Er erhält nämlich Personal, das mit der Erbringung der fraglichen Dienstleistung bereits vertraut ist und deren Erfahrungen er ohne Einarbeitungszeit nutzen kann.[225] Dies führt dann dazu, dass der ausgewählte Betreiber qualifizierte Arbeitnehmer erhält, die er ansonsten auf dem Arbeitsmarkt nicht hätte gewinnen können. Sollte beim neuen Betreiber durch die Betriebsübergangsregelung ein Personalüberhang entstehen, kann er ohne zeitliche Bindung nach vorangegangener Sozialauswahl sein Unter-

224 Z. B. VK Sachsen, Beschl. vom 24.04.2008 – 1-SVK/15/18 – NJOZ 2008, 2574, 2592.

225 Wiedmann, S. 180, weist auf diesen Vorteil im Zusammenhang mit sozialen Vergabekriterien im Allgemeinen hin.

nehmen wie der alte Betreiber durch Vornahme betriebsbedingter Kündigungen restrukturieren.[226] Ein generelles Verbot betriebsbedingter Kündigung enthält nämlich weder § 613a IV S. 1 BGB noch folgt dies aus Art. 4 Ziffer 1 Richtlinie 2001/23/EG.[227] Der Arbeitnehmerschutz wird in einem solchen Fall durch die kündigungsschutzrechtlichen Vorschriften über die Sozialauswahl gewährleistet. Die Sozialauswahl muss dabei sowohl die neu übernommenen Arbeitnehmer als auch die vergleichbaren Arbeitnehmer der alten Belegschaft einbeziehen.[228]

2. Allgemeiner Gleichheitssatz gem. Art. 20 GR-Charta

Die Betriebsübergangsregelung muss aber auch dem allgemeinen Gleichheitssatz des Art. 20 GR-Charta standhalten. Dies ist dann der Fall, wenn die Betriebsübergangsregelung eine rechtfertigungsbedürftige Ungleichbehandlung vergleichbarer Sachverhalte darstellt.[229] Nachdem oben die Frage untersucht worden ist, ob sich aus Art. 4 Abs. 5 S. 1 VO 1370/2007 eine rechtfertigungsbedürftige Diskriminierung ausländischer Verkehrsunternehmer ergibt, soll nun ermittelt werden, welche Anforderungen sich aus dem allgemeinen Gleichheitssatz für die Betriebsübergangsregelung ergeben. Dafür ist zunächst festzustellen, dass sich der Gleichheitssatz zwar nicht ausschließlich, aber in besonderer Weise an den europäischen Gesetzgeber richtet – die Gleichbehandlung der Unionsbürger durch die Verwaltung erfordert in erster Linie Rechtsnormen, die ihrerseits den Gleichheitssatz achten.[230]

a. Vorliegen einer Ungleichbehandlung

Eine rechtfertigungsbedürftige Ungleichbehandlung kann aus dem begrenzten Anwendungsbereich des Art. 4 Abs. 5 S. 1 VO 1370/2007 folgen. Sie erfasst nämlich lediglich Vergabesachverhalte im Verkehrssektor, nicht aber solche in anderen Sektoren, beispielsweise die Vergabe von Bauaufträgen. Bei der Teilnahme an einem wettbewerblichen Vergabeverfahren befinden sich die unterschiedlichen Bieter aber durchaus in einer vergleichbaren Situation. Gegenüber Bietern in anderen Wirtschaftsbereichen bedeutet die sektorale Anwendungsbeschränkung der Betriebsübergangsregelung insofern eine Schlechterstellung der betroffenen Verkehrsunternehmer. Außerhalb des Verkehrssektors müssen die Bieter im Vergabeverfahren mit den Rechtsfolgen des Betriebsübergangs erst

226 Tiesler, Verkehr und Technik 2001, 387, 392.
227 Willemsen/Müller-Bonanni, in HWK, § 613a BGB Rn. 350; Preis, § 73, S. 990.
228 Tiesler, Verkehr und Technik 2001, 387, 392.
229 Siehe zum Prüfungsmaßstab Rossi, in: Callies/Ruffert, EUV/AEUV, Art. 20 GRCh Rn. 20.
230 Rossi, in: Callies/Ruffert, EUV/AEUV, Art. 20 GRCh Rn. 8.

dann kalkulieren, wenn abzusehen ist, dass die Tatbestandsvoraussetzungen des Art. 1 Richtlinie 2001/23/EG (vgl. § 613 a BGB) eintreten werden.

b. Rechtfertigung

Die beschriebene unterschiedliche Behandlung des Verkehrssektors im Anwendungsbereich der VO 1370/2007 einerseits und anderer Wirtschaftszweige in einem wettbewerblichen Vergabeverfahren andererseits kann jedoch gerechtfertigt werden. Dafür ist zunächst im Allgemeinen ein ausreichender Grund für die Ungleichbehandlung erforderlich.[231] Uneinigkeit herrscht zuweilen wegen des konkreten Rechtmäßigkeitsmaßstabs, der zur Rechtfertigung einer Ungleichbehandlung durch den europäischen Gesetzgeber zu gelten hat.[232] Dies ist richtigerweise eine Frage der Prüfungsdichte und entscheidend dafür, in welchem Umfang dem Unionsgesetzgeber Gestaltungsspielräume eingeräumt sind. Die ursprüngliche Judikatur des EuGH[233] ließ erkennen, dass von einer Rechtfertigung der Ungleichbehandlung bereits dann auszugehen ist, wenn sich die fragliche Maßnahme auf objektive Umstände von einigem Gewicht stützen lässt. In jüngerer Zeit hat der EuGH[234] jedoch zur Rechtfertigung einer Ungleichbehandlung durch den Unionsgesetzgeber gefordert, dass die Regelung im Zusammenhang mit einem rechtlich zulässigen Ziel stehen müsse und die fragliche Ungleichbehandlung zur Erreichung dieses Zieles angemessen sei, wobei der Gesetzgeber allen betroffenen Interessen Rechnung tragen müsse. Dieser Ansatz ist auch der deutschen Verfassungsrechtsprechung nicht fremd, prüft doch auch das BVerfG[235] in jüngerer Rechtsprechung die Art und das Gewicht der zwischen den Vergleichsgruppen herrschenden Unterschiede. Die für die Ungleichbehandlung erforderlichen sachlichen Gründe müssten danach im Rahmen einer Verhältnismäßigkeitsprüfung einer Abwägung standhalten können. Diese Kontroverse muss hier aber nicht weiter erhellt werden, denn die durch Art. 4 Abs. 5 S. 1 VO 1370/2007 veranlasste Ungleichbehandlung von Verkehrsunternehmern bei der Teilnahme an einem Vergabeverfahren stützt sich auf objektive Gründe und ist insbesondere auch angemessen. Wie oben untersucht, handelt es sich bei dieser Regelung doch um eine sekundärrechtliche Vorschrift, bei der der Gesetzgeber den ihm bei wirtschafts- und sozialpolitischen Regelungen zuzuerkennenden Einschätzungs- und Gestaltungsspielraum nicht verlassen hat und die Norm ihre Rechtfertigung in

231 Statt vieler: Rossi, in: Callies/Ruffert, EUV/AEUV, Art. 20 GRCh Rn. 24.

232 Rossi, in: Callies/Ruffert, EUV/AEUV, Art. 20 GRCh Rn. 26 f.

233 EuGH, Urt. vom 15.01.1985 – Rs. 250/83 „Finsider“ Rn. 8 – BeckRS 2004 72647.

234 EuGH, Urt. vom 16.12.2008 – Rs. C-127/07 „Arcelor Atlantique“ Rn. 47, 59 – EuZW 2009, 263, 265.

235 So genannte „neue Formel“ des BVerfG: z. B. Beschl. vom 14.10.1997 – 1 BvL 5/89 – BVerfGE 96, 315, 325; Beschl. vom 10.03.1998 – 1 BvR 178/97 – BVerfGE 97, 332, 344.

den Besonderheiten des Verkehrssektors findet. Insofern ist die zur Erreichung des angestrebten Arbeitnehmerschutzes notwendige Ungleichbehandlung auch im Rahmen des Art. 20 GR-Charta verhältnismäßig und damit insgesamt gerechtfertigt.

Zusammenfassend kann somit festgehalten werden, dass Art. 4 Abs. 5 S. 1 VO 1370/2007 weder gegen die europäischen Grundfreiheiten noch gegen die Unionsgrundrechte verstößt.[236]

B. Europäisches Wettbewerbsrecht

Die Betriebsübergangsregelung dürfte ferner nicht den europäischen Wettbewerbsregeln zuwiderlaufen. Die Vorschriften der Art. 101 ff. AEUV bezwecken, den freien und fairen Handel zwischen den Mitgliedstaaten zu gewährleisten. Der europäische Gesetzgeber darf daher den nationalen Behörden im Rahmen der Auftragsvergabe keine Befugnisse verleihen, die nach den europäischen Wettbewerbsregeln mit dem Binnenmarkt unverträglich sind. Hinsichtlich der Anwendung des Art. 4 Abs. 5 S. 1 VO 1370/2007 durch die öffentlichen Auftraggeber muss somit stets ausgeschlossen sein, dass die zuständige Behörde den Wettbewerb zwischen den Mitgliedstaaten aufgrund der missbräuchlichen Ausnutzung einer marktbeherrschenden Stellung beeinträchtigt, Art. 102 AEUV.

Gelegentlich ist bestritten worden, dass staatliche Beschaffungsmaßnahmen überhaupt der Geltung des Art. 102 AEUV zu unterziehen und nicht nur an den Wettbewerbsgewährleistungen der Grundfreiheiten und der Vergaberichtlinien zu messen sind.[237] Hierbei darf jedoch nicht übersehen werden, dass Grundfreiheiten und europäische Wettbewerbsregeln eine Einheit bilden und dem Unionsrecht der Vorrang eines der beiden Rechtsinstitute gegenüber staatlichem Wettbewerbshandeln fremd ist.[238] So ist denn auch anerkannt, dass selbst der Staat, seine Körperschaften und von ihm beherrschte Auftraggeber als „Unternehmer" i. S. d. Art. 102 AEUV begriffen werden können, soweit sie eine wirtschaftliche Tätigkeit ausüben (sog. funktionaler Unternehmerbegriff).[239] Die wirtschaftliche Tätigkeit muss auf den Austausch von Gütern oder Dienstleistungen am Markt gerichtet sein.[240] Genau diese Voraussetzung ist aber bei Auftragsvergaben im öffentlichen Personenverkehr, die mit gemeinwirtschaftlichen Verpflichtungen

236 Davon geht offenbar auch Bayreuther aus, vgl. NZA 2009, 582, 584.

237 So Pietzcker, S. 333 f.

238 Reichert, S. 168.

239 EuGH, Urt. vom 16.03.2004 – Rs. 264/01 u. a. Rn. 46 – EuZW 2004, 241, 243; Dobmann, S. 185 mwN.

240 Weiß, in: Calliess/Ruffert, EUV/EGV, Art. 101 AEUV Rn. 29.

verbunden sind, sehr fraglich. Zur Gewährleistung von Diensten im allgemeinen wirtschaftlichen Interesse (Art. 14 AEUV) steht die Nachfrage von gemeinwirtschaftlichen Verkehrsleistungen unter einer sozialen Zweckbestimmung.[241] Sie unterscheidet sich damit wesentlich von anderen staatlichen Beschaffungsvorgängen. Ohne eine zusätzliche Kompensation für die von den Betreibern übernommenen gemeinwirtschaftlichen Verpflichtungen würde es ein entsprechendes Angebot am Markt in der gegenwärtigen Form überhaupt nicht geben. Es ist deshalb gerechtfertigt, öffentliche Auftraggeber im Rahmen der Beschaffung von Personenverkehrsleistungen im allgemeinen wirtschaftlichen Interesse vom funktionalen Unternehmerbegriff des Art. 102 AEUV auszunehmen.[242]

Es kann überdies daran gezweifelt werden, ob die regionalisierte Aufgabenträgerschaft nach § 3 RegG im öffentlichen Personenverkehr den Merkmalen einer beherrschenden Marktstellung gem. Art. 102 AEUV entspricht. Bezogen auf ihren jeweiligen Zuständigkeitsbereich kann von einem Nachfragemonopol des Aufgabenträgers zwar gewiss gesprochen werden. Der jeweilige räumliche Aufgabenbereich dürfte aber nicht über die nach Art. 102 AEUV notwendige Binnenmarktrelevanz verfügen.[243] Es gibt indes auch Fälle der kollektiven Marktbeherrschung. Eine solche könnte in dem Nebeneinander der unterschiedlichen Aufgabenträger in Deutschland liegen. Eine kollektive Marktbeherrschung kann aber nur angenommen werden, wenn die Aufgabenträger eng miteinander verbunden und sind und ihre Bestellung von Personenverkehrsdienstleistungen am Markt aufeinander abstimmen.[244] Aufgrund der unterschiedlichen – z. T. sogar gegenläufigen Interessenlagen – der Aufgabenträger kann von einer „koordinierten Marktstrategie“[245] gegenwärtig nicht die Rede sein. Mit Blick auf die Betriebsübergangsregelung zeigt sich dies daran, dass die zuständige Behörde nach ihrer eigenen Einschätzung der sozialpolitischen Notwendigkeit einer Maßnahme nach Art. 4 Abs. 5 S. 1 VO 1370/2007 unabhängig von anderen Aufgabenträgern entscheiden kann. Ein konzertiertes Handeln der Aufgabenträger zur Beeinträchtigung des Binnenmarktkonzeptes ist hier eher fernliegend.

Die Verfolgung sozialer Zwecke im Vergabeverfahren nach Art. 4 Abs. 5 S. 1 VO 1370/2007 kann nach dem bisher Festgestellten zudem nicht als missbräuchliches Ausnutzen einer marktbeherrschenden Stellung aufgefasst werden. Da die Beeinträchtigung der Unternehmerfreiheit und des vergaberechtlichen Wettbewerbsprinzips zur Gewährleistung sozialer Standards erforderlich und angemessen ist, kann deren Anwendung unter dem Blickwinkel des euro-

241 Dobmann, S. 186.
242 Dobmann, S. 186.
243 Dobmann, S. 188.
244 Meyer, S. 139 f.; Schäfer, S. 511 mwN.
245 Dobmann, S. 189 mwN.

päischen Vergaberechts nicht als ungerechtfertigt i. S. eines missbräuchlichen Verhaltens gem. Art. 102 AEUV gewertet werden.[246] Der Vorwurf des missbräuchlichen Verhaltens ist auch dadurch in Frage gestellt, dass die durch das Übergangsverlangen entstehenden Mehrkosten der Auftragserbringung mit in die Angebotskalkulation einfließen und den Zuschussbedarf des öffentlichen Dienstes unmittelbar zugunsten der Bieter beeinflussen.[247] Ein Verstoß gegen die europäischen Wettbewerbsregeln scheidet somit unter mehreren Gesichtspunkten aus.

C. Verhältnis zum übrigen Sekundärrecht

Expressis verbis geht die neue VO 1370/2007 auf die systematische Stellung im vergaberechtsspezifischen Sekundärrecht nur am Rande ein.[248] Für den vorliegenden Untersuchungsgegenstand ist aber insbesondere das Verhältnis der VO 1370/2007 zu den Vergaberichtlinien 2004/17/EG und 2004/18/EG von Interesse. Die VO 1370/2007 steht zudem thematisch in einer Reihe sekundärrechtlicher Vorschriften, die gleichfalls der Verwirklichung des Binnenmarktes im Dienstleistungssektor dienen und die Berührungspunkte mit der Betriebsübergangsregelung in Art. 4 Abs. 5 S. 1 VO 1370/2007 aufweisen. Das Verhältnis dieser sekundärrechtlichen Vorschriften zueinander soll daher ebenfalls dargestellt werden. Ein Normkonflikt könnte nämlich insoweit mit den Vorschriften der Richtlinie 2006/123/EG[249] (Dienstleistungsrichtlinie) und der Richtlinie 96/71/EG[250] (Arbeitnehmerentsende-Richtlinie) bestehen. Dies würde im Weiteren die Frage aufwerfen, welche Regelung anzuwenden ist. Eine mögliche Normenkollision kann jedenfalls nicht allgemein nach der Regel aufgelöst werden, dass einer Verordnung stets Vorrang vor einer entgegenstehenden Richtlinien zukäme. Eine solche Hierarchisierung ist dem europäischen Sekundärrecht grundsätzlich fremd.[251] Klärungsbedürftig ist zudem das Verhältnis zwischen der Betriebs-

246 Vgl. Dobmann, S. 191, zu der parallelen Problematik bei der Tariftreueerklärung.

247 Vgl. Dobmann, S. 191.

248 Z. B. Art. 1 Abs. 3 (Bereichsausnahme für Baukonzessionen); Art. 5 Abs. 1 (Vorrang des speziellen Vergaberegimes vor den Vergaberichtlinien 2004/17/EG oder 2004/18/EG); Art. 8 Abs. 1 (Vorrang der VO 1370/2007 auch bereits im Übergangszeitraum).

249 Richtline 2006/123/EG des Europäischen Parlaments und des Rates vom 12.12.2006 über Dienstleistungen im Binnenmarkt, ABl. Nr. L 376 vom 27.12.2006, S. 36.

250 Richtlinie 96/71/EG des Europäischen Parlaments und des Rates vom 16.12.1996 über die Entsendung von Arbeitnehmern im Rahmen der Erbringung von Dienstleistungen, ABl. Nr. L 18 vom 21.01.1997, S. 1.

251 Nettesheim, in: Grabitz/Hilf, Band III, Art. 249 Rn. 234; Oppermann/Classen/Nettesheim, Europarecht, § 12 Rn. 41.

übergangsregelung in der VO 1370/2007 und der Betriebsübergangsrichtlinie 2001/23/EG.[252]

I. Vergaberichtlinien 2004/17/EG und 2004/18/EG

Hinsichtlich der anzuwendenden Vergabevorschriften regelt Art. 5 Abs. 1 VO 1370/2007 das Verhältnis zu den allgemeinen Vergaberichtlinien. Grundsätzlich sind öffentliche Dienstleistungsaufträge im Personenverkehr nach der VO 1370/2007 zu vergeben. Für den straßengebundenen Verkehr gelten die Vorschriften des Art. 5 Abs. 2 bis 6 VO 1370/2007 jedoch nur, sofern der Auftrag die Form einer Dienstleistungskonzession im Sinne des allgemeinen Vergaberechts annimmt. Diese Kollisionsregel lässt sich indes nur teilweise auf die Betriebsübergangsregelung des Art. 4 Abs. 5 S. 1 VO 1370/2007 übertragen. Denn die Norm ist tatbestandlich nicht auf Vergaben nach den Vorschriften des Art. 5 Abs. 2 bis 6 VO 1370/2007 beschränkt. Die Betriebsübergangsregelung kann nämlich darüber hinaus auch bei Vergaben von öffentlichen Dienstleistungsaufträgen im öffentlichen Personenverkehr angewendet werden, die nach Art. 5 Abs. 1 S. 2 VO 1370/2007 den Verfahrensbestimmungen der allgemeinen Vergaberichtlinien unterliegen. Gegenüber den Vorschriften über die Berücksichtigung sozialer Kriterien im allgemeinen Vergaberecht nach Art. 26 Richtlinie 2004/18/EG (§ 97 Abs. 4 S. 2 GWB) ist Art. 4 Abs. 5 S. 1 VO 1370/2007 insoweit lex specialis, als sie die zuständige Behörde zu einer besonderen Ausführungsbedingung zugunsten der Arbeitnehmer des Altbetreibers ermächtigt. Es ist aber nichts dafür ersichtlich, dass es sich bei Art. 4 Abs. 5 S. 1 VO 1370/2007 um eine abschließende Vorschrift über die Berücksichtigung sozialer Kriterien im Vergabeverfahren handelt und deshalb andere arbeitnehmerschützende Kriterien (z. B. Tariftreueerklärungen) durch diese Bestimmung ausgeschlossen wären. Im Gegenteil legt Erwägungsgrund 17 zu VO 1370/2007 nahe, dass gemäß dem Subsidiaritätsprinzip die Behörde frei darin ist, auch andere soziale Kriterien bei der Auftragsvergabe festzulegen, sofern sie mit dem höherrangigen Recht vereinbar sind. Freilich richtet sich deren Zulässigkeit dann nicht nach Art. 4 Abs. 5 S. 1 VO 1370/2007, sondern nach § 97 Abs. 4 S. 2 GWB.[253]

---

252 Richtlinie des Rates vom 12.03.2001 zur Angleichung der Vorschriften der Mitgliedstaaten über die Wahrung von Ansprüchen der Arbeitnehmer beim Übergang von Unternehmen, Betrieben oder Unternehmens- oder Betriebsteilen, ABl. L 82 vom 22.03.2001, S. 16–20.

253 Zum Verhältnis von § 97 Abs. 4 S. 2 GWB und der Rüffert-Entscheidung des EuGH vgl. Hofmann, RdA 2010, 351, 352 ff.

II. Dienstleistungsrichtlinie (2006/123/EG)

Die Dienstleistungsrichtlinie soll nach dem Willen des europäischen Gesetzgebers durch die Harmonisierung mitgliedstaatlicher Regelungen einen unionsweiten Rechtsrahmen für die Erbringung von Dienstleistungen im Binnenmarkt schaffen, um Beschränkungen der Dienstleistungs- und Niederlassungsfreiheit abzubauen.[254] Zu diesem Zweck enthält die Richtlinie Regelungen, die die Zulässigkeit von Beschränkungen dieser Grundfreiheiten regeln. Ein Konflikt zwischen der Betriebsübergangsregelung in Art. 4 Abs. 5 S. 1 VO 1370/2007 und den Beschränkungsverboten der Dienstleistungsrichtlinie ist allerdings nicht zu befürchten, wofür ein Doppeltes spricht: Erstens erstreckt sich die Dienstleistungsrichtlinie ausdrücklich nicht auf Dienstleistungen, die die Erbringung von Verkehrsdiensten zum Inhalt haben. Für diese Tätigkeiten normiert Art. 2 Abs. 2 lit. d) Richtlinie 2006/123/EG eine Bereichsausnahme. Des Weiteren würde selbst im Falle des Widerspruchs der Dienstleistungsrichtlinie zu anderen Unionsrechtsakten nach Art. 3 Abs. 1 S. 1 Richtlinie 2006/123/EG ein Vorrang speziellerer Regelungen für einzelne Dienstleistungsbereiche bestehen. Die Betriebsübergangsregelung wäre dann gegenüber Vorschriften der Dienstleistungsrichtlinie als lex specialis anzusehen, da sie für die Vergabe von Dienstleistungsaufträgen im öffentlichen Personenverkehr und damit für die Tätigkeitsausübung besondere Anforderungen stellt.[255]

III. Arbeitnehmerentsende-Richtlinie (96/71/EG)

Ein Konflikt mit der Arbeitnehmerentsende-Richtlinie kommt schließlich insoweit in Betracht, als die Betriebsübergangsanordnung nach Art. 4 Abs. 5 S. 1 VO 1370/2007 dazu führen kann, dass der ausgewählte Betreiber durch die vergaberechtliche Verpflichtung an Arbeits- und Beschäftigungsbedingungen gebunden wird, die über einen zwingenden Mindestschutz für Arbeitnehmer hinausgehen. Diese Bedenken erweisen sich letztlich aber als nicht begründet. Der Anwendungsbereich der Entsende-Richtlinie knüpft tatbestandlich an das Merkmal der „Entsendung“ an, vgl. Art. 1 Abs. 1 aE Richtlinie 96/71/EG. Nach dem Wortsinn der Richtlinie muss also gem. Art. 2 Abs. 1 Richtlinie 96/71/EG ein Arbeitnehmer seine Arbeitsleistung im Hoheitsgebiet eines anderen Mitgliedstaates als desjenigen erbringen, in dem er normalerweise arbeitet.[256] Von diesem Ent-

254 Siehe Erwägungsgrund 5 und 7 der Richtlinie 2006/123/EG.

255 Die lex specialis-Regel gilt auch im Verhältnis gleichgeordneter Rechtsakte der Union, Ruffert, in: Calliess/Ruffert, EUV/AEUV, Art. 288 Rn. 13.

256 Zum Entsendungsbegriff Sellin, S. 237 ff.

sendungsbegriff ist Art. 4 Abs. 5 S. 1 VO 1370/2007 aber nicht erfasst, weil er der Entsendung von Arbeitnehmern aus einem anderen Mitgliedstaat insoweit vorgelagert ist. Daher verhindert die Betriebsübergangsanordnung allenfalls eine Entsendung, wovor die Arbeitnehmerentsende-Richtlinie aber keinen Schutz gewährt. Zweck dieser Richtlinie ist es lediglich, die im Falle länderübergreifender Arbeitnehmermobilität gegenläufigen Interessen der Dienstleistungsfreiheit und des Arbeitnehmerschutzes durch Harmonisierung nationaler Vorschriften auszugleichen.[257]

Auch in rechtssystematischer Hinsicht ergäbe sich ein Vorrang des Art. 4 Abs. 5 S. 1 VO 1370/2007. Denn die Vorschrift wäre – entsprechend ihres Verhältnisses zur Dienstleistungsrichtlinie – jedenfalls als lex specialis[258] zu allgemeineren Regelungen des sekundären Unionsrechts anzusehen. Für den Bereich des Verkehrssektors ordnet dies Art. 58 Abs. 1 AEUV ausdrücklich an.

IV. Betriebsübergangsrichtlinie (2001/23/EG)

Es wurde eingangs bereits darauf hingewiesen, dass der zuständigen Behörde das Recht, von der Betriebsübergangsregelung Gebrauch zu machen, nur „unbeschadet" des Unionsrechts eingeräumt ist. Die „unbeschadet"-Formel findet sich im Unionsrecht auch an anderer Stelle: In Art. 325 Abs. 3 AEUV wird die Formulierung dahin interpretiert, dass die Norm nur insoweit Anwendung findet, als Entsprechendes nicht bereits an anderer Stelle geregelt ist.[259] Darin kommt der lex specialis-Grundsatz zum Ausdruck. Diese Wortlautauslegung des „unbeschadet"-Begriffs kann auch auf die Betriebsübergangsregelung übertragen werden, wenngleich eine Präzisierung vonnöten ist. Denn bei genauerer Betrachtung zeigt sich, dass die Betriebsübergangsrichtlinie und Art. 4 Abs. 5 S. 1 VO 1370/2007 rechtssystematisch in einem Ausschließlichkeitsverhältnis stehen dürften. Die hinter Art. 4 Abs. 5 S. 1 VO 1370/2007 stehende Normlogik setzt für eine Anwendung der Betriebsübergangsregelung ersichtlich voraus, dass die Rechtsfolgen des Art. 3 Richtlinie 2001/23/EG nicht schon ex lege eintreten. Des Schutzes der Arbeitnehmer durch eine behördliche Entscheidung bedarf es in einem solchen Falle nämlich nicht. Die Vorschriften der Betriebsübergangsrichtlinie und die sie umsetzenden nationalen Regeln verdrängen daher die behördliche Anordnungsbefugnis und auch eine tatsächlich ergangene Verwaltungsentscheidung nach Art. 4 Abs. 5 S. 1 VO 1370/2007, sobald die Voraussetzungen des

257 Vgl. Erwägungsgrund 5 der Richtlinie 96/71/EG.

258 So auch Kaufmann/Lübbig/Prieß/Pünder, VO 1370/2007-Kommentar, Art. 5 Rn. 23 mwN.

259 Kaufmann/Lübbig/Prieß/Pünder, VO 1370/2007-Kommentar, Art. 4 Rn. 56; Prieß/Spitzer, in: von der Groeben/Schwarze, Art. 280 Rn. 73.

Art. 1 Richtlinie 2001/23/EG erfüllt sind. Dies erscheint zwingend, da nicht ersichtlich ist, dass der europäische Gesetzgeber mit Einführung des Art. 4 Abs. 5 S. 1 VO 1370/2007 die Arbeitnehmer innerhalb des Verkehrssektors schlechter stellen wollte. Genau dies träte aber ein, wollte man die Rechte der betroffenen Arbeitnehmer davon abhängig machen, dass die behördliche Entscheidung formell und materiell fehlerfrei ist und sich vergaberechtlich auch durchsetzen lässt. Aus der „unbeschadet"-Formulierung folgt daher einerseits, dass Art. 4 Abs. 5 S. 1 VO 1370/2007 im direkten Anwendungsbereich der Richtlinie 2001/23/EG stets nachrangig ist. Nach dem Normzweck des Art. 4 Abs. 5 S. 1 VO 1370/2007 kommt der Vorschrift vielmehr für den Bereich der Auftrags- und Funktionsnachfolge eine wichtige Reserve- bzw. Auffangfunktion zu. Da nach der bereits referierten Rechtsprechung des EuGH in der Rs. Liikenne die bloße Auftragsnachfolge im Verkehrssektor ohne gleichzeitige Übernahme materieller Betriebsmittel keinen Betriebsübergang im Sinne der Richtlinie 2001/23/EG darstellt, schließt die Betriebsübergangsregelung andererseits aus Gründen des Arbeitnehmerschutzes diese Lücke durch eine bereichsspezifische behördliche Ermächtigung. Die zuständige Behörde wird vielfach nicht sicher prognostizieren können, ob ggf. ein neuer Betreiber materielle Betriebsmittel in nennenswertem Umfang übernimmt. Deswegen dürfte es dem Normzweck des Art. 4 Abs. 5 S. 1 VO 1370/2007 enstprechen, dass die Behörde zur Überwindung der tatsächlichen Unsicherheiten „vorsorglich" die Rechtsfolgen des Betriebsübergangs anordnen kann. Sollten die tatsächlichen Voraussetzungen des Art. 1 Richtlinie 2001/23/EG dann später eintreten, würde dies die behördliche Entscheidung nach Art. 4 Abs. 5 S. 1 VO 1370/2007 sodann verdrängen. Wie sich dies in einem Vergabeverfahren rechtspraktisch umsetzen lässt, überlässt der europäische Gesetzgeber hingegen den einzelnen Mitgliedstaaten.[260] Zu der möglichen Umsetzung eines Betriebsübergangsverlangens sogleich.

D. Fazit

So naheliegend eine Übertragung der Erwägungen des EuGH in Sachen „Rüffert" auf die vorliegende Konstellation einer Sozialstandardverpflichtung von Betreibern öffentlicher Personenverkehrsdienstes auf den ersten Blick auch ist, zeigt doch eine differenzierte Betrachtung, dass die Betriebsübergangsregelung der VO 1370/2007 sich in der rechtlichen Bewertung wesentlich von nationalen

260 Vgl. Erwägungsgrund 9 aE VO 1370/2007. Obwohl die Verordnung in den Mitgliedstaaten unmittelbar wirkt, beschränkt sich der europäische Gesetzgeber z. T. auf die Vorgabe eines allgemeinen Rechtsrahmens, was der Verordnung partiell Richtliniencharakter verleiht.

Tariftreuevorschriften unterscheidet. Schon der Ausgangspunkt der rechtlichen Analyse des Art. 4 Abs. 5 S. 1 VO 1370/2007 verdeutlicht den ersten Unterschied: Anders als nationale Tariftreuevorschriften beansprucht die Betriebsübergangsregelung eine unionsweite Geltung. Als Ausdruck eines unionsweiten Abwägungsprozesses zielt sie im Unterschied zu mitgliedstaatlichen Regeln auf einheitliche Rahmenbedingungen im gesamten Binnenmarkt. Für das Verhältnis der Betriebsübergangsregelung zu den Grundfreiheiten kann daraus abgeleitet werden, dass der europäische Gesetzgeber bei der Gestaltung des europäischen Vergaberechts für Personenverkehrsdienste – anders als die Mitgliedstaaten bei Vergabevorschriften mit Binnenmarktrelevanz – über einen weiten politischen Gestaltungsspielraum verfügt. In diesem politischen Gestaltungsspielraum bewegt sich Art. 4 Abs. 5 S. 1 VO 1370/2007. Im Unterschied zum Niedersächsischen Landesvergabegesetz, das der Rüffert-Entscheidung zugrunde lag, betrifft die Betriebsübergangsregelung nur Auftragsvergaben im Verkehrssektor. Soweit die Dienstleistungsfreiheit auf grenzüberschreitende Verkehre im Rahmen der VO 1370/2007 Anwendung findet, gilt diese im Gegensatz zu anderen Vergaben – wie z. B. im Bausektor – dort nur in dem Umfang, wie sie bereits durch spezielles Sekundärrecht im Binnenmarkt realisiert ist (Art. 58 AEVU). Da die VO 1370/2007 für die Vergabe von Dienstleistungsaufträgen im grenzüberschreitenden Personenverkehr mit gemeinwirtschaftlichen Verpflichtungen erstmals verbindliche Vergaberegeln setzt, definiert der Unionsgesetzgeber durch die VO 1370/2007 damit sektorenbezogen den derzeit geltenden Umfang der Dienstleistungsfreiheit. Schließlich ist auch für den wirtschaftlich sehr relevanten Bereich des ÖPNV ein Verstoß gegen die Niederlassungsfreiheit nicht erkennbar. Denn die Betriebsübergangsregelung ist auf eine unterschiedslose Erstreckung auf den gesamten Binnenmarkt angelegt. Damit trifft eine solche Maßnahme sämtliche Bieter ungeachtet der Zugehörigkeit zu einem bestimmten Mitgliedstaat. Da ein Anspruch auf Nivellierung der unterschiedlichen wirtschaftlichen Rahmenbedingen in den einzelnen Mitgliedstaaten aus der Niederlassungsfreiheit nicht hergeleitet werden kann, stellen die Rechtsfolgen eines Betriebsübergangsverlangen schon keine Schlechterstellung von Wettbewerbern aus anderen Mitgliedstaaten im Rahmen ihrer Niederlassungsfreiheit dar. Für die Beeinträchtigung der wirtschaftlichen Betätigungsfreiheit bei der Beteiligung an einem Vergabeverfahren durch die sekundärrechtliche Regelung des Art. 4 Abs. 5 S. 1 VO 1370/2007 sind einheitlicher Prüfungsmaßstab für Aus- und Inländer vielmehr die Unionsgrundrechte. Gegenüber der Unternehmerfreiheit und dem allgemeine Gleichheitssatz erweist sich die Betriebsübergangsregelung in Abwägung mit den sozial- und beschäftigungspolitischen Zielsetzungen der Union indes als verhältnismäßige Beschränkung.

Es dürfte nicht ausbleiben, dass Art. 4 Abs. 5 S. 1 VO 1370/2007 die Diskussion um die Zulässigkeit sog. vergabefremder Kriterien bei der staatlichen

Auftragsvergabe wieder anfacht.[261] Bereits die Etikettierung bestimmter Auftragskriterien als „vergabefremd“ stellt dabei eine einseitige Parteinahme zugunsten einer rechtlichen Ausgestaltung des staatlichen Beschaffungswesens dar, die tunlichst auf jede Form der wirtschafts- und sozialpolitischen Verhaltenssteuerung durch den Staat zu verzichten habe.[262] Dabei vermag jedoch niemand überzeugend zu begründen, warum der Staat bei der öffentlichen Auftragsvergabe neben der Wahrung eines marktwirtschaftlichen Wettbewerbsprinzips nicht auch anderen Zielen und Wertvorstellungen Rechnung tragen dürfen soll. Dies gilt jedenfalls dann, wenn das soziale Kriterium – wie hier – eine entsprechend grundrechtskonforme Ausgestaltung erfährt. Außerhalb der grundrechtlich geschützten Unternehmerfreiheit bei der Partizipation an staatlichen Vergabeverfahren jedoch stehen die Ausführungsmodalitäten der nachgefragten Dienstleistung unter der Beschaffungsautonomie der öffentlichen Hand.[263]

261 Näher zum kontroversen politischen Entwicklungsprozess der Norm Kaufmann/Lübbig/Prieß/Pünder, VO 1370/2007-Kommentar, Art. 4 Rn. 53,.

262 Hierzu Dobmann, S. 61 (Fn. 239).

263 Sog. Beschaffungsfreiheit, vgl. Dritter Teil A. III. 2.

Dritter Teil: Rechtspraktische Umsetzung der Betriebsübergangsverpflichtung

In der vergaberechtlichen Praxis wird Art. 4 Abs. 5 S. 1 VO 1370/2007 eine Reihe von Rechtsfragen aufwerfen. Inwieweit die öffentlichen Auftraggeber von der Vorschrift Gebrauch machen, dürfte maßgeblich davon abhängen, ob eine rechtssichere Umsetzung der Betriebsübergangsregelung gewährleistet ist. Da die neue Verordnung in den Mitgliedstaaten der Europäischen Union auf unterschiedlichste Rechtsordnungen trifft, müssen im europäischen Sekundärrecht etliche Detailfragen notwendigerweise offen bleiben. Dies ermöglicht es den nationalen Auftraggebern hingegen, das neue Vergaberecht im Verkehrssektor mit möglichst geringen Friktionen zum mitgliedstaatlichen Recht anzuwenden.[264] Nachfolgend soll auf eine Reihe von Rechtsfragen eingegangen werden, die sich aller Voraussicht nach im Zusammenhang mit der Umsetzung der Betriebsübergangsverpflichtung in Deutschland stellen werden.

A. Die Reichweite des behördlichen Gestaltungsspielraumes

I. Sachlicher Anwendungsbereich

1. Anwendung auch bei Dienstleistungsaufträgen nach allg. Vergaberecht

In welchen Fällen die Behörde bei der Vergabe von Personenbeförderungsleistungen von allgemeinem wirtschaftlichen Interesse nach Art. 4 Abs. 5 S. 1 VO 1370/2007 die Rechtsfolgen des Betriebsübergangs herbeiführen kann, regelt die Verordnung nicht eindeutig.[265] Dies liegt einerseits daran, dass die VO 1370/2007

264 Zwar ist eine Verordnung aufgrund ihrer unmittelbaren Wirkung (Art. 288 Abs. 2 AEUV) nicht umsetzungsbedürftig, die Mitgliedstaaten müssen jedoch vielfach das nationale Recht an die geänderte Rechtslage anpassen; dies ist ihnen nicht verwehrt. Nicht zulässig sind jedoch inhaltlich identische „Durchführungsgesetze“, weil dies den unmittelbar wirkenden Rechtscharakter der Verordnung in Frage stellen würde, vgl. Oppermann/Classen/Nettesheim, Europarecht, § 10 Rn. 90.

265 Bayreuther, NZA 2009, 582.

nicht nur ein wettbewerbliches Vergabeverfahren für Personenbeförderungsleistungen etabliert, sondern wegen der Besonderheiten des öffentlichen Verkehrssektors gleichzeitig die Voraussetzungen und den Umfang von Beihilfen und ausschließlichen Rechten durch die öffentliche Hand normiert. Daneben enthält die Verordnung Aussagen zum obligatorischen Inhalt öffentlicher Dienstleistungsaufträge, deren Begriffsbestimmung in Art. 2 lit. i) VO 1370/2007 Parallelen mit dem Begriff des öffentlichen Dienstleistungsauftrages nach Art. 1 Abs. 2 lit. d) Richtlinie 2004/18/EG aufweist. Für die Vergabe öffentlicher Dienstleistungsaufträge i. S. d. der allgemeinen Vergaberichtlinien für öffentliche Personenverkehrsdienste mit *Bussen* und *Straßenbahnen* ordnet Art. 5 Abs. 1 VO 1370/2007 aber einen Vorrang der Verfahrensbestimmungen der allgemeinen Vergaberichtlinien an, sofern die Aufträge nicht die Form von Dienstleistungskonzessionen i. S. dieser Richtlinien annehmen (vgl. Art. 17 Richtlinie 2004/18/EG). Die Abgrenzung zwischen Dienstleistungsauftrag und Dienstleistungskonzession ist hierbei sehr umstritten.[266] Diese Kontroverse kann jedoch für die Regelung des Art. 4 Abs. 5 S. 1 VO 1370/2007 beiseite stehen, wenn diese unabhängig davon anwendbar ist, ob das spezielle Vergabeverfahrensrecht der VO 1370/2007 einschlägig ist.

Dass die spezielle Betriebsübergangsregelung auch bei Aufträgen nach den allgemeinen Vergaberichtlinien zum Zuge kommen kann, lässt sich dem Wortlaut und der Systematik des Art. 5 Abs. 1 S. 2 aE VO 1370/2007 dabei durchaus entnehmen. Danach sind lediglich die Abs. 2 bis 6 des Art. 5 VO 1370/2007 nicht anwendbar, sofern sich die Auftragsvergabe nach den Richtlinien 2004/17/EG oder 2004/18/EG richtet. Wenn demnach die Kollisionsregel des Art. 5 Abs. 1 VO 1370/2007 expressis verbis diejenigen Vorschriften der neuen Verordnung benennt, die beim Vorrang der allgemeinen Vergaberegeln beiseite zu stehen haben, darf im Umkehrschluss gelten, dass die übrigen Vorschriften der VO 1370/2007, darunter die Betriebsübergangsregelung, in diesem Falle weiterhin anwendbar bleiben. Dies setzt zwar voraus, dass die fragliche Auftragsvergabe nach den allgemeinen Vergaberichtlinien den Tatbestandsmerkmalen des öffentlichen Dienstleistungsauftrages i. S. d. Art. 2 lit. i) VO 1370/2007 genügt. Daran dürfte es jedoch in der Praxis nicht fehlen, weil nach deutschem Recht bereits die gewerberechtliche Betriebsgenehmigung für den Anwendungsbereich des PBefG und für Eisenbahnverkehre der Verkehrsvertrag i. S. d. § 15 AEG umfangreiche gemeinwirtschaftliche Verpflichtungen unter Gewährung einer Ausgleichsleistung für die Betreiber des Personenverkehrsdienstes beinhalten.

266 Entscheidend ist nach der Rechtsprechung des EuGH die Übernahme des wirtschaftlichen Risikos, siehe Urt. vom 18.07.2007 – Rs. C-382/05 „Kommission/Italien" Rn. 34, VergabeR 2007, 604. Wann der Auftragnehmer das wirtschaftliche Risiko trägt, ist in der vergaberechtlichen Praxis nicht immer leicht zu bestimmen, vgl. Byok, NJW 2010, 817, 819 mwN. Vgl. auch die Ausführungen unter Erster Teil A. I. 4.

Die Erstreckung der Betriebsübergangsregelung auch auf Vergabefälle nach den allgemeinen Vergaberichtlinien führt zudem zu einer Konvergenz mit dem von Art. 4 Abs. 5 S. 1 VO 1370/2007 bezweckten Arbeitnehmerschutz. Wollte man dessen Anwendung bei Aufträgen mit Bezug zum Bus- und Straßenbahnverkehr nur auf Vergabeverfahren nach Art. 5 Abs. 3 VO 1370/2007 beschränken, stünde die Anwendung der Norm unter dem Vorbehalt, dass die konkrete Auftragsgestaltung das wirtschaftliche Risiko dem jeweiligen Betreiber zuweist, was als Voraussetzung für die Annahme einer Dienstleistungskonzession i. S. d. Art. 17 Richtlinie 2004/18/EG gilt. Dieser Umstand ist aber für das Schutzbedürfnis der Arbeitnehmer, dessen Verwirklichung das soziale Kriterium des Art. 4 Abs. 5 S. 1 VO 1370/2007 dient, letztlich unerheblich, weil der Bestand der Arbeitsverhältnisse entscheidend vom Auftragsverlust im Rahmen der von vornherein zeitlich befristeten Auftragsvergabe bedroht ist. An dem Zwang zur Befristung des öffentlichen Dienstleistungsauftrages ändern aber auch die allgemeinen Vergaberichtlinien nichts, weil die Laufzeitbefristungen in Art. 4 Abs. 3 und 4 VO 1370/2007 unabhängig von den anzuwendenden Vergabevorschriften Beachtung verlangen. Die zu befürchtenden Zufallsergebnisse lassen sich jedoch durch eine einheitliche Anwendung des Art. 4 Abs. 5 S. 1 VO 1370/2007 vermeiden. Es ist daher überzeugend, die Anwendbarkeit des Art. 4 Abs. 5 S. 1 VO 1370/2007 nicht davon abhängig zu machen, ob sich die Verfahrensanforderungen für die Auftragsvergabe nach Art. 5 Abs. 3 VO 1370/2007 richten oder nach den allgemeinen Vergaberichtlinien. Dagegen spricht auch nicht, dass die allgemeinen Vergaberichtlinien eine eigenständige Ermächtigung zur Auferlegung sozialer Ausführungsbestimmungen vorsehen, vgl. Art. 26 Richtlinie 2004/18/EG. Bei dieser Regelung handelt es sich um eine umsetzungsbedürftige[267] Richtlinienbestimmung, die gegenüber der unmittelbaren Wirkung des Art. 4 Abs. 5 S. 1 VO 1370/2007 subsidiär ist. Für den Verkehrssektor normiert Art. 4 Abs. 5 S. 1 VO 1370/2007 vielmehr eine auf die Betriebsübergangssituation zugeschnittene spezielle behördliche Ermächtigung, die den allgemeinen Richtlinienbestimmungen vorgeht.

Betrachtet man die verschiedenen Regelungskomplexe der VO 1370/2007 in ihrem systematischen Zusammenhang, so wird deutlich, dass sie zum einen aus *allgemeinen Vorschriften,*[268] nämlich einem speziellen Beihilfenrecht, Vorgaben zur Zulässigkeit gemeinwirtschaftlicher Verpflichtungen sowie aus Vorschriften zum Inhalt öffentlicher Dienstleistungsaufträge bestehen, und zum anderen das *wettbewerbliche Vergabeverfahren* mit seinen Ausnahmetatbeständen regeln (Art. 5 Abs. 2 bis 6 VO 1370/2007). Die allgemeinen Vorschriften, die gleichsam

267 Vgl. § 97 Abs. 4 S. 2 GWB.

268 Nicht zu verwechseln mit dem Begriff der allgemeinen Vorschriften i. S. d. Art. 2 lit. l) VO 1370/2007.

wie ein allgemeiner Teil vor die Klammer gezogen wurden, sind demnach immer dann anzuwenden, wenn der Anwendungsbereich der VO 1370/2007 eröffnet ist. Unterschiede ergeben sich lediglich in der Ausgestaltung des konkreten Vergabeverfahrens, das entweder Art. 5 Abs. 3 VO 1370/2007 oder den Vorschriften der allgemeinem Vergaberichtlinien zugeordnet ist. Da die Betriebsübergangsregelung Bestandteil dieser allgemeinen Vorschriften ist, kann die zuständige Behörde davon Gebrauch machen, wenn sie dem Betreiber eines öffentlichen Dienstes gemeinwirtschaftliche Verpflichtungen auferlegt oder mit diesem vereinbart. Gleiches gilt sodann auch für die Fälle, in denen die Behörde sich freiwillig dem insoweit strengeren Vergaberechtsregime der allgemeinen Vergaberichtlinien unterwirft, obwohl sie an sich nur die vergaberechtlichen Bestimmungen des Art. 5 Abs. 3 VO 1370/2007 zu beachten hätte.[269]

2. Anwendung bei Verzicht auf ein wettbewerbliches Vergabeverfahren

Ungeklärt ist bislang auch, ob aufgrund des sozialpolitischen Charakters des Art. 4 Abs. 5 S. 1 VO 1370/2007 die Norm auch dann angewendet werden kann, wenn die zuständige Behörde auf die Durchführung eines wettbewerblichen Verfahrens nach Art. 5 Abs. 3 VO 1370/2007 zulässigerweise verzichtet. Dies soll für die nachfolgenden Fälle untersucht werden:

a. Art. 5 Abs. 2 S. 1 Fall 1 VO 1370/2007: Eigenerbringung

Die zuständige örtliche Behörde kann sich entschließen, die öffentlichen Personenverkehrsdienste selbst zu erbringen.[270] Als Leistungserbringer fungieren hiernach Regie- oder Eigenbetriebe, die i. S. von Art. 5 Abs. 2 S. 1 Fall 2 VO 1370/2007 von der zuständigen Behörde rechtlich nicht getrennt sind.[271] Ein wettbewerbliches Vergabeverfahren ist dann nach Art. 5 Abs. 3 S. 1 VO 1370/2007 entbehrlich. Die Anwendung der Betriebsübergangsregelung ist im Falle einer solchen Rekommunalisierung nicht ausgeschlossen. Nach dem Wortlaut der Norm kann zwar nur

269 Zur Möglichkeit dieser freiwilligen Selbstbindung OLG Stuttgart, Beschl. vom 12.08.2002 – 2 Verg 9/02 – NZBau 2003, 340; Kaufmann/Lübbig/Prieß/Pünder, VO 1370/2007-Kommentar, Art. 5 Rn. 322 mwN.

270 Diese Form der In-house-Vergabe steht unter dem Vorbehalt der Zulässigkeit nach dem nationalen Recht. In Deutschland ist die Eigenerbringung öffentlicher Aufgaben zwar vergaberechtsfrei; vgl. OLG Düsseldorf, Beschl. vom 15.10.2003 – Verg 50/03 – NZBau 2004, 58, 59. Gleichwohl werden die grundrechtlichen und kommunalrechtlichen Schranken einer In-house-Vergabe kontrovers diskutiert, siehe Kaufmann/Lübbig/Prieß/Pünder, VO 1370/2007-Kommentar, Art. 5 Rn. 137 ff; Schröder, NVwZ 2010, 862 ff.

271 Kaufmann/Lübbig/Prieß/Pünder, VO 1370/2007-Kommentar, Art. 5 Rn. 63.

der „ausgewählte" Betreiber verpflichtet werden. Daraus ist allerdings nicht zu schließen, dass die Norm zwingend die Durchführung eines wettbewerblichen Vergabeverfahrens voraussetzt. Die „Auswahl" eines Betreibers kann vielmehr sowohl durch wettbewerblichen Zuschlag als auch durch In-house-Vergabe oder eine Direktvergabe geschehen. Das Rechtsinstitut des öffentlichen Dienstleistungsauftrages setzt ferner keine Personenverschiedenheit von Auftraggeber und Auftragnehmer voraus. Nach Art. 2 lit. i) VO 1370/2007 kann ein solcher Rechtsakt auch aus den Bedingungen bestehen, nach denen die zuständige Behörde die Personenverkehrsdienste selbst erbringt. Da die Betriebsübergangsregelung des Art. 4 Abs. 5 S. 1 VO 1370/2007 Inhalt öffentlicher Dienstleistungsaufträge sein kann, steht die rechtliche Identität von Auftraggeber und Leistungserbringer der Anwendung dieser Norm demnach nicht entgegen. Dagegen lässt sich auch nicht der Regelungsinhalt des Art. 4 Abs. 5 S. 2 VO 1370/2007 anführen. Darin ist festgelegt, dass die Behörde im Falle der Verpflichtung zu Sozialstandards in den Unterlagen des wettbewerblichen Vergabeverfahrens transparente Angaben zu den betroffenen Arbeitnehmern machen muss. Aus diesem Zusammenhang folgt nicht, dass die Betriebsübergangsregelung, die eine solche Verpflichtung zu Sozialstandards beinhaltet, lediglich in wettbewerblichen Vergabefällen angewendet werden kann. Dieser Bestimmung kann weder nach ihrem Wortlaut noch nach ihrem Zweck entnommen werden, dass sie über Art. 4 Abs. 5 S. 1 VO 1370/2007 hinaus zusätzliche Voraussetzungen für die Aufnahme der Betriebsübergangsregelung in den öffentlichen Dienstleistungsauftrag statuiert. Denn Art. 4 Abs. 5 S. 2 VO 1370/2007 dient allein der Durchsetzung des Wettbewerbs- und Transparenzgrundsatzes im Vergabeverfahren, indem allen Bietern die notwendigen Informationen zur Angebotserstellung offen zu legen sind. Sofern es nicht zur Durchführung eines wettbewerblichen Vergabeverfahrens kommt, ist der Anwendungsbereich dieser Regelung insoweit nicht berührt. Ganz wesentlich streitet für die Zulässigkeit einer Betriebsübergangsanordnung auch im Falle der Eigenerbringung jedoch, dass die betroffenen Arbeitnehmer des Altbetreibers in gleicher Weise wie bei der wettbewerblichen Vergabe schutzbedürftig sind, weil die Rekommunalisierung nichts an der zur Liberalisierung des Verkehrssektors zwingend vorgeschriebenen Befristung[272] öffentlicher Dienstleistungsaufträge ändert. Die Verpflichtungsermächtigung in Art. 4 Abs. 5 S. 1 VO 1370/2007, derer sich die zuständige Behörde zum Zwecke der Schaffung der Betriebsübergangssituation bedienen kann, ist in Fällen der Eigenerbringung nur hinsichtlich der Drittwirkung gegenüber dem Altbetreiber und den betroffenen Arbeitnehmern relevant, da es einer Einwirkung auf einen neuen Betreiber insoweit nicht bedarf. Diese Befugnis der zuständigen Behörde kann rechtsmethodisch als qua-

272 Im Übrigen unterliegt auch die Eigenerbringung den Höchstlaufzeiten des Art. 4 Abs. 3 VO 1370/2007, hierzu Kaufmann/Lübbig/Prieß/Pünder, VO 1370/2007-Kommentar, Art. 5 Rn. 74.

litatives Minus dem Ermächtigungsumfang des Art. 4 Abs. 5 S. 1 VO 1370/2007 entnommen werden.

b. Art. 5 Abs. 2 S. 1 Fall 2 VO 1370/2007: Vergabe an rechtlich getrennte Einheit

Die zuständige örtliche Behörde kann von der Eigenerbringung auch absehen und den öffentlichen Dienstleistungsauftrag direkt an eine rechtlich getrennte Einheit vergeben. Dabei handelt es sich dann um einen sog. internen Betreiber, über den nach Art. 2 lit. j) VO 1370/2007 die zuständige örtliche Behörde eine Kontrolle ausüben muss, die der Kontrolle über ihre eigenen Dienststellen entspricht.[273] Die Zulässigkeit einer solchen Direktvergabe ist in der Literatur[274] umstritten, jedoch nicht Gegenstand der vorliegenden Untersuchung. Entscheidend ist für die Anwendung des Art. 4 Abs. 5 S. 1 VO 1370/2007 hier allein, dass die Vergabe an einen internen Betreiber einen Betrauungsakt darstellt, der nach Art. 2 lit. i) VO 1370/2007 in der Rechtsform eines öffentlichen Dienstleistungsauftrages ergehen kann. Die Betriebsübergangsregelung ist also nach dem bereits Ausgeführten auch bei der Vergabe an einen internen Betreiber nach Art. 5 Abs. 2 S. 1 Fall 2 VO 1370/2007 anwendbar.

c. Art. 5 Abs. 4 bis 6 VO 1370/2007: Direktvergaben

Dies trifft schließlich auch auf die Direktvergabe von öffentlichen Dienstleistungsaufträgen in den Fällen des Art. 5 Abs. 4 bis 6 VO 1370/2007 zu. Die größte Bedeutung dürfte die Direktvergabe im Eisenbahnverkehr nach Art. 5 Abs. 6 VO 1370/2007 haben.[275] Soweit es sich um eine vom Geltungsbereich des GWB-Vergaberechts ausgenommene Dienstleistungskonzession handelt, kommt eine Direktvergabe auch nach der Entscheidung des BGH zur Vergabepflicht von Dienstleistungen im Schienenpersonenverkehr noch in Betracht.[276] Die Anwendbarkeit der Betriebsübergangsregelung kann auch hier dann nicht damit bestritten werden, dass sich die Behörde zulässigerweise gegen die Vergabe in einem wettbewerblichen Vergabeverfahren entschieden hat. Der Schutzzweck des Art. 4 Abs. 5 S. 1 VO 1370/2007 gebietet die Befugnis der Behörde, die Betriebsübergangssituation unabhängig davon herbeiführen zu können, für welche Vergabeart sie sich entschieden hat.

273 Art. 5 Abs. 2 S. 2 VO 1370/2007 enthält spezielle Vorgaben für die Vergabe von Aufträgen an interne Betreiber.

274 Näher Pünder, NJW 2010, 263 ff.

275 Kaufmann/Lübbig/Prieß/Pünder, VO 1370/2007-Kommentar, Art. 5 Rn. 234 f.

276 Siehe hierzu auch die Ausführungen unter Erster Teil A. I. 4.

II. Weitere Tatbestandvoraussetzungen des Art. 4 Abs. 5 VO 1370/2007

Ist der Anwendungsbereich der Betriebsübergangsregelung nach Art. 4 Abs. 5 S. 1 VO 1370/2007 geklärt, so stellt sich die Frage, welche weiteren Anforderungen die Norm an die Gestaltungsbefugnis der zuständigen Behörde stellt. Die spezielle Betriebsübergangssituation kann sich – wie eingangs bereits beschrieben – lediglich im Rahmen eines öffentlichen Dienstleistungsauftrages i. S. des Art. 2 lit. i) VO 1370/2007 vollziehen. Sein Vorliegen ist damit Voraussetzung für eine rechtmäßige Betriebsübergangsverpflichtung. Des Weiteren muss der Betreiber des öffentlichen Dienstes wechseln.[277] Hinter diesem Tatbestandsmerkmal verbirgt sich ein Doppeltes: Zunächst muss die betreffende Personenverkehrsdienstleistung – zumindest teilweise – bereits zuvor erbracht worden sein. Die Anwendung bei einer erstmaligen Diensterbringung ist somit ausgeschlossen. Zudem muss der Altbetreiber den Auftrag – zumindest teilweise – verlieren. Eine Bindung des Altbetreibers an Sozialstandards über die Regelung des Art. 4 Abs. 5 S. 1 VO 1370/2007 kommt hierdurch also nicht in Betracht.

III. Entschließungsermessen des Auftraggebers

Ist die Norm anwendbar, und sind die Tatbestandsvoraussetzungen erfüllt, eröffnet Art. 4 Abs. 5 S. 1 VO 1370/2007 dem Auftraggeber auf der Rechtsfolgenseite zunächst ein Entschließungsermessen. Dies ist bislang – soweit in der Literatur überhaupt erörtert – nicht bestritten worden.[278] Zweifel daran sind auch angesichts des Wortlauts, der Entwicklung der Norm im Rechtssetzungsverfahrens und angesichts des Charakters der Regelung als sozialpolitische Gestaltungsvorschrift nicht geboten.

1. Wortlaut und Genese der Norm

Das Entschließungsermessen des Auftraggebers entspricht dem Wortlaut des Art. 4 Abs. 5 S. 1 VO 1370/2007 („... *kann* die zuständige Behörde den ausgewählten Betreiber... verpflichten...“). Die Ausgestaltung der Arbeitnehmerrechte bei einem Betreiberwechsel war bereits im ursprünglichen Kommissions-

277 Erwägungsgrund 16 der VO 1370/2007 stellt das Merkmal des Betreiberwechsels deutlicher heraus als der Normtext.

278 Bayreuther, NZA 2009, 582, 583; Kaufmann/Lübbig/Prieß/Pünder, VO 1370/2007-Kommentar, Art. 4 Rn. 54.

vorschlag[279] aus dem Jahre 2000 in das Ermessen der zuständigen nationalen Behörden gestellt worden. Eine Anregung des Europäischen Parlamentes, dem Regelungsgehalt der Norm eine zwingende Wirkung beizulegen, ist vom Rat ausdrücklich abgelehnt worden.[280] In der endgültigen Fassung des Art. 4 Abs. 5 S. 1 VO 1370/2007 verblieb es folglich bei der dispositiven Ausgestaltung des Arbeitnehmerschutzes bei einem Betreiberwechsel.[281] Wenngleich die Verwirklichung des beabsichtigten Arbeitnehmerschutzes aus diesem Grund in den Mitgliedstaaten je nach wirtschaftspolitischer Auffassung der Auftraggeber ein unterschiedliches Niveau haben dürfte, so verlangt die Entscheidung des Gesetzgebers gleichwohl Beachtung. Sie ist Ausdruck des Subsidiaritätsgebotes nach Art. 5 EUV und soll gemeinsam mit der „unbeschadet“-Klausel im Rahmen des Art. 4 Abs. 5 S. 1 VO 1370/2007 sicherstellen, dass die Europäische Union nicht mehr Kompetenzen für sich in Anspruch nimmt, als für eine hinreichend effektive Liberalisierung und Harmonisierung des Wettbewerbs im Verkehrssektor notwendig sind.[282]

2. Die Betriebsübergangsregelung als politisches Gestaltungsinstrument

Dass die VO 1370/2007 an die Ausübung der Betriebsübergangsregelung keine besonderen Anforderungen knüpft, hängt nicht zuletzt damit zusammen, dass die Regelung Ausdruck eines politischen Gestaltungsermessens der nationalen Behörden sein soll, das ihnen der europäische Gesetzgeber ausdrücklich zubilligt. Die Regelung soll es den Auftraggebern ermöglichen, über die öffentliche Auftragsvergabe auch Ziele zu verwirklichen, die wie im Falle des Arbeitnehmerschutzes sozial- und wirtschaftspolitische Zwecken dienen. Die Zulässigkeit der Verfolgung sozialer Belange im Vergabeverfahren am Maßstab der europäischen Rechts ist bereits oben[283] bejaht worden. Soziale Belange im Vergabeverfahren stehen dabei stets unter dem Vorbehalt der Beachtung des Diskriminierungsverbotes. Die Entscheidung, ob der jeweilige Auftraggeber überhaupt Gebrauch von vergabefremden Kriterien macht, ist indes eine Frage der politischen Gestal-

279 Vorschlag für eine Verordnung des Europäischen Parlamentes und des Rates über Maßnahmen der Mitgliedstaaten im Zusammenhang mit Anforderungen des öffentlichen Dienstes und der Vergabe öffentlicher Dienstleistungsaufträge für den Personenverkehr auf der Schiene, der Straße und auf Binnenschifffahrtswegen vom 26.07.2000, KOM (2000) 7 endgültig. Die Regelung findet sich dort in Art. 9 Abs. 3.

280 Vgl. Council position vom 11.12.2006, Dok. 13736/1/2006, S. 9 f.: „Considering this a matter of subsidiarity, the Council, like the Commission, does not see the need to make this provision on employees' rights compulsory, as suggested by Parliament in its first reading."

281 Siehe auch Erwägungsgrund 17 der VO 1370/2007.

282 Vgl. auch Kaufmann/Lübbig/Prieß/Pünder, VO 1370/2007-Kommentar, Art. 4 Rn. 13.

283 Oben Zweiter Teil A. II. 1. c. bb. (4) (b).

tungsfreiheit.[284] Ob sich dadurch die Kosten für den Dienstleistungsauftrag und damit für die Allgemeinheit erhöhen oder die Auftragsbedingung unzweckmäßig erscheint, ist vergaberechtlich nicht erheblich und der gerichtlichen Kontrolle entzogen.[285] Die Entscheidung der Behörde, ob sie die Befugnis des Art. 4 Abs. 5 S. 1 VO 1370/2007 nutzen möchte, ist damit eine autonome politische Entscheidung. Der Verzicht auf eine Betriebsübergangsanordnung bzw. Ausführungsbedingung kann daher a priori nicht fehlerhaft sein und ein dahingehender Anspruch der Wettbewerber und/oder deren Arbeitnehmer nicht bestehen.[286] Der gerichtlichen Nachprüfung unterliegt aber gleichwohl, ob die Tatbestandsvoraussetzungen der Betriebsübergangsregelung vorgelegen haben.

IV. Auswahlermessen

Zwar ist die Behörde weitgehend frei in der Entscheidung, ob sie den Betriebsübergang nach Art. 4 Abs. 5 S. 1 VO 1370/2007 herbeiführen will. Damit ist jedoch noch nichts darüber ausgesagt, inwieweit sie die Arbeitnehmerrechte im Zusammenhang mit einem Betreiberwechsel ausgestalten darf. Soweit im öffentlichen Dienstleistungsauftrag nichts anderes geregelt ist, wird man davon ausgehen können, dass mit der Anwendung des Art. 4 Abs. 5 S. 1 VO 1370/2007 eine rechtliche Gleichstellung mit der mitgliedstaatlichen Umsetzungsvorschrift der Betriebsübergangsrichtlinie, also mit den Rechtsfolgen des § 613a BGB beabsichtigt ist. Denn die mitgliedstaatliche Umsetzungsvorschrift ist immer dann einschlägig, wenn ein Betriebsübergang im Sinne der Richtlinie 2001/23/EG erfolgt. Für eine grundsätzliche Rechtsfolgenäquivalenz mit der mitgliedstaatlichen Umsetzungsnorm spricht auch das systematische Verhältnis der Sekundärrechtsakte zueinander. Diesbezüglich ist nämlich die Feststellung erlaubt, dass Art. 4 Abs. 5 S. 1 VO 1370/2007 gegenüber der Betriebsübergangsrichtline lediglich eine Reservefunktion einnimmt: Wenn sich der Betreiberwechsel unter der Wahrung der Identität der wirtschaftlichen Einheit des Personenverkehrsdienstes vollzieht, tritt eine Maßnahme nach Art. 4 Abs. 5 S. 1 VO 1370/2007 ex lege zurück. Von Interesse ist in diesem Zusammenhang nun aber die Frage, ob sich

284 So insbesondere auch die Auffassung der Europäische Kommission, Mitt. Komm. ABl. EG 2001, Nr. 333, S. 27 ff. Rn. 16.

285 Zum Begriff der sog. Beschaffungsfreiheit OLG Koblenz, Beschl. vom 05.09.2002 – 1 Verg 2/02 – NZBau 2002, 699, 703; Dreher, in: Immenga/Mestmäcker, Wettbewerbsrecht, Art. 99 GWB Rn. 8 f.; Weber NZBau 2002, 194,195.

286 Gleiches gilt auch für das Wahlrecht der Behörde zwischen Direktvergabe und wettbewerblichem Vergabeverfahren, siehe Kaufmann/Lübbig/Prieß/Pünder, VO 1370/2007-Kommentar, Art. 5 Rn. 75.

die Betriebsübergangsregelung in ihrer Funktion auf eine bloße Reservefunktion beschränkt oder ob die zuständige Behörde daneben die Rechtsfolgen eines Betriebsübergangs nach Art. 4 Abs. 5 S. 1 VO 1370/2007 auch inhaltlich gestalten darf. Nach dem Wortlaut der Vorschrift *kann* die zuständige Behörde den betroffenen Arbeitnehmern die Recht gewähren, „auf die sie Anspruch hätten, wenn ein Übergang im Sinne der Richtlinie 2001/23/EG erfolgt wäre". Nach dem o. g. Grundsatz der Rechtsfolgenäquivalenz könnte daraus geschlossen werden, dass die Ansprüche der betroffenen Arbeitnehmer des Altbetreibers stets dem entsprechen müssen, was ihnen die Richtlinie 2001/23/EG vermittelt durch die mitgliedstaatlichen Transformationsnormen (§ 613a BGB) gewährt.[287] Ein Auswahlermessen der zuständigen Behörde wäre bei diesem Rechtsfolgenverständnis nicht gegeben, weil die Ansprüche der Arbeitnehmer bereits determiniert sind. Nachfolgend soll danach differenziert werden, ob die zuständige Behörde, die Rechtsfolgen der Betriebsübergangsrichtlinie i. V. m. § 613a BGB beschränken oder erweitern will.

1. Betriebsübergang mit beschränkter Rechtsfolge

Als Beschränkung der Arbeitnehmerrechte stellt es sich z. B. dar, wenn die zuständige Behörde den Eintritt des neuen Betreibers in Versorgungsanwartschaften der übergehenden Arbeitnehmer ausschließen oder die Weiterhaftung des Altbetreibers nach § 613a Abs. 2 BGB entfallen lassen will. Solche graduellen Abstufungen in der Ausgestaltung der Arbeitnehmerrechte lassen sich grundsätzlich mit Art. 4 Abs. 5 S. 1 VO 1370/2007 vereinbaren. Wenn der Auftraggeber befugt wird, den ausgewählten Betreiber auf die Rechtsfolgen des Betriebsübergangs nach der Richtlinie 2001/23/EG zu verpflichten, muss es ihm auch erlaubt sein – a maiore ad minus – die Rechtsfolgen des fingierten Betriebsübergangs in Ausübung seines politischen Gestaltungsermessens teilweise zu beschränken.[288] Immerhin könnte der Auftraggeber auch gänzlich von der Möglichkeit des Art. 4 Abs. 5 S. 1 VO 1370/2007 absehen, ohne dass ihm daraus ein rechtlich relevanter Vorwurf gemacht werden kann. Eine Einschränkung muss aber wohl dort vorgenommen werden, wo die Modifizierung der Rechtsfolgen des Betriebsübergangs unter das Schutzniveau der Betriebsübergangsrichtlinie zurückzufallen droht.

287 Die zulässigen Rechtsfolgen der Betriebsübergangsregelung sind nicht etwa auf das beschränkt, was die Richtlinie 2001/23/EG als Mindeststandard vorschreibt, sondern richtet sich nach dem Inhalt der jeweiligen nationalen Umsetzungsvorschrift, weil diese stets eingreift, wenn ein Übergang i. S. der Richtlinie 2001/23/EG erfolgt wäre. Daher teilweise missverständlich: Kaufmann/Lübbig/Prieß/Pünder, VO 1370/2007-Kommentar, Art. 4 Rn. 55

288 So bereits Tiesler, Verkehr und Technik 2001, 387, 391; dem zustimmend Linke, S. 198; wohl auch Kaufmann/Lübbig/Prieß/Pünder, VO 1370/2007-Kommentar, Art. 4 Rn. 55.

Ein auf Art. 4 Abs. 5 S. 1 VO 1370/2007 gestütztes Betriebsübergangsverlangen, das bspw. entgegen Art. 3 Abs. 1 Richtlinie 2001/23/EG vorsähe, dass der neue Betreiber den betroffenen Arbeitnehmern lediglich ein um 10 Prozent geringeres Entgelt zu zahlen habe, kann danach nicht zulässig sein. Es liegt angesichts des Schutzzwecks der Norm vielmehr nahe, die zwingenden Rechtsfolgen der Betriebsübergangsrichtlinie als den Mindeststandard anzusehen, der durch eine Maßnahme nach Art. 4 Abs. 5 S. 1 VO 1370/2007 gewährleistet bleiben muss. Ansonsten würde die Betriebsübergangsregelung eine einseitige Benachteiligung der betroffenen Arbeitnehmer bedeuten, die dem Schutzgedanken dieser Sozialklausel widerspräche.

Hinsichtlich einer möglichen Beschränkung von Rechtsfolgen des Betriebsübergangs durch die zuständige Behörde muss diese stets bedenken, dass sie dadurch für die Kalkulation der Personalkosten durch die Wettbewerber und die Ermittlung eines etwaigen Zuschussbedarfs durch die öffentliche Hand ein beträchtliches Risiko auslöst. Denn letztlich ist es zum Zeitpunkt der Vornahme der Ausschreibung gar nicht abzusehen, ob die Rechtsfolgen des Betriebsübergangs nach § 613a BGB nicht bereits zwingend eintreten werden. Dies kann bei der Auftragsnachfolge im öffentlichen Personenverkehr einerseits daraus folgen, dass der neue Betreiber neben den Arbeitnehmern im wesentlichen Umfang auch Betriebsmittel des bisherigen Betreibers übernimmt. Die Betriebsübergangsregelung des Art. 4 Abs. 5 S. 1 VO 1370/2007 würde sodann wie dargestellt[289] von § 613a BGB verdrängt werden. Der Übernahme sächlicher Betriebsmittel kommt zwar in der Regel in Fällen der Auftragsnachfolge eine wesentliche Bedeutung bei der Ermittlung des Übergangs eines Betriebs(-teils) zu.[290] Die Rechtsprechung nimmt jedoch stets eine Gesamtwürdigung aller Umstände vor. Tiesler[291] weist in diesem Zusammenhang zu Recht darauf hin, dass die behördlich veranlasste Übernahme der Arbeitnehmer im Rahmen dieser Gesamtwürdigung durchaus der bislang fehlende Umstand zur Annahme der Identitätswahrung der wirtschaftlichen Einheit sein könne. Insgesamt birgt die Beschränkung der Rechtsfolgen eines Betriebsübergangs damit für alle an der Vergabe Beteiligten eine beachtliche kalkulatorische Unsicherheit. Angesichts dieser Sachlage sollte die zuständige Behörde im Rahmen des Betriebsübergangsverlangens nach Art. 4 Abs. 5 S. 1 VO 1370/2007 nicht von den Rechtsfolgen des § 613a BGB abweichen, sondern im Gegenteil in den Ausschreibungsunterlagen ausdrücklich darauf Bezug nehmen.

289 Siehe Zweiter Teil C. IV.

290 Preis, in: ErfKomm, § 613a BGB Rn. 37.

291 Tiesler, Verkehr und Technik 2001, 387, 391.

2. Betriebsübergang mit erweiterter Rechtsfolge

Etwas anders liegen die Dinge, wenn sich die Behörde entschließen sollte, über die nach § 613a BGB vorgesehenen Rechtsfolgen hinaus die Arbeitnehmerrechte anlässlich der Auftragsvergabe zu erweitern. Denkbar wäre z. B. eine Regelung im öffentlichen Dienstleistungsauftrag, die den neuen Betreiber verpflichten soll, die Arbeitsbedingungen und Rechte der Arbeitnehmer über die gesamte Laufzeit des öffentlichen Dienstleistungsauftrages nicht zu deren Nachteil zu verändern. Diese Ausführungsbedingung ginge insoweit deutlich über die Veränderungssperre des § 613a Abs. 1 S. 2 BGB hinaus. Im Gegensatz zur Beschränkung der Rechtsfolgen des Art. 4 Abs. 5 S. 1 VO 1370/2007 ist hier aber daran zu zweifeln, dass solche Gestaltungen unter die Befugnisnorm subsumiert werden können. Bereits deren Wortlaut deutet darauf hin, dass ein Hinausgehen über die Rechtsfolgen der Richtlinie 2001/23/EG i. V. m. § 613a BGB nicht mehr von Art. 4 Abs. 5 S. 1 VO 1370/2007 erfasst ist. Denn auf mehr Rechte hätten die Arbeitnehmer im Falle eines tatsächlichen Betriebsüberganges nach § 613a BGB keinen Anspruch. Zwar verweist Art. 4 Abs. 5 S. 1 VO 1370/2007 auf die Richtlinie 2001/23/EG und damit auch auf Art. 8 Richtlinie 2001/23/EG, der weitergehende Arbeitnehmerrechte ermöglicht. Auf die inhaltliche Reichweite des Betriebsübergangsregelung des Art. 4 Abs. 5 S. 1 VO 1370/2007 nimmt Art. 8 Richtlinie 2001/23/EG hingegen keinen Einfluss. Die Norm erweitert lediglich die Kompetenz der nationalen Gesetzgeber bei der Umsetzung der Betriebsübergangsrichtlinie; für die Anwendung des Art. 4 Abs. 5 S. 1 VO 1370/2007 vermag sie hingegen aufgrund dessen limitierenden Wortlauts nichts auszusagen. Daraus den Eindruck zu gewinnen, die Behörde dürfe nicht über die Arbeitnehmerrechte im Falle eines tatsächlichen Betriebsüberganges hinausgehen oder gänzlich andere Kriterien zum Arbeitnehmerschutz (z. B. Tariftreueerklärungen) in den öffentlichen Dienstleistungsauftrag einführen, wäre aber gleichfalls falsch. Denn Art. 4 Abs. 5 S. 1 VO 1370/2007 vermag lediglich nicht als Rechtsgrundlage hierfür zu dienen, verbietet solche Kriterien aber auch nicht.[292] Dies würde nicht nur dem europäischen Subsidiaritätsprinzip widersprechen, sondern auch dem ausdrücklich anerkannten mitgliedstaatlichen Gestaltungsspielraum im Einleitungssatz des Art. 4 Abs. 5 VO 1370/2007, wonach die zuständige Behörde „unbeschadet" des nationalen Rechts berechtigt wird. In Deutschland ist aufgrund § 97 Abs. 4 S. 2 GWB für einen über die Betriebsübergangsregelung weiter hinausreichenden oder tatbestandlich nicht davon erfassten Arbeitnehmerschutz (z. B. Tariftreueerklärungen) freilich eine gesetzliche Ermächtigung erforderlich. Die hier in Betracht kommenden Tariftreuegesetze der Länder müssen jedoch ihrerseits verein-

292 Kaufmann/Lübbig/Prieß/Pünder, VO 1370/2007-Kommentar, Art. 4 Rn. 56.

bar sein mit dem Unionsrecht, wovon jedoch im Verkehrssektor schon aufgrund des faktischen Niederlassungserfordernisses auszugehen sein dürfte.[293]

B. Die Umsetzung der Betriebsübergangsverpflichtung

Hat sich der Auftraggeber einmal entschieden, von Art. 4 Abs. 5 S. 1 VO 1370/2007 Gebrauch zu machen, stellt sich für ihn die Frage, auf welchem Wege sich die Betriebsübergangsverpflichtung rechtstechnisch umsetzen lässt, damit die betroffenen Arbeitnehmer letztlich in den Genuss der Rechte kommen, die ihnen zustünden, wenn ein Übergang i. S. d. Richtlinie 2001/23/EG vorliegen würde. Der europäische Gesetzgeber überlässt den nationalen Auftraggebern bei der praktischen Umsetzung der Norm den größtmöglichen Gestaltungsspielraum. Nicht nur hinsichtlich der Rechtsform des öffentlichen Dienstleistungsauftrages, dessen Wahl nach Art. 2 lit. i) VO 1370/2007 weitgehend im Ermessen des jeweiligen Auftraggebers steht, sondern auch bei der Betriebsübergangsverpflichtung begnügt sich die VO 1370/2007 damit, allgemeine Anwendungsvoraussetzungen zu formulieren, die konkrete Umsetzung jedoch den Mitgliedstaaten und deren Rechtsordnungen zu überlassen.[294] Das hat einerseits den Vorteil, dass die Auftraggeber bei der Verfolgung sozialer Belange im Vergabeverfahren auf die ihnen bekannten Regelungsinstrumente zugreifen können. Andererseits besteht die Gefahr, dass aufgrund der geringen Regelungsdichte die Auftraggeber wegen ungeklärter Umsetzungsfragen auf die Anwendung des Art. 4 Abs. 5 S. 1 VO 1370/2007 verzichten oder sich Bieter verstärkt veranlasst sehen, die Gerichte zur Überprüfung der Rechtmäßigkeit der behördlichen Entscheidung zu bemühen. Dies veranlasst die nachfolgende Betrachtung, wie die Auftraggeber das Gestaltungsrecht, das ihnen die Betriebsübergangsregelung verleiht, möglichst rechtsicher handhaben können. Dass eine vertiefte Auseinandersetzung mit der Problematik der Umsetzung der Betriebsübergangsregelung unentbehrlich ist, verdeutlicht auch der neue Gesetzentwurf[295] zur Anpassung des deutschen Rechts an die VO 1370/2007: Darin sind Einzelheiten zur Umsetzung des Art. 4 Abs. 5 S. 1 VO 1370/2007 nämlich nicht enthalten.

293 Hierzu speziell zum Sektor des Personenverkehrs Bayreuther, EuZW 2009, 102, 106. Vgl. auch oben Zweiter Teil A. I.

294 Vgl. Erwägungsgrund 9 S. 3 der VO 1370/2007.

295 BR-Drs. 462/11.

I. Vertragliche Bedingung für die Auftragsausführung

Nach deutscher Vergaberechtstradition liegt zunächst eine vertragliche Lösung dergestalt nahe, das Betriebsübergangsverlangen mithilfe einer besonderen (Vertrags-)Bedingung für die Auftragsausführung umzusetzen. Dies kann dadurch geschehen, dass der Auftraggeber den Bietern auferlegt, sich bei Abgabe des Angebotes zu verpflichten, den Arbeitnehmern im Falle des Zuschlags eine Offerte auf Übernahme ihres Arbeitsverhältnisses zu unterbreiten.[296] Die Vertragsübernahme führt dann zur Übertragung aller bestehenden Rechte und Pflichten auf den neuen Arbeitgeber.[297] Sie stellt ein verfügendes Rechtsgeschäft dar, dessen Zulässigkeit auch für den Parteienwechsel im Arbeitsverhältnis anerkannt ist.[298] Die Vertragsübernahme besitzt gegenüber der Begründung eines neuen Arbeitsverhältnisses mit dem ausgewählten Betreiber den Vorteil, dass die intendierte Bestandswahrung durch die Beibehaltung der Identität des Arbeitsvertrages gewährleistet ist. Weigert sich der Auftragnehmer nach der Zuschlagserteilung dann, seine Übernahmeerklärung umzusetzen, könnte die zuständige Behörde den ausgewählten Betreiber vertragsrechtlich dazu zwingen und ggf. sogar den öffentlichen Dienstleistungsauftrag kündigen.[299]

1. Zustimmungsbedürftigkeit des Arbeitgeberwechsels

Die Vertragsübernahme bedarf nicht nur der Mitwirkung des betroffenen Arbeitnehmers.[300] Der Parteienwechsel auf Arbeitgeberseite setzt vielmehr zwingend die Zustimmung des alten Arbeitgebers voraus, weil dieser – allein durch eine Vereinbarung seines Arbeitnehmers mit dem neuen Betreiber – nicht gegen seinen Willen aus der Arbeitgeberstellung verdrängt werden kann.[301] Der Altbetreiber wird im Falle eines Auftragsverlustes regelmäßig ein Interesse daran haben, dass die auf der betreffenden Linie eingesetzten Arbeitnehmer auf den ausgewählten Betreiber übergehen; seine Zustimmung dürfte er also regelmäßig erteilen.[302] Sollte sich der Altbetreiber dennoch gegen eine Übernahme des Arbeits-

296 Bayreuther, NZA 2009, 582, 583.

297 Roth, in: MüKo-BGB, § 398 Rn. 190.

298 BAG, Urt. vom 24.10.1972 – 3 AZR 102/72 – AP HGB § 74 Nr. 31; jüngst LAG Hamm, Urt. vom 17.06.2009 – 6 Sa 321/09 – BeckRS 2010, 72257.

299 Bayreuther, NZA 2009, 582, 583.

300 Dies folgt aus § 613 S. 2 sowie § 415 Abs. 1 S. 1 BGB analog.

301 BAG, Urt. vom 24.10.1972 – 3 AZR 102/72 – AP HGB § 74 Nr. 31; BGH, Urt. vom 03.12.1997 – XII ZR 6/96; Roth, in: MüKo-BGB, § 398 Rn. 191.

302 Zu der Problematik siehe auch Bayreuther, NZA 2009, 582, 583, der die Zustimmungsbedürftigkeit als Nachteil für die vertragsrechtliche Lösung einordnet.

vertrages durch den Neubetreiber aussprechen und der betroffenen Arbeitnehmer wechselbereit sein, kommen eine arbeitnehmerseitige Beendigungskündigung und der Neuabschluss eines Arbeitsvertrages mit dem Neubetreiber in Betracht, dessen Inhalt aufgrund der Betriebsübergangsregelung dem des alten Arbeitsverhältnisses entspricht.

2. Vergaberechtliche Einordnung der Selbstverpflichtung

Fraglich ist aber, auf welcher Ebene der Angebotswertung das Übergangsverlangen der zuständigen Behörde zu berücksichtigen ist. Das Recht öffentlicher Auftraggeber, soziale Kriterien auch im Rahmen zusätzlicher Bedingungen für die Auftragsausführung zu verwirklichen, ist erstmals 2004 im Rahmen des sog. EU-Legislativpaketes ausdrücklich normiert worden (vgl. Art. 26 Richtlinie 2004/18/EG); beabsichtigt war, damit der „Beentjes"-Rechtsprechung des EuGH zu vergabefremden Kriterien auf der Stufe der Auftragsausführung Rechnung zu tragen. Es ist wie oben[303] ausgeführt davon auszugehen, dass der europäische Gesetzgeber mit Art. 4 Abs. 5 S. 1 VO 1370/2007 eine spezielle Ausführungsbedingung normieren wollte, wie sie Art. 26 Richtlinie 2004/18/EG für das allgemeine Vergaberecht vorsieht. Gegen die Einordnung der Betriebsübergangsregelung als Eignungskriterium spricht, dass die von den Bietern verlangte Verpflichtungserklärung keinen Zusammenhang mit deren Leistungsfähigkeit in persönlicher, finanzieller oder technischer Hinsicht aufweist, weil konkret die Übernahme von Arbeitnehmern des Altbetreibers für die Schaffung der Leistungsfähigkeit des ausgewählten Betreibers gar nicht erforderlich ist.[304] Der Zusammenhang mit der Leistungsfähigkeit für den konkreten Auftrag ist bei der Eignungsprüfung aber stets zu verlangen.[305] Gleichfalls wird die Verwirklichung der Betriebsübergangsregelung als Zuschlagskriterium dem Normzweck und dem Ziel des Auftraggebers nicht gerecht. Denn als Zuschlagskriterium müssten die Auftraggeber die verschiedenen mit dem Auftragsgegenstand zusammenhängenden Kriterien gewichten. Das hätte aber zur Folge, dass dem Verlangen der zuständigen Behörde nach Art. 4 Abs. 5 S. 1 VO 1370/2007 nur eine relative Ausschlusswirkung zukäme, die z. B. durch einen geringeren Zuschussbedarf für die verlangte Dienstleistung ausgeglichen werden könnte.[306] Genau das liegt aber nicht im Interesse der zuständigen Behörde. Ihr kommt es darauf an, dass die Bieter ihr Angebot unter

303 Vgl. Dritter Teil A. I. 1.

304 A. A. aber in Bezug auf die Beschäftigung von Langzeitarbeitslosen, Auszubildenden oder Frauen Diemon-Wies/Graiche, NZBau 2009, 409, 412.

305 Burgi, in: Grabitz/Hilf, Band IV, B 13 Vergabefremde Kriterien, Rn. 40 f.; Noch, Rn. 399.

306 Zur Berücksichtigung sozialer Belange im Rahmen von Zuschlagskriterien vgl. Wiedmann, S. 302.

Berücksichtigung der Rechtsfolgen eines Betriebsübergangs kalkulieren und der ausgewählte Betreiber seine Selbstverpflichtung nach Zuschlagserteilung tatsächlich vollzieht. Die Einordnung des Art. 4 Abs. 5 S. 1 VO 1370/2007 als besondere Ausführungsbedingung erscheint daher als einzige Möglichkeit, um die Norm als vertragsrechtliches Gestaltungsinstrument zweckmäßig anzuwenden. Ebenso wie Ausführungsbedingungen i. S. d. Art. 26 Richtlinie 2004/18/EG entfaltet die fehlende Selbstverpflichtung bei Art. 4 Abs. 5 S. 1 VO 1370/2007 eine absolute Ausschlusswirkung gegenüber dem betroffenen Bieter.[307] Wer in einem wettbewerblichen Vergabeverfahren die geforderte Übernahmeerklärung nicht abgibt, ist daher von vornherein auszuschließen und kann bei der Zuschlagsentscheidung nicht mehr berücksichtigt werden.

II. Behördliche Anordnung

Bayreuther vertritt daneben die Ansicht, dass der Auftraggeber bei Zuschlagserteilung den Betriebsübergang nach Art. 4 Abs. 5 S. 1 VO 1370/2007 auch einseitig durch Verwaltungsakt vollziehen könne.[308] Die Wirkung eines solchen rechtsgestaltenden Verwaltungsaktes führe dann dazu, dass mit Bestandskraft dieses Verwaltungsaktes die Rechte und Pflichten aus den betroffenen Arbeitsverhältnissen unmittelbar auf den neuen Betreiber übergingen.[309] Dafür ist allerdings Voraussetzung, dass sich Art. 4 Abs. 5 S. 1 VO 1370/2007 auch eine entsprechende Verwaltungsaktbefugnis entnehmen lässt, d. h. eine Ermächtigung der zuständigen Behörde, die Rechtsfolgen des Betriebsübergangs nach Art. 4 Abs. 5 S. 1 VO 1370/2007 einseitig verbindlich anordnen zu können. Eine solche Verwaltungsaktbefugnis ist nach den Rechtsstaatsanforderungen des Grundgesetzes immer dann zu fordern, wenn der Staat – wie bei dem von Bayreuther erwogenen rechtsgestaltenden Verwaltungsakt – eine gesetzliche Regelung mit einseitig verbindlicher und belastender Rechtswirkung vollziehen will.[310] Indes bleibt zu berücksichtigen, dass die zuständige Behörde im Rahmen des Art. 4 Abs. 5 S. 1 VO 1370/2007 nicht nationales Verwaltungsrecht vollzieht, sondern eine Norm des Unionsrechts. Für die nach deutschem Rechtsverständnis zu fordernde Verwaltungsaktbefugnis ergeben sich daraus jedoch keine Abweichungen, da die nationalen Behörden das Unionsrecht nach nationalem Recht vollziehen und dabei grundsätzlich an den mitgliedstaatlichen Rechtsmäßigkeitsmaßstab gebun-

307 Vgl. hinsichtlich Art. 26 Richtlinie 2004/18/EG Rechten, NZBau 2004, 366, 369.
308 Bayreuther, NZA 2009, 582, 583.
309 Bayreuther, NZA 2009, 582, 583.
310 Ruffert, in: Erichsen/Ehlers, Allg. VerwR, § 22 Rn 27–29 mwN.

den bleiben (Art. 291 Abs. 1 AEUV).[311] Das nationale Vollzugsrecht ist dabei anerkanntermaßen im Lichte des Unionsrecht auszulegen und darf den Vollzug des Unionsrechts in den Mitgliedstaaten nicht beeinträchtigen.[312] Eine solche Vollzugsbeeinträchtigung des Art. 4 Abs. 5 S. 1 VO 1370/2007 durch die nach deutschem Recht zu fordernde Verwaltungsaktbefugnis steht jedoch nicht zu befürchten. Denn eine solche Befugnis für den Erlass eines Verwaltungsaktes im Sinne des § 35 S. 1 VwVfG kann der Regelung, die gem. Art 288 Abs. 2 AEUV in den Mitgliedsstaaten unmittelbar gilt, durchaus entnommen werden. Der Wortlaut des Art. 4 Abs. 5 S. 1 VO 1370/2007, wonach „die zuständige Behörde den ausgewählten Betreiber eines öffentlichen Dienstes verpflichten [kann]“, lässt die Interpretation als Ermächtigung zu einem einseitig hoheitlichen Handeln des öffentlichen Auftraggebers ausdrücklich zu. Dass die zuständige Behörde als Auftraggeber auch in Gestalt einer einseitigen Verwaltungsregelung handeln darf, hebt zudem Art. 2 lit. i) VO 1370/2007 hervor. Offen ist hierbei aber, ob die zuständige Behörde tatsächlich den „Übergang“ der betroffenen Arbeitsverhältnisse auf den ausgewählten Betreiber anordnen darf – so wie Bayreuther[313] annimmt – oder ob sie auf der Grundlage des Art. 4 Abs. 5 S. 1 VO 1370/2007 den neuen Betreiber nur verwaltungsrechtlich verpflichten kann, den betroffenen Arbeitnehmern ein Angebot auf Übernahme zu unterbreiten. Der behördlichen Verpflichtungsermächtigung kann eine solche rechtsgestaltende Anordnungsbefugnis indes entnommen werden. Dies ist folgerichtig, weil die Norm den Auftraggeber nicht nur dazu berechtigt, vom neuen Betreiber zu verlangen, dass dieser die Arbeitnehmer des Altbetreibers übernimmt. Vielmehr „kann“ die Behörde den von der Auftragsnachfolge betroffenen Arbeitnehmern die Rechte gewähren, die ihnen nach der Richtlinie 2001/23/EG zustünden. Nach der Konzeption des Art. 3 Abs. 1 Richtlinie 2001/23/EG treten diese Rechte kraft Gesetzes ein. Dies ist im Rahmen des Art. 4 Abs. 5 S. 1 VO 1370/2007 nur möglich, wenn die zuständige Behörde aufgrund Art. 4 Abs. 5 S. 1 VO 1370/2007 den Betriebsübergang i. S. d. Richtlinie 2001/23/EG rechtsgestaltend fingieren kann. Da die Betriebsübergangsregelung sowohl in Tatbestand als auch Rechtsfolge hinreichend bestimmt formuliert ist, bedarf es schließlich auch keiner mitgliedsstaatlichen Ausführungsbestimmung. Das Gestaltungsrecht des Art. 4 Abs. 5 S. 1 VO 1370/2007 richtet sich vielmehr unmittelbar an die zuständige Behörde und nicht an die Gesetzgebungskörperschaften der Mitgliedstaaten. Das Ausgestaltungsermessen des Auftraggebers bleibt von der Verwaltungsaktbefugnis indes unbeeinträchtigt. Die Behörde kann sich im Rahmen ihres Auswahlermessens auch darauf beschränken, den ausgewählten Betreiber nur zu verpflichten, den

311 Ruffert, in: Calliess/Ruffert, EUV/AEUV, Art. 291 AEUV Rn. 5.
312 Kahl, in: Calliess/Ruffert, EUV/AEUV, Art. 4 EUV Rn. 62 mwN.
313 Bayreuther, NZA 2009, 582, 583.

betroffenen Arbeitnehmern ein Angebot auf Übernahme ihres Arbeitsvertrages zu unterbreiten. Diese Verpflichtung kann – dem Subsidiaritätsgebot folgend – sowohl hoheitlicher als auch vertraglicher Natur sein. Dies ergibt sich aus der Art. 2 lit. i) VO 1370/2007 bestimmenden Regelungssystematik, der es den Mitgliedstaaten überlässt, die öffentlichen Dienstleistungsaufträge einseitig oder konsensual auszugestalten.

Wie bei der vertraglichen Ausführungsbedingung ist es bei der verwaltungsrechtlichen Umsetzung der Betriebsübergangsregelung zur Durchführung der Angebotswertung notwendig, dass die Bieter einer angekündigten Maßnahme nach Art. 4 Abs. 5 S. 1 VO 1370/2007 bei der Gestaltung ihrer Angebote Rechnung tragen. Wegen der unmittelbar rechtsgestaltenden Wirkung eines Übergangsverwaltungsakts ist zwar keine Selbstverpflichtung der Bieter erforderlich. Zur Ermittlung des wirtschaftlichsten Angebotes ist es aber notwendig, dass alle Bieter ihrem Angebot die maßgeblichen Personalkosten des Altbetreibers zugrunde gelegt haben. Die zuständige Behörde sollte aus diesem Grunde bereits in den Ausschreibungsunterlagen den Bietern eine Erklärung abverlangen, dass sie im Rahmen ihrer Angebotskalkulation die Rechtsfolgen einer Betriebsübergangsanordnung nach Art. 4 Abs. 5 S. 1 VO 1370/2007 berücksichtigt haben. Sofern Bieter die verlangte Erklärung nicht abgegeben haben, sind deren Angebote – wie bei der mangelnden Bereitschaft zur Übernahme einer besonderen vertraglichen Ausführungsbedingung – von der weiteren Wertung auszuschließen (vgl. § 19 Abs. 3 EG VOL/A).

III. Bewertung und Anwendung auf die einzelnen Fallgestaltungen

Ob der Auftraggeber nun einen auf Art. 4 Abs. 5 S. 1 VO 1370/2007 gestützten Verwaltungsakt erlassen oder sich einer vertraglichen Ausführungsbedingung bedienen sollte, kann nicht pauschal beantwortet werden. Wenngleich beide Wege rechtlich gangbar sind, stellen die verschiedensten Fallgestaltungen und Rahmenbedingungen, bei denen die Betriebsübergangsregelung zum Zuge kommen kann, ganz individuelle Anforderungen. Es erscheint insoweit sachgerecht, nach einseitigen und zweiseitigen öffentlichen Dienstleistungsaufträgen zu unterscheiden.

1. Einseitige öffentliche Dienstleistungsaufträge

Einseitige öffentliche Dienstleistungsaufträge sind im Anwendungsbereich der neuen Verordnung in mehreren Konstellationen denkbar. Die relevanteste dürfte die nach bisherigem Personenbeförderungsrecht erteilte Liniengenehmigung sein, die dem ausgewählten Betreiber sowohl ein ausschließliches Recht vermittelt als auch zur Auferlegung gemeinwirtschaftlicher Verpflichtungen führt. Sie ist i. S. d. Art. 2 lit. i) VO 1370/2007 ein einseitiger öffentlicher Dienstleistungsauftrag, sofern eine Übernahme weiterer gemeinwirtschaftlicher Pflichten durch den Betreiber aufgrund eines Verkehrsvertrages mit dem Aufgabenträger unterbleibt. Auch die Betrauung eines internen Betreibers durch Verwaltungsakt oder die Übernahme der Verkehrsdienstleistung zum Zwecke der Eigenerbringung stellen einseitige öffentliche Dienstleistungsaufträge dar. In diesen Fällen dürfte die zuständige Behörde zur Durchführung der neuen Verordnung nicht zum Rechtsinstitut des zweiseitigen Verkehrsvertrages greifen. Das ist aus dem Blickwinkel der neuen Verordnung auch unproblematisch, weil sich der Auftraggeber dabei in dem von Art. 2 lit. i) VO 1370/2007 vorgegebenen Ordnungsrahmen bewegt. Bei solchen einseitigen öffentlichen Dienstleistungsaufträgen erscheint es sachgerecht, die Betriebsübergangsregelung verfahrensmäßig mit der Vergabeentscheidung der Behörde zu verknüpfen. Verwaltungsrechtlich wäre dies über eine rechtsgestaltende Nebenbestimmung zu dem begünstigenden Betrauungsakt gem. § 36 Abs. 2 Nr. 4 VwVfG möglich. Dafür müsste freilich das PBefG dahingehend geändert werden, dass die Liniengenehmigung, auf die nach Erfüllung der Tatbestandsvoraussetzung nach § 13 Abs. 1 PBefG ein Anspruch[314] besteht, mit einer entsprechenden Nebenbestimmung verbunden werden darf, § 36 Abs. 1 VwVfG. Andernfalls erlässt die Behörde einen separaten Verwaltungsakt, der zuvor in den Ausschreibungsunterlagen angekündigt worden ist. Bei der Übernahme der Dienstleistung durch die zuständige Behörde (Eigenerbringung) nach Art. 5 Abs. 2 S. 1 Fall 1 VO 1370/2007 erlässt diese entweder einen auf Art. 4 Abs. 5 S. 1 VO 1370/2007 gestützten Verwaltungsakt oder unterbreitet den betroffenen Arbeitnehmern des Altbetreibers ein entsprechendes Übernahmeangebot.

314 Der Rechtsanspruch ergibt sich aus einer verfassungskonformen Auslegung der Genehmigungsbestimmungen. Vgl. Bauer, PBefG-Kommentar, § 13 Rn. 4. Die Genehmigungsnorm des § 13 PBefG stellt ein sog. präventives Verbot mit Erlaubnisvorbehalt dar. Der Gesetzgeber macht damit die grundsätzlich erwünschte und von der Berufsfreiheit garantierte Berufswahl und –ausübung im Personenverkehr von der vorherigen behördlichen Prüfung und Genehmigung abhängig, um Gefahren für den Personenverkehr zu verhüten. Bei Erfüllung der gesetzlichen Genehmigungsvoraussetzungen besteht sodann ein Anspruch auf Erteilung der Genehmigung; vgl. zur parallelen Diskussion im Rahmen des § 6 AEG, Suckale, in: Hermes/Sellner, AEG-Kommentar, § 6 Rn. 4 AEG.

2. Zweiseitige öffentliche Dienstleistungsaufträge

Die (vertragliche) Übereinkunft zwischen Auftraggeber und Arbeitnehmer stellt nach dem Leitbild des Art. 2 lit. i) 1. Hs VO 1370/2007 und der bisherigen deutschen Vergabepraxis das Grundmodell des öffentlichen Dienstleistungsauftrages im Personenverkehr dar. Die Anerkennung des öffentlichen Dienstleistungsauftrages als einseitige Verwaltungsregelung in Art. 2 lit. i) 2. Hs VO 1370/2007 kann gewissermaßen als Ausnahme von einem vertragsrechtlich strukturierten Vergaberecht begriffen werden. Sofern nicht die Besonderheiten des konkreten Einzelfalles eine einseitige behördliche Entscheidung zwingend gebieten, s. o. 1., wird der öffentliche Auftraggeber – wie in der bisherigen deutschen Praxis wegen der Vereinbarung umfangreicher ausgleichpflichtiger gemeinwirtschaftlicher Verpflichtungen des Betreibers weithin üblich – öffentliche Dienstleistungsaufträge in Form von öffentlich-rechtlichen Verkehrsverträgen eingehen. Dies betrifft zunächst die Fälle, in denen die Behörde ein wettbewerbliches Vergabeverfahren nach Art. 5 Abs. 3 VO 1370/2007 durchführt; aber auch Direktvergaben nach Art. 5 Abs. 4 bis 6 VO 1370/2007 dürften nach der bisherigen Praxis weiterhin in den Abschluss eines Verkehrsvertrages einmünden. Besondere Anforderungen an die Ausführung des Auftrages, wie sie Art. 26 Richtlinie 2004/18/EG als lex generalis und Art. 4 Abs. 5 S. 1 VO 1370/2007 als lex specialis für Personenverkehrsdienste vorsehen, können vertragsrechtlich – alternativ zur Möglichkeit der verwaltungsrechtlichen Anordnung – als Ausführungsbedingungen Eingang in den ausgeschriebenen öffentlichen Dienstleistungsauftrag finden. Die Umsetzung einer solchen Ausführungsbedingung erfordert, dass sich die Bieter gegenüber der zuständigen Behörde vertraglich verpflichten, die betroffenen Arbeitnehmer zu übernehmen. Eine solche Vertragsbestimmung könnte sodann folgenden Inhalt haben:

> *„Der Auftragnehmer verpflichtet sich für den Fall der Zuschlagserteilung, den zur Erbringung der ausgeschriebenen Dienstleistung beschäftigten Arbeitnehmern des bisherigen Betreibers [Name des Altbetreibers] ein Angebot auf Übernahme ihres Arbeitsverhältnisses mit den Rechtsfolgen des § 613a BGB zum Zeitpunkt der tatsächlichen Übernahme des Dienstes zu unterbreiten."*

Mit der Ausführungsbedingung bindet sich der Auftragnehmer zunächst lediglich gegenüber dem Auftraggeber, weshalb sich die betroffenen Arbeitnehmer auf die Selbstverpflichtung des neuen Betreibers nicht ohne Weiteres unmittelbar berufen können. Dies kann man gegenüber der rechtsgestaltenden Verfügung des Betriebsübergangs durch Verwaltungsakt für die Arbeitnehmer durchaus als Nachteil begreifen, wenn z. B. zwischen den Beteiligten Streit über den Inhalt der

Selbstverpflichtung entbrennt.[315] Der Unterschied ist jedoch nicht geeignet, die Zweckmäßigkeit einer vertraglich vereinbarten Ausführungsbedingung bei zweiseitigen öffentlichen Dienstleistungsaufträgen grundsätzlich in Frage zu stellen. Das Risiko, dass ein Beteiligter die Ausführungsbedingung, gleich ob hoheitlich oder vertraglich, anficht, weil er sie für rechtswidrig hält, oder dass die Betriebsübergangsregelung aus anderen Gründen nicht umgesetzt wird, weicht in beiden Konstellationen nicht signifikant voneinander ab. Ein Unterschied besteht freilich darin, dass die rechtsgestaltende Übergangsverfügung Tatsachen schafft, auf die sich die betroffenen Arbeitnehmer vor den Arbeitsgerichten unmittelbar berufen können. Bei der vertraglichen Ausführungsbedingung bedarf es hingegen noch einer rechtsgeschäftlichen Abwicklung des Übergangs der Arbeitnehmer. Unter dem Gesichtspunkt der Effektivität resultiert aus der rechtsgeschäftlichen Umsetzung der Betriebsübergangsregelung jedoch kein Nachteil. Denn der Auftraggeber wäre einem vertragswidrigen Verhalten des verpflichteten Betreibers nicht hilflos ausgeliefert. So kann die Ausführung der Auftragsbedingung vom Auftraggeber gerichtlich erzwungen werden. Oft dürfte bereits helfen, dem Auftragnehmer die Kündigung des öffentlichen Dienstleistungsvertrages in Aussicht zu stellen: Die ausdrückliche Vereinbarung einer entsprechenden Kündigungsmöglichkeit empfiehlt sich. Des Weiteren kann in dem öffentlichen Dienstleistungsauftrag zusätzlich eine Vertragsstrafe für den Fall vereinbart werden, dass der Auftragnehmer seine Pflichten aus der Betriebsübergangsregelung nicht ordnungsgemäß erfüllt.

Im Zusammenhang mit der vertragsrechtlichen Umsetzung der Betriebsübergangsregelung erwägt Bayreuther,[316] die von den Bietern nach Art. 4 Abs. 5 S. 1 VO 1370/2007 abgegebene Übernahmeerklärung als ein auf den Zuschlag bedingtes Angebot an einen (noch) unbestimmten Personenkreis oder alternativ als Vertrag zugunsten Dritter gem. § 328 BGB auszulegen, um den betroffenen Arbeitnehmern einen unmittelbaren Anspruch gegen den neuen Betreiber zu verschaffen. Beides ist grundsätzlich denkbar und auch in einem öffentlich-rechtlichen Vertrag gem. § 62 S. 2 VwVfG regelbar.[317] Einer solchen Gestaltung steht zudem nicht entgegen, dass die begünstigten Arbeitnehmer bei Abgabe der Erklärung unter Umständen noch nicht individualisiert sind; insbesondere genügt auch bei der Drittbegünstigungsabrede i. S. d. § 328 BGB die nach sachlichen Kriterien mögliche Bestimmbarkeit der Betroffenen.[318] Soll eine Bindungswir-

315 Bedenken hegt auch Bayreuther, NZA 2009, 582, 583.

316 NZA 2009, 582, 583.

317 Vgl. Gottwald, in: MüKo-BGB, § 328 Rn. 5. Die Schriftformanforderungen des § 57 VwVfG sind in der Praxis kein Problem.

318 Näher BGH, Urt. vom 03.05.1995 – VII ZR 29/94 – NJW 1995, 2028, 2030 mwN. Diesen Grundsatz anerkennt der BGH sogar für den noch nicht gezeugten Nachkommen.

kung für die möglicherweise betroffenen Arbeitnehmer geschaffen werden, so muss der öffentliche Auftraggeber jedoch bedenken, dass es hierfür notwendig ist, die Betriebsübergangsregelung so abzufassen, dass sich ein dahingehender Regelungswille aus der Vereinbarung auch eindeutig ergibt.[319] Denn in der Regel wird man die Erklärung anderenfalls dahin verstehen müssen, dass die Bieter bzw. der ausgewählte Betreiber im Falle einer Direktvergabe eine Bindung nur gegenüber dem Auftraggeber eingehen wollen. Kann der Klausel hingegen eine Bindungswirkung gegenüber den betroffenen Arbeitnehmern des Altbetreibers entnommen werden, so ist in einem etwaigen Streitfall die Tatsache, dass ein bestimmter Arbeitnehmer zum „übergehenden" Personenkreis gehört und ein Arbeitsverhältnis mit dem neuen Betreiber zustande gekommen ist, vor den Arbeitsgerichten überprüfbar.

C. Widerspruchsrecht der Arbeitnehmer

Vollzieht sich ein Betriebsübergang nach § 613a Abs. 1 S. 1 BGB, können die betroffenen Arbeitnehmern dem Übergang ihres Arbeitsverhältnis auf den Erwerber nach § 613a Abs. 6 BGB widersprechen. Das BAG,[320] das ein Widerspruchsrecht auch schon vor dessen Kodifikation anerkannte, sah es als unvereinbar mit dem Grundrecht der Berufsfreiheit gem. Art. 12 GG an, wenn ein Arbeitnehmer verpflichtet wäre, für einen anderen Arbeitgeber zu arbeiten, den er sich selbst nicht gewählt habe. Mit Blick auf die Sekundärrechtsnorm des Art. 4 Abs. 5 S. 1 VO 1370/2007 muss entsprechend gelten, dass die Rechtsfolgen einer behördlichen Betriebsübergangsmaßnahme am Grundrecht auf freie Berufsausübung gem. Art. 15 Abs. 1 GR-Charta zu messen sind. Ein rechtlicher Zwang zur Fortsetzung des Arbeitsverhältnisses mit dem neuen Betreiber kann indes auch unter dem Regime des europäischen Grundrechts auf Berufsfreiheit nicht bestehen. Folgerichtig hat der EuGH[321] in seiner jüngeren Rechtsprechung zum europäischen Betriebsübergangsrecht geurteilt, dass Art. 3 Abs. 1 der Betriebsübergangsrichtlinie dahingehend auszulegen sei, dass die Arbeitnehmer nicht verpflichtet werden können, ihr Arbeitsverhältnis mit dem Betriebserwerber fortzusetzen. Der EuGH[322] hat jedoch zugleich geäußert, dass Art. 3 Abs. 1

319 So auch hinsichtlich der Drittwirkung von Tariftreueerklärungen Kämmerer/Thüsing, ZIP 2002, 596, 605.

320 BAG, Urt. vom 02.10.1974 – 5 AZR 504/73 – AP § 613a BGB Nr. 1; Urt. vom 30.10.2003 – 8 AZR 491/02 – AP § 613a BGB Nr. 262.

321 EuGH, Urt. vom 16.12.1992 – 1 Rs. C 132/91 u. a. Rn. 33 – AP § 613a BGB Nr. 97; Urt. vom 07.03.1996 – Rs. C 171/94 Rn. 39 – AP EWG-Richtlinie 77/187 Nr. 9.

322 EuGH, Urt. vom 16.12.1992 – 1 Rs. C 132/91 u. a. Rn. 35 f. – AP § 613a BGB Nr. 97.

der Betriebsübergangsrichtlinie nicht erfordert, dass mit dem Widerspruch des Arbeitnehmers zwingend die Fortsetzung des Arbeitsverhältnisses mit dem Betriebsveräußerer verbunden sei. Die Mitgliedstaaten könnten daher auch vorsehen, dass das betreffende Arbeitsverhältnis im Falle des Widerspruchs als vom Arbeitnehmer oder Arbeitgeber beendet gilt.[323] Der „Widerspruch" kann also mitgliedstaatlich auch als Recht des Arbeitnehmers zur Beendigung des Arbeitsverhältnisses ausgestaltet werden. Vor diesem Hintergrund ist es bspw. bei einer geplanten Privatisierung kommunaler Verkehrsunternehmen vorstellbar, dass der kommunale Altbetreiber ein Interesse daran hat, ein Widerspruchsrecht der von Art. 4 Abs. 5 S. 1 VO 1370/2007 betroffenen Arbeitnehmer auszuschließen, weil er für diese wegen des Wegfalls des Dienstes keine anderweitige Verwendung mehr hat. Einen Ausschluss des Widerspruchsrechts könnte man dabei durchaus als – zulässige – teilweise Beschränkung der Rechtsfolgen eines Betriebsübergangs nach Art. 4 Abs. 5 S. 1 VO1370/2007 betrachten. Die Anwendung der Betriebsübergangsregelung unter Ausschluss eines Widerspruchsrechtes begegnet jedoch Bedenken: Zum einen ist sie überhaupt nur dann rechtlich umsetzbar, wenn sich der öffentliche Auftraggeber dazu entschließt, die Betriebsübergangsregelung unmittelbar rechtsgestaltend anzuordnen. Denn bei der vertragsrechtlichen Lösung käme der Ausschluss des Widerspruchsrechts einem behördlich angeordneten Kontrahierungszwang zwischen den betroffenen Arbeitnehmern und dem neuen Betreiber gleich, der nicht gerechtfertigt ist. Zum anderen führt die Subsidiarität des Art. 4 Abs. 5 S. 1 VO 1370/2007 gegenüber der Betriebsübergangsrichtlinie dazu, dass die Arbeitnehmer entgegen der behördlichen Ausgestaltung kraft Gesetzes das Widerspruchsrecht nach § 613a Abs. 6 BGB wahrnehmen könnten, wenn dessen Tatbestandsvoraussetzungen erfüllt wären. Die Auswirkungen einer Betriebsübergangsmaßnahme bei Dienstleistungsaufträgen im öffentlichen Personenverkehr wären damit nicht mehr berechenbar. Von einer solchen Beschränkung des Widerspruchsrechts der betroffenen Arbeitnehmer sollte der öffentliche Auftraggeber daher Abstand nehmen.

D. Unterrichtung über die Folgen des Betriebsübergangs

Nach § 613a Abs. 5 BGB hat der bisherige Arbeitgeber oder der neue Inhaber die vom Betriebsübergang betroffenen Arbeitnehmer vor dem Übergang unter anderem über Zeitpunkt, Grund sowie die rechtlichen, wirtschaftlichen und

323 Dieser Fall kann über die Billigung eines außerordentliches Kündigungsrecht gem. § 626 Abs. 1 BGB gelöst werden.

sozialen Folgen des Übergangs zu unterrichten. In der Praxis verursacht diese Vorschrift erhebliche Probleme.[324] Die in § 613a Abs. 5 BGB verwendeten unbestimmten Rechtsbegriffe bergen für die beteiligten Arbeitgeber ein „schwer beherrschbares Risikopotential".[325] Auf die unter dem Regime des Art. 4 Abs. 5 S. 1 VO 1370/2007 zusätzlich entstehenden Anwendungsschwierigkeiten hat bereits Bayreuther[326] hingewiesen und die Frage nach dem Unterrichtungsverpflichteten problematisiert, wenn bei der vertragsrechtlichen Umsetzung der Betriebsübergangsregelung der neue Betreiber den betroffenen Arbeitnehmern ein Angebot auf Übernahme ihres Arbeitsvertrages unterbreitet. Der Auftraggeber wird diese Konstellationen und darüber hinaus die allgemeinen Anwendungsschwierigkeiten des § 613a Abs. 5 BGB für die Anwendung der Betriebsübergangsregelung dadurch bewältigen können, dass der öffentliche Dienstleistungsauftrag zusätzlich Festlegungen über die Unterrichtungspflichten, insbesondere den Zeitpunkt und den/die Unterrichtungsverpflichteten enthält. In diesem Zusammenhang ist auch den Rechtsfolgen einer unterbliebenen oder nicht ordnungsgemäßen Unterrichtung Beachtung zu schenken. Regelungsfähig ist insoweit auch, welche Rechtsfolgen eine fehlerhafte Unterrichtung auslöst. Soweit die zuständige Behörde damit die Reichweite des § 613a Abs. 5 BGB zur Durchführung des Art. 4 Abs. 5 S. 1 VO 1370/2007 einschränkt, verstößt sie nicht gegen den von der Betriebsübergangsrichtlinie normierten Mindeststandard in Bezug auf die Unterrichtung der individuell betroffenen Arbeitnehmer. Denn Art. 7 Abs. 6 Richtlinie 2001/23/EG fordert einerseits die individuelle Unterrichtung nur dann, wenn gegen den Willen der Arbeitnehmer in dem Unternehmen oder Betrieb keine Arbeitnehmervertretung besteht, zum anderen schreibt Art. 7 Abs. 6 Richtlinie 2001/23/EG eine gesamtschuldnerische Verpflichtung des alten und neuen Arbeitgebers im Unterschied zu § 613a Abs. 5 BGB gerade nicht vor.[327] Die systematische Gesamtschau des Art. 7 Richtlinie 2001/23/EG ergibt vielmehr, dass der alte Arbeitgeber die bei ihm beschäftigten und vom Übergang betroffenen Arbeitnehmer zu unterrichten hat. Diese Regel lässt sich aus Art. 7 Abs. 1 und 2 Richtlinie 2001/23/EG ableiten, wonach die beteiligten Arbeitgeber die *jeweils* bei ihnen bestehenden Arbeitnehmervertretungen zu unterrichten haben.[328] Da Art. 7 Abs. 6 Richtlinie 2001/23/EG eine Auffangfunktion zukommt, liegt es nahe, die ausdrücklich geregelte Unterrichtungsverpflichtung grundsätzlich auch auf die individuell betroffenen Arbeitnehmer zu übertragen. Dessen ungeachtet muss wie beim Widerspruchsrecht dem Umstand Beachtung geschenkt werden,

324 Willemsen, NJW 2007, 2065, 2067.
325 Willemsen, in: Hdb. Übertragung von Unternehmen, G 157 ff.; vgl. auch Grau, S. 69.
326 Bayreuther, NZA 2009, 582, 583.
327 Grau, S. 35.
328 Grau, S. 35 f.

dass die Umstände des Betreiberwechsels dazu führen können, dass die Betriebsübergangsmaßnahme nach Art. 4 Abs. 5 S. 1 VO 1370/2007 von der Rechtsfolge des § 613a Abs. 5 BGB verdrängt wird. Auf den korrekten Inhalt des Unterrichtungsschreibens ist daher größtmögliche Sorgfalt zu verwenden.

E. Die Ermittlung der von Art. 4 Abs. 5 VO 1370/2007 erfassten Arbeitnehmer

In der Vergabepraxis wird sich oftmals das schwierige Problem der Ermittlung der von der Betriebsübergangsregelung des Art. 4 Abs. 5 S. 1 VO 1370/2007 betroffenen Arbeitnehmer stellen. Problematisch wird dies vor allem bei Auftragsverlusten überregional agierender Betreiber sein und bei Vergaben, die bislang in Gesamtheit erbrachte Beförderungsleistungen in mehrere kleinere Teilaufträge dividierten. Im Gegensatz zur Neuvergabe kompletter bzw. geschlossener Verkehrsnetze (z. B. S-Bahn-Netze) oder Verkehre, bei denen der betroffene Altunternehmer seinen Beförderungsauftrag vollständig verliert, wird bei Teilvergaben und überregional tätigen Betreibern eine zum Teil schwierige Zuordnung der von Art. 4 Abs. 5 S. 1 VO 1370/2007 betroffenen Arbeitnehmer erfolgen müssen. Die hierfür geltenden Maßstäbe sollen nachfolgend dargestellt werden.

I. Arbeitnehmer i. S. d. Art. 4 Abs. 5 S. 1 VO 1370/2007

Von der Betriebsübergangsregelung werden nur Beschäftigte des Altbetreibers erfasst, die Arbeitnehmer i. S. d. Art. 4 Abs. 5 S. 1 VO 1370/2007 sind. Die Zuordnungsentscheidung erfordert daher Klarheit über den der Verordnung zugrunde liegenden Arbeitnehmerbegriff. Für die Auslegung des sekundärrechtlichen Arbeitnehmerbegriffs ist das Unionsrecht maßgeblich. Zwar fehlt es dabei nicht an Regelungen, die an den Begriff des Arbeitnehmers anknüpfen, wie z. B. die Arbeitnehmerfreizügigkeit nach Art. 45 AEUV, die Unionskompetenzen auf dem Gebiet der Sozial- und Beschäftigungspolitik nach Art. 151, 153 AEUV und die Unionscharta der sozialen Grundrechte der Arbeitnehmer. Gleichwohl kennt das europäische Arbeitsrecht einen einheitlichen Arbeitnehmerbegriff bislang nicht.[329] Eine Harmonisierung des Arbeitnehmerbegriffs hat der europäische Gesetzgeber sogar ausdrücklich vermieden. Aus Subsidiaritätsgründen enthält das europäische Sekundärrecht regemäßig eine weitgehende Bezugnah-

329 Riesenhuber, § 1 Rn. 2; Thüsing, § 1 Rn. 20.

me auf den mitgliedstaatlichen Arbeitnehmerbegriff.[330] Vor diesem Hintergrund fällt auf, dass eine solche Verweisung auf das mitgliedstaatliche Arbeitsrecht in der VO 1370/2007 fehlt. Bei genauerer Betrachtung ist sie jedoch auch entbehrlich. Denn Art. 4 Abs. 5 S. 1 VO 1370/2007 will für die Arbeitnehmer im Personenbeförderungssektor bei Auftragsnachfolgen einen der Richtlinie 2001/23/EG entsprechenden Schutz gewährleisten und verweist zu diesem Zweck auf die Vorschriften der Betriebsübergangsrichtlinie. Es begegnet daher keinen Bedenken, die in Art. 2 Nr. 1 lit. d) Richtlinie 2001/23/EG enthaltene Verweisung auf den mitgliedstaatlichen Arbeitnehmerbegriff auch auf die Betriebsübergangsregelung des Art. 4 Abs. 5 S. 1 VO 1370/2007 zu erstrecken. Der europäische Gesetzgeber hätte der VO 1370/2007 einen eigenständigen Arbeitnehmerbegriff zugrunde gelegt, wenn er von der bislang geübten Praxis der Verweisung auf den mitgliedstaatlichen Arbeitnehmerbegriff hätte abweichen wollen.

Aufgrund der Maßgeblichkeit des mitgliedstaatlichen Rechts kann somit der bislang zu § 613a BGB herrschende Arbeitnehmerbegriff[331] auf den Art. 4 Abs. 5 S. 1 VO 1370/2007 übertragen werden. Auf den neuen Betreiber können daher übergehen: Arbeiter, Angestellte und Auszubildende,[332] Vollzeit- und Teilzeitbeschäftigte,[333] leitende Angestellte, freigestellte Arbeitnehmer (z. B. Wehr- und Zivildienst, Elternzeit und Altersteilzeit in Freistellungsphase[334]), befristete[335] und auch gekündigte Arbeitnehmer, soweit ihr Arbeitsverhältnis zur Zeit des Betreiberwechsels noch rechtlichen Bestand hat. Ausnahmsweise kommt es auf die rechtliche Wirksamkeit des Arbeitsverhältnisses nicht an, wenn zum Zeitpunkt des Betreiberwechsels die Voraussetzungen des fehlerhaften Arbeitsvertrages vorliegen.[336] Nicht erfasst sind hingegen freie Mitarbeiter und Beamte.[337] Im öffentlichen Personenverkehr besitzt die Beschäftigtengruppe der Beamten der ehemaligen Deutschen Bundes- und Reichsbahn, die gem. § 12 DBGrG der Deutschen Bahn AG und ihren Tochtergesellschaften nach der Bahn-Privatisierung zur Dienstleistung zugewiesen sind, besondere Relevanz. Denn im Konzernverbund der Deutschen Bahn werden Beamte bei der Abwicklung von Per-

330 Z. B. Art. 2 Abs. 2 Entsende-Richtlinie 96/71/EG; Art. 2 Nr. 1 lit. d) Betriebsübergangs-Richtlinie 2001/23/EG.

331 Siehe zum Ganzen Bayreuther, in: Fachanwaltskommentar Arbeitsrecht, § 613a BGB Rn. 39;

332 § 3 Abs. 2 BBiG hinsichtlich der zur beruflichen Ausbildung Beschäftigten und hierzu BAG, Urt. vom 13.07.2006 – 8 AZR 382/05 – EzA § 613a BGB 2002 Nr. 57, Rn. 16 f.

333 Teilzeitbeschäftigte sind bereits wegen Art. 2 Nr. 2 lit. a) Richtlinie 2001/23/EG einzubeziehen.

334 BAG, Urt. vom 31.01.2008 – 8 AZR 27/07 – EzA § 613a BGB 2002 Nr. 89, Rn. 37 ff.

335 Vgl. Art. 2 Nr. 2 lit. a) Richtlinie 2001/23/EG.

336 Bayreuther, in: Fachanwaltskommentar Arbeitsrecht, § 613a BGB Rn. 39; Preis, in: ErfKomm, § 613a, Rn. 68.

337 BAG, Urt. vom 13.02.2003 – 8 AZR 59/02 – NZA 2003, 854, 855; Dreher, in: Kommentar zum Betriebsübergang, § 613a Rn. 15; Preis, in: ErfKomm, § 613a, Rn. 67.

sonenverkehrsdiensten weiterhin in nicht unerheblichem Umfang verwendet.[338] Gleichwohl werden Beamte von der Betriebsübergangsregelung des Art. 4 Abs. 5 S. 1 VO 1370/2007 nicht erfasst. Ihre Rechtsverhältnisse sind insbesondere auch vom Normzweck der Regelung ausgeschlossen, denn ihre Dienstverhältnisse sind vom Verlust eines Beförderungsauftrages im Personenverkehr nicht bedroht. Der Beschäftigungs- und Alimentationsanspruch gegen den Dienstherrn[339] besteht nämlich auch dann, wenn der öffentliche Dienstleistungsauftrag verloren gegangen ist, für den der Beamte bisher verwendet worden ist.

II. Zuordnung der Arbeitnehmer

Die Zuordnung der von einem Betriebsübergang gem. § 613a BGB betroffenen Arbeitnehmer kann problematisch sein, wenn der Erwerber nicht den kompletten Betrieb übernimmt, sondern lediglich einen Betriebsteil. In diesen Fällen stößt man auf Arbeitnehmer, bei denen eine zweifelsfreie Zuordnung nicht möglich ist. Die Problematik beschäftigt Rechtsprechung[340] und Schrifttum[341] bereits geraume Zeit. Die Diskussion um die Zuordnung der Arbeitnehmer im Betriebsübergangsrecht wird mit Art. 4 Abs. 5 S. 1 VO 1370/2007 um eine Facette reicher. Auch hier schweigt die Norm, wie zu verfahren ist, wenn der Altbetreiber lediglich einen Teilauftrag verloren hat bzw. die Arbeitnehmer – wie es in der Praxis vorkommen kann – linien- bzw. streckenübergreifend eingesetzt werden.

1. Vorgaben des Art. 4 Abs. 5 S. 1 VO 1370/2007

Nach dem Wortlaut der Vorschrift fallen in den Anwendungsbereich der Betriebsübergangsregelung diejenigen Arbeitnehmer, die „zuvor zur Erbringung der Dienste eingestellt wurden“. Der Normtext ist missverständlich. Denn da-

338 Siehe die Antwort der Bundesregierung auf die Kleine Anfrage der Fraktion der FDP (Drucksache 16/7541) vom 28.12.2007, BT-Drs. 16/5673: „Ausgehend von der geltenden gesetzlichen Altersgrenze von 65 Jahren werden bei der DB AG im Jahr 2015 voraussichtlich noch 42.362, 2025 voraussichtlich noch 15.476 und 2035 voraussichtlich noch 1.627 Bundesbeamtinnen und Bundesbeamte tätig sein. Ab 2041 werden unter diesen Voraussetzungen keine Beamtinnen und Beamte mehr bei der DB AG tätig sein.“

339 Dienstherr ist das Bundeseisenbahnvermögen, § 7 Abs. 1 BEZNG.

340 EuGH, Urt. 07.02.1985 – Rs. C 186/83 „Botzen“ – Slg. 1985, 519 = BeckEuRS 1985, 119168; BAG, Urt. vom 24.08.2006 – 8 AZR 556/05 – AP BGB § 613a Nr. 315 = BeckRS 2006, 44919.

341 Siehe hierzu die instruktiven Darstellungen bei Dreher, in: Kommentar zum Betriebsübergang, § 613a BGB Rn. 126 ff.; Preis, in: ErfKomm, § 613a BGB, Rn. 71 ff.; Willemsen, in: Hdb. Übertragung von Unternehmen, G 157 ff.

runter können rein formal betrachtet stets nur diejenigen Arbeitnehmer subsumiert werden, die der Altbetreiber ursprünglich eingestellt hatte, um sie zur Erfüllung des nunmehr verlorenen Auftrages zu beschäftigen. So kann der Verordnungstext aber nicht verstanden werden. Entscheidend ist nämlich nicht, zu welcher konkreten Personalbedarfsdeckung ein Arbeitnehmer früher eingestellt worden ist, sondern ob er nunmehr zur Bedienung der betroffenen Linie tätig und damit materiell durch den Auftragsverlust in seinem Arbeitsplatz gefährdet ist. Zur Vermeidung widersprüchlicher Ergebnisse ist die Vorschrift daher so zu lesen, dass in den Anwendungsbereich diejenigen Arbeitnehmer einbezogen sind, die beim Altbetreiber *zuvor zur Erbringung der Dienste tätig waren*. Dieser Tätigkeitsbezug ist eng zu verstehen: Zur Erbringung der Dienste sind nur Arbeitnehmer tätig, die unmittelbar zur Bedienung der betroffenen Linie eingesetzt und dafür in die entsprechenden Organisationsstrukturen eingebunden sind.[342] Arbeitnehmer mit Querschnittsaufgaben wie Wartung und Reparatur von Fahrzeugen, in Personal- und Stabsfunktionen, deren Zuständigkeit sich über die betroffene Linie hinaus erstreckt, sind daher in Übereinstimmung mit der bisherigen Auffassung[343] im Betriebsübergangsrecht auch im Rahmen des Art. 4 Abs. 5 S. 1 VO 1370/2007 nicht übergangsfähig, weil sie der Verlust des öffentlichen Dienstleistungsauftrages nicht unmittelbar betrifft. Während zur Ermittlung der betroffenen Arbeitnehmer weitgehend auf die bisher zu § 613a BGB entwickelten Grundsätze zurückgegriffen werden kann, soll nachfolgend auf die Problematik linienübergreifenden Arbeitnehmereinsatzes eingegangen werden.

2. Problemfall: Zuordnung von „Springern“ (flexibler Personaleinsatz)

In der Vergabepraxis kann zwischen den Beteiligten über die Zuordnung von Arbeitnehmern Streit entbrennen, die beim Altbetreiber wechselnd auf verschiedenen Linien eingesetzt wurden und die deshalb nicht zweifelsfrei der Erfüllung des konkreten Dienstleistungsauftrages zugewiesen werden können. An dieser grundsätzlichen Problematik wird sich auch unter Geltung der VO 1370/2007 nichts ändern, weil Art. 4 Abs. 5 S. 1 VO 1370/2007 auch dann keine Auswirkungen auf die Reichweite des Direktionsrechtes des Betreibers hat, wenn sich die Vergabe eines Dienstleistungsauftrages unter Anwendung des Art. 4 Abs. 5 S. 1 VO 1370/2007 bereits abzeichnet. Etwas anderes wäre mit der Unternehmerfreiheit der Betreiber schwerlich zu vereinbaren.

342 Unklar bleibt Linke, S. 199: „Betroffen sind daher allein die Arbeitnehmer, die zuvor für den nun weggefallenen Dienst eingestellt waren.“

343 So die h. M.: Jüngst BAG, Urt. vom 07.04.2011 – 8 AZR 730/09 – NZA 2011, 1231; Urt. vom 24.08.2006 – 8 AZR 556/05 – AP BGB § 613a Nr. 315 = BeckRS 2006, 44919; statt vieler Preis, in: ErfKomm, § 613a BGB Rn. 72 mwN.

Ausgangspunkt der Zuordnung flexibel eingesetzter Arbeitnehmer sollte die Bestimmung des quantitativen Schwerpunktes ihres Einsatzes sein. Das BAG[344] verfolgt den Ansatz eines solchen objektiven Maßstabs in allen Fällen personell-organisatorischer Verknüpfungen zwischen verschiedenen Betriebsteilen. In der Praxis dürfte sich eine solche Bewertung anhand der Dienstpläne durchführen lassen. Die Schwerpunktanalyse kann jedoch nur dann aussagekräftig und nachvollziehbar erfolgen, wenn feststeht, welcher Zeitraum der Ermittlung zugrunde zu legen ist. Hierzu herrscht bislang keine Einigkeit.[345] Bei einem zu kurzen Zeitraum (etwa bis drei Monate) besteht die Gefahr, dass die Zuordnungsentscheidung von Zufälligkeiten – z. B. durch einen längeren Vertretungseinsatz – geprägt ist und der neu ausgewählte Betreiber befürchten muss, dass der Altbetreiber kurz vor einem Wechsel ihm missliebige Arbeitnehmer diesem Dienst zuweist, damit sie auf den neuen Betreiber übergehen können. Bei einem langen Zeitraum (z. B. mehr als 12 Monate) wird die Zuordnung zunehmend unpraktikabel: Je länger der Zeitraum, desto mehr Arbeitnehmer kommen für eine Zuordnung aufgrund Art. 4 Abs. 5 S. 1 VO 1370/2007 in Betracht, obwohl sie zum Zeitpunkt des Betreiberwechsels unter Umständen bereits längere Zeit nicht mehr personell-organisatorisch in den betroffenen Dienst eingegliedert waren. Ein Zeitraum von sechs bis acht Monaten sollte daher in aller Regel in der Praxis zu sachlich gerechtfertigten Ergebnissen führen. In den verbleibenden Zweifelsfällen sollten die Beteiligten eine einvernehmliche Zuordnung des betreffenden Arbeitnehmers anstreben. Nach der Rechtsprechung des BAG[346] zu § 613a BGB ist eine solche Zuordnungsvereinbarung nicht nur erlaubt, sondern sogar maßgeblich, wenn eine objektive Zuordnung scheitert. Auch im Rahmen des Art. 4 Abs. 5 S. 1 VO 1370/2007 steht eine solche einvernehmliche Zuordnungsentscheidung im Einklang mit der ratio des Betriebsübergangsrechts. Die Betriebsübergangsrichtlinie erfordert nicht, Arbeitnehmer im Widerspruch zum Willen der Beteiligten (Arbeitnehmer sowie Alt- und Neubetreiber) zuzuordnen. Entscheidend ist vielmehr, dass der Schutzzweck, nämlich die Besitzstandswahrung der betroffenen Arbeitnehmer, erhalten bleibt.[347] Sofern eine Zuordnungsentscheidung nach quantitativen Maßstäben im Einzelfall gleichwohl nicht möglich ist und auch eine Zuordnungsvereinbarung nicht vorliegt, ist der Arbeitnehmer nicht dem vom Betreiberwechsel betroffenen

344 BAG, Urt. vom 20.07.1982 – 3 AZR 261/80 – AP BGB § 613a Nr. 31; Urt. vom 25.06.1985 – 3 AZR 254/83 – AP BetrAVG § 7 Nr. 23; die Literatur folgt dem BAG weitgehend, vgl. Willemsen, in: Hdb. Übertragung von Unternehmen, G 158 mwN.

345 Siehe Willemsen, in: Hdb. Übertragung von Unternehmen, G 158 a. E.; Willemsen/Müller-Bonanni, in: HWK, § 613a BGB Rn. 227.

346 Sehr deutlich BAG, Urt. vom 18.03.1997 – 3 AZR 729/95 – EzA § 613a BGB Nr. 150.

347 BAG, Urt. vom 25.06.1985 – 3 AZR 254/03 – EzA § 613a BGB Nr. 48; Dreher, in: Kommentar zum Betriebsübergang, § 613a BGB Rn. 128.

Dienst zuzuordnen, sondern verbleibt bei seinem bisherigen Arbeitgeber.[348] Eine Zuordnung anhand anderer Maßstäbe, etwa vorrangig nach der sozialen Schutzbedürftigkeit[349] der Arbeitnehmer (Alter, Behinderung, Unterhaltsverpflichtungen etc.), lässt sich mit dem Normzweck des Art. 4 Abs. 5 S. 1 VO 1370/2007 hingegen nicht vereinbaren. Hinsichtlich der Arbeitnehmer des Altbetreibers findet eine Differenzierung allein danach statt, ob sie mit der Erbringung des betreffenden Dienstes betraut waren. Dies kann jedoch nur anhand objektiver Kriterien ermittelt werden.

Im Zusammenhang mit der Zuordnung der betroffenen Arbeitnehmer hält Art. 4 Abs. 5 VO 1370/2007 für die Fälle des „Teilbetriebsüberganges" eine weitere Besonderheit bereit. Nach dem Wortlaut des Art. 4 Abs. 5 S. 2 VO 1370/2007 sollen bereits in den Unterlagen des wettbewerblichen Vergabeverfahrens[350] und den öffentlichen Dienstleistungsaufträgen die betreffenden Arbeitnehmer aufgeführt und transparente Angaben zu ihren vertraglichen Rechten gemacht werden. Nimmt man die Vorschrift beim Wort, ist demnach die Zuordnungsentscheidung bereits in einer sehr frühen Phase der Auftragsvergabe zu treffen. In der Praxis wird dies jedoch vielfach schlechthin unmöglich sein. Gerade wettbewerbliche Vergabeverfahren werden bislang nicht zeitnah, sondern mit erheblichem zeitlichen Vorlauf ausgeschrieben. Je nach Anforderung an die für den Dienst benötigte Infrastruktur und die Betriebsmittel ist davon auszugehen, dass mehrere Jahre (im SPNV ca. fünf Jahre) vor dem Ablauf des Altauftrages ausgeschrieben wird. In vielen Fällen dürfte eine derart frühe Zuordnungsentscheidung bei flexiblem Personaleinsatz nicht zu treffen und auch nicht sachgerecht sein, da unklar ist, ob die bei der ursprünglichen Zuordnungsentscheidung gegebene Arbeitsorganisation später noch Bestand hat. Der Wortlaut des Art. 4 Abs. 5 S. 2 VO 1370/2007 kann aber hinsichtlich der Zuordnungsentscheidung seinem Zweck nach einschränkend dahingehend ausgelegt werden, dass er seine Funktion in der Vergabepraxis optimal erfüllen kann: Die Norm soll den Bietern eine solide Angebotskalkulation gewährleisten. Hierfür ist die Benennung der Arbeitnehmer zum Zeitpunkt der Ausschreibung aber noch gar nicht notwendig. Die Auftrag-

348 Teilweise wird vertreten, in diesen Fällen dem Arbeitnehmer ein Wahlrecht zuzubilligen, vgl. Müller/Thüsing, ZIP 1997, 1869, 1873, oder die Vorschriften über die Sozialauswahl nach § 1 Abs. 3 KSchG heranzuziehen, vgl. Pfeiffer, in: KR, § 613a BGB Rn. 105; auch ein einseitiges Zuweisungsrecht des alten Arbeitgebers wird erwogen, vgl. Annuß, NZA 1998, 70, 77. Hierfür bieten jedoch weder § 613a BGB noch die Richtlinie 2001/23/EG eine Stütze, BAG, Urt. vom 13.11.1997 – 8 AZR 375/96 – EzA § 613a BGB Nr. 156; Urt. vom 17.06.2003 – 2 AZR 134/02 – EzA § 613a BGB 2002 Nr. 15; vgl. auch Willemsen, in: Hdb. Übertragung von Unternehmen, G 159; Bachner, in: Arbeitsrecht bei Betriebsübergang, § 6 Rn. 80.

349 Diesen Gedanken bringt Tiesler ins Spiel, in: Verkehr und Technik 2001, 387, 389.

350 Darunter sind die Verdingungsunterlagen i. S. d. Leistungsbeschreibung zu verstehen. So auch Bayreuther, NZA 2009, 582.

geber können gleiche Kalkulationsbedingungen für alle Wettbewerber dadurch herstellen, dass sie im Falle der Anwendung des Art. 4 Abs. 5 S. 1 VO 1370/2007 in den Ausschreibungsunterlagen den entsprechenden Personalkostenblock des Altbetreibers ausweisen, mit dem dann alle Anbieter zu kalkulieren haben. Die beschriebene Vorgehensweise ist im Wege teleologischer Reduktion mit Art. 4 Abs. 5 S. 2 VO 1370/2007 zu vereinbaren. Um den Normzweck in der Praxis nicht zu gefährden, sollte die Vorschrift daher einschränkend so angewendet werden, dass die Zuordnung der Arbeitnehmer wie bei § 613a Abs. 1 BGB i. V. m. Art. 3 der Betriebsübergangsrichtlinie zum Zeitpunkt des Betreiberwechsels vorzunehmen ist. Besondere Anforderungen an die Zuordnung der Arbeitnehmer folgen demnach aus Art. 4 Abs. 5 S. 2 VO 1370/2007 nicht.

F. Fazit

Die vorstehenden Ausführungen zeigen, dass eine hinreichend rechtssichere Anwendung der Betriebsübergangsregelung in der Vergaberechtspraxis möglich ist. Gleichwohl verstehen sich Inhalt und Reichweite der behördlichen Gestaltungsbefugnis nicht von selbst; sie müssen vielmehr erst durch Auslegung ermittelt werden.

Fundamental erschient dabei zum einen, dass die Norm bei Vergaben im Personenverkehr mit gemeinwirtschaftlichen Verpflichtungen auch dann einschlägig ist, wenn nicht die Vergabeverfahrensvorschriften des Art. 5 VO 1370/2007, sondern die des allgemeinen Vergaberechts Anwendung finden. Bei näherer Betrachtung erweist sich diese Schlussfolgerung aus Systematik und Normzweck als zwingend, wenn die Anwendbarkeit der Regelung nicht vom Zufall bestimmt sein soll. Genau das wären zu befürchten, wollte man Art. 4 Abs. 5 S. 1 VO 1370/2007 bei straßengebundenen Verkehren nur auf Dienstleistungskonzessionen i. S. d. allgemeinen Vergaberichtlinien beschränken. Dort ist nämlich die Entscheidung, ob der Betreiber das wirtschaftliche Risiko trägt, umstritten und in der Praxis demnach ein schwer handhabbares Kriterium. Der herausgearbeitete Grundsatz der Geltungserstreckung auf alle Vergaben im Personenverkehr, die mit gemeinwirtschaftlichen Verpflichtungen verbunden sind, greift aus denselben Gründen auch Platz bei nichtwettbewerblichen Vergaben gem. Art. 5 Abs. 4 bis 6 VO 1370/2007. Insofern besteht kein Anlass, Direktvergaben nach der neuen Verordnung im Gegensatz zu wettbewerblichen Vergaben vom Anwendungsbereich der Betriebsübergangsregelung auszuschließen.

Wesentlich ist zudem die Erkenntnis, dass Art. 4 Abs. 5 S. 1 VO 1370/2007 der zuständigen Behörde ein weitgehendes Entscheidungsermessen über die Frage des „Ob“ und des „Wie“ einer Betriebsübergangsmaßnahme einräumt. Dafür streitet die Beschaffungsautonomie des öffentlichen Auftraggebers. Solange eine soziale Ausführungsbedingung ihrerseits vereinbar ist mit dem höherrangigen Recht, ist die Entscheidung über ihre Anwendung abschließende Sache des Auftraggebers. So sehr man die politische Forderung nach Berücksichtigung sozialer Kriterien durch die am Wirtschaftsleben beteiligten Interessenverbände verstehen mag; einen rechtlich durchsetzbaren Anspruch auf eine Betriebsübergangsmaßnahme gibt es gleichwohl nicht. Hinsichtlich der Umsetzung der Betriebsübergangsmaßnahme genießen die mitgliedstaatlichen Behörden nach dem Willen des europäischen Gesetzgebers ebenfalls einen großzügigen Spielraum. Unter Berücksichtigung der geschilderten rechtlichen Umsetzungsmöglichkeiten lässt Art. 4 Abs. 5 S. 1 VO 1370/2007 der zuständigen Behörde einen den Erfordernissen des Einzelfalles entsprechenden Handlungsrahmen.

Eine Antwort auf die Problematik der Zuordnung der betroffenen Arbeitnehmer in Grenzfällen gibt auch die neue Betriebsübergangsregelung nicht. Eine Lösungsmöglichkeit muss auf der Grundlage der bereits geltenden höchstrichterlichen Maßstäbe zur Zuordnung gefunden werden. Es kann nicht als sachgerecht bewertet werden, eine konstitutive Zuordnungsentscheidung in dem öffentlichen Dienstleistungsauftrag oder gar in den Ausschreibungsunterlagen zu treffen. Abgesehen von den geschilderten praktischen Schwierigkeiten, steht die zu befürchtende Fehleranfälligkeit des gesamten öffentlichen Dienstleistungsauftrages nicht im angemessenen Verhältnis zur angestrebten Rechtssicherheit bei der Arbeitnehmerzuordnung. Hier kann vielmehr die Vermutung gewagt werden, dass es zwischen den beteiligten Arbeitgebern in den allermeisten Fällen zu einem konzertierten Verfahren der Personalüberleitung kommen dürfte, das in der Regel zu interessengerechten Ergebnissen führt. Die denkbaren verbleibenden Zweifelsfälle können nicht generalisierend im Rahmen dieser Untersuchung behandelt werden; sie sind einer Einzelfallbetrachtung zu unterziehen, bei der die dargestellten Grundsätze als Auslegungshilfe dienen können.

Vierter Teil: Die Gewährleistung von Informationsrechten im Anwendungsbereich des Art. 4 Abs. 5 VO 1370/2007

A. Problemstellung

Ein wettbewerbliches Vergabeverfahren erfüllt seinen Zweck nur dann, wenn die Bewerber unter gleichen Voraussetzungen von ihrem Marktzugangsrecht Gebrauch machen können. Das Gleichbehandlungs- und das Transparenzgebot stellen insoweit die tragenden Säulen des europäischen[351] und deutschen[352] Vergaberechts dar. Die Möglichkeit der zuständigen Behörde, anlässlich der Vergabe des öffentlichen Dienstleistungsauftrages die Rechtsfolgen eines Betriebsübergangs anzuordnen, stellt die Beteiligten im Vergabeverfahren somit auch in dieser Hinsicht vor neue Herausforderungen. Einer Erörterung bedarf daher, welche konkreten Anforderungen an das Ausschreibungsverfahren durch das spezifische Informationsbedürfnis der Wettbewerber entstehen, wenn die Behörde die Rechtsfolgen des Betriebsübergangs herbeiführen will. Zwar beruht die Erbringung von Verkehrsdienstleistungen im öffentlichen Personennahverkehr ganz erheblich auf dem Einsatz von Straßen-, Schienen- und Wasserfahrzeugen; die Kosten des Personaleinsatzes sind jedoch oftmals die einzigen Wettbewerbsbedingungen, die zu einer nennenswerten Differenzierung zwischen den Angeboten der Bieter führen dürften. Der Wettbewerb findet maßgeblich über die unterschiedlichen Personalkosten statt.[353] Weiterhin lassen sich die eingereichten Angebote nur dann von der zuständigen Behörde rechtssicher vergleichen und zur Grundlage einer Auswahlentscheidung machen, wenn alle Wettbewerber von identischen Voraussetzungen der Leistungserbringung ausgegangen sind. Eine fehlerhafte Leistungsbeschreibung stellt regelmäßig einen Mangel dar, der eine gerichtliche Beanstandung rechtfertigt.[354] Das praktische

351 Siehe bereits Erwägungsgrund 20 der VO 1370/2007, wonach der europäische Gesetzgeber bei der Auswahl des Bewerbers ausdrücklich die Beachtung des europäischen Unionsrechts in Gestalt des Transparenz- und Gleichbehandlungsgebots einfordert.

352 Zu den diesen Grundprinzipien des deutschen Vergaberechts Summa, in: jurisPK-VergR/GWB, § 97 Rn. 29–58; Kemper, in: Motzke/Pietzcker/Prieß, VOB Teil A, Vorb. VOB/A-SKR Rn. 36.

353 So bereits zu Recht Tiesler, Verkehr und Technik 2001, 387, 392.

354 OLG Celle, Beschluss vom 15.12.2005 – 13 Verg 14/05, VergabeR 2006, 244 = OLGReport Celle 2006, 91; Prieß, in: Kulartz/Marx/Portz/Prieß, VOL/A, § 8 EG Rn. 15.

Bedürfnis nach Informationen über die von einem Betriebsübergangsverlangen ausgelösten wirtschaftlichen Folgen für die Ausschreibung liegt somit auf der Hand; unbestimmt sind aber die rechtlichen Rahmenbedingungen, nach denen sich dieser Informationsaustausch unter den praktischen Bedürfnissen einer Auftragsvergabe im öffentlichen Personenverkehr vollziehen soll. Zu untersuchen ist demnach einerseits, inwieweit die Leistungsbeschreibung Angaben über die vom Betriebsübergang betroffenen Arbeitnehmer zu enthalten hat. Das wirft die Frage auf, wie die Vergabestelle vorgehen kann, wenn sich der bisherige Leistungserbringer weigert, die nötigen Informationen zu erteilen. Andererseits sollen die Voraussetzungen einer möglichen Veröffentlichung personenbezogener Daten im Vergabeverfahren am Maßstab des Datenschutzrechts überprüft werden.

B. Die Begründung von Informationsrechten der neuen Bieter

Während der bisherige Leistungserbringer bei der Angebotskalkulation die ihm bekannte Personalstruktur zugrunde legen kann, stellt die behördlich herbeigeführte Betriebsübergangssituation die Mitbewerber vor besondere Probleme. Sie kennen gewöhnlich die Personalkosten des bisherigen Dienstleisters nicht, was außerhalb eines Vergabeverfahrens aufgrund des Interesses an der Geheimhaltung geschäftlicher Interna auch keinen Bedenken begegnet. Für Unternehmen, die sich neu um einen Dienstleistungsauftrag nach der VO 1370/2007 bewerben, sind demgegenüber konkrete Informationen über die Personalkosten die wichtigste Kalkulationsgrundlage. Immerhin liegt der Personalaufwand von ÖPNV-Dienstleistern häufig bei rund 50 %.[355] Die Reichweite der Informationsansprüche der beteiligten Bieter hängt maßgeblich vom Einfluss des vergaberechtlichen Gleichbehandlungsgebotes ab. Die Regelung des Art. 4 Abs. 5 S. 2 VO 1370/2007 kann nicht ohne Rücksicht auf dieses Prinzip verstanden werden. Deshalb soll der Blick zunächst auf die dogmatischen Grundlagen der Informationsrechte der Betreiber gelenkt werden.

I. Das Gleichbehandlungsgebot aus europäischer Sicht

Nach dem europäischen Unionsrecht dient das öffentliche Vergabewesen der Verwirklichung eines fairen Wettbewerbs auf der Grundlage der Chancengleich-

355 Zitiert nach Wachinger, S. 42.

heit aller Bieter.[356] Folgerichtig betont der EuGH[357] in seiner vergaberechtlichen Rechtsprechung, dass Gleichbehandlung, Transparenz und Publizität abgeleitete Grundsätze des primären[358] Unionsrechts seien. Der öffentliche Auftraggeber müsse in der Lage sein, unter Beachtung dieser Grundsätze die verschiedenen Angebote zu vergleichen und aufgrund objektiver Kriterien das günstigste Angebot auszuwählen.[359] In der Rechtssache ATI La Linea hebt der EuGH[360] mit Blick auf den Grundsatz der Gleichbehandlung hervor, dass die potenziellen Auftragnehmer vor Angebotsabgabe die Zuschlagskriterien kennen müssen. Daraus lässt sich zunächst allgemein schließen, welchen Anforderungen die Verdingungsunterlagen in einer Betriebsübergangssituation nach dem europäischem Primärrecht zu genügen haben: Alle Bieter müssen in der gleichen Weise Kenntnis von angebotsrelevanten Informationen nehmen können.[361]

Diese vom EuGH zum Vergaberecht entwickelten Grundsätze fanden schließlich Eingang in das europäische Sekundärrecht. Die Vergabekoordinierungsrichtlinie 2004/18/EG[362] verpflichtet die öffentlichen Auftraggeber in ihrem Art. 2, alle Wirtschaftsteilnehmer gleich und nichtdiskriminierend zu behandeln. Gleiches gilt aufgrund Art. 10 Richtlinie 2004/17/EG für die Vergabe durch Sektorenauftraggeber. Nach Auffassung des europäischen Gesetzgebers[363] folgt das Gleichbehandlungs- und Nichtdiskriminierungsgebot dabei aus den Grundsätzen des Vertrages. Die VO 1370/2007 nimmt diese Grundsätze in ihrem Art. 5 Abs. 3 S. 2 auf.

Auch die europäische Kommission[364] betont in ihrer Mitteilung zu Auslegungsfragen aus dem Jahr 2001 expressis verbis die Pflicht der öffentlichen Auftraggeber, die Wettbewerber darüber zu unterrichten, ob sie ggf. dazu verpflich-

---

356 Jüngst EuGH, Urt. v. 19.05.2009, Rs. C-538/07 „Assitur/Milano“ Rn. 25; Mader, EuZW 1999, 331, 340; Boyk, in: Grabitz/Hilf, Band IV, B 14 Zuschlagskriterien Rn. 1.

357 EuGH, Urt. v. 25.04.1996, Rs. C-87/94 „Kommission/Belgien“ Rn. 88, NVwZ 1997, 374, 378; Urt. v. 17.12.1998, Rs. T-203/96 “Embassy Limousines/Europäisches Parlament”, Slg. 1998, II-04239 Rn. 4; Urt. v. 18. 10. 2001, Rs. C-19/00, NVwZ 2002, 65.

358 Dies ist freilich im Einzelnen nicht unumstritten, da in der einschlägigen Judikatur des EuGH die Übergänge zwischen den Grundsätzen des Vergaberechts aus den Vergaberichtlinien und dem Primärrecht (Art. 18, 49, 56 AEUV) fließend sind, siehe Gutknecht, in: Grabitz/Hilf, Band IV, B 10 Bekanntmachungsvorschriften, Transparenz, Publizität Rn 6.

359 EuGH, Urt. v. 7. 10. 2004, Rs. C 247/02 Rn. 37, EuZW 2004, 722, 723.

360 EuGH, Urt. v. 24. 11. 2005, Rs. C-331/04 Rn. 24, Slg. I 2005, 10122 Rn. 24 = NZBau 2006, 193, 195.

361 Traupel, in: Müller-Wrede, VOL/A, § 8 EG Rn. 4.

362 Zur Umsetzung der Richtlinie in das deutsche Vergaberecht und zum Gleichbehandlungsgrundsatz vgl. Buhr, S. 54.

363 Erwägungsgrund 2 der Richtlinie 2004/18/EG.

364 Mitteilung der Kommission über die Auslegung des gemeinschaftlichen Vergaberechts und die Möglichkeiten zur Berücksichtigung sozialer Belange bei der Vergabe öffentlicher Aufträge vom 15.10.2001, ABl. C 333 vom 28/11/2001 S. 0027–0041, Rn. 101.

tet seien, die Belegschaft ganz oder teilweise zu übernehmen. Die Information müsse so rechtzeitig erteilt werden, dass die Bieter sie bei der Ausarbeitung ihres Angebotes berücksichtigen könnten.[365] Zwar ist die Auslegungsmitteilung der Kommission nicht rechtlich bindend; im Vergaberechtsalltag stellt sie indes eine hilfreiche Arbeitsgrundlage für diejenigen Fälle dar, die sekundärrechtlich – wie im Falle der VO 1370/2007 – noch nicht abschließend geregelt sind.[366]

Der Gleichbehandlungsanspruch bedarf dabei nicht nur mit Blick auf die Informationsansprüche der Bieter einer Ergänzung durch das Transparenzgebot. Denn jeder Verstoß gegen Bieterrechte bliebe praktisch folgenlos, wenn die Vergabestelle nicht verpflichtet wäre, ihr Handeln während des gesamten Vergabeverfahrens nachvollziehbar zu dokumentieren.[367]

II. Das Gleichbehandlungsgebot aus deutscher Sicht

Im deutschen Vergaberecht ist das Gleichbehandlungsgebot in § 97 Abs. 2 GWB ausdrücklich normiert. Dies ist mit Blick auf Art. 3 Abs. 1 GG[368] keineswegs redundant, da die Auftragsvergabe trotz der Vergabevorschriften eine fiskalische Tätigkeit bleibt. Soweit in Rechtsprechung[369] und Lehre[370] eine (mittelbare oder unmittelbare) Grundrechtsbindung des Staates bei Vergabeentscheidungen angenommen wird, soll diese Diskussion hier nicht weiter vertieft werden. Denn in Fällen, in denen der Gesetzgeber wie in § 97 Abs. 2 i. V. m. § 97 Abs. 7 GWB den Bietern ein gesetzliches subjektives Recht verschafft, gilt der Anwendungsvorrang des einfachen Rechts. Die Gewährung solcher subjektiven Rechte im Vergabeverfahren war im deutschen Rechtskreis bis in die jüngste Vergangenheit freilich keine Selbstverständlichkeit. Nach deutscher Rechtstradition eröffnete das Vergabeverfahren dem Bieter bis zum Vergaberechtsänderungsgesetz (VgRÄG)[371] aufgrund seiner haushaltsrechtlichen Natur keine klagbaren Rechte.

365 Mitteilung der Kommission vom 15.10.2001 a. a. O.

366 Darauf weisen hin: Kaufmann/Lübbig/Prieß/Pünder, VO 1370/2007-Kommentar, Art. 5 Rn. 158.

367 Gutknecht, in: Grabitz/Hilf, Band IV, B 10 Bekanntmachungsvorschriften Rn. 1.

368 Zutreffend weist Dreher, in: Immenga/Mestmäcker, GWB, § 97 Rn. 58, darauf hin, dass Art. 3 Abs. 1 GG nur dann Anwendung findet, wenn man der Auftragsvergabe als fiskalische Maßnahme überhaupt der unmittelbare Grundrechtsbindung unterwirft.

369 BVerfG, Beschl. v. 13.06.2006 – 1 BvR 1160/03 – NZBau 2006, 791, 793; Beschl. v. 23.04.2009 – 1 BvR 3424/08 – NVwZ 2009, 835, 836; BGH, Urt. v. 11.03.2003 – XI ZR 403/01 – NJW 2003, 1658.

370 Dreher, in: Immenga/Mestmäcker, GWB, Vor § 97 Rn. 114 mwN.

371 Gesetz zur Änderung der Rechtsgrundlagen für die Vergabe öffentlicher Aufträge v. 26.08.1998, BGBl I 1998, 2512.

Nach der Änderung des GWB durch das VgRÄG kann nun jeder Bieter oberhalb der Schwellenwerte verlangen, dass der öffentliche Auftraggeber die Vergabebestimmungen einhält, § 97 Abs. 7 GWB.

Der Gleichbehandlungsgrundsatz des § 97 Abs. 2 GWB gilt für das gesamte Vergabeverfahren. Es wirkt als Auslegungsregel auf die Anwendung der vergaberechtlichen Bestimmungen ein.[372] Er verbietet jede direkte und indirekte Diskriminierung einzelner Bieter.[373] Nach einem absoluten Gleichbehandlungsbegriff, den der Bundesgerichtshof[374] vertritt, ist auf die unterschiedlichen Ausgangspositionen der Bieter keine Rücksicht zu nehmen; die abgegebenen Angebote müssten ohne Weiteres miteinander vergleichbar sein. Danach ist nicht entscheidend, ob sich der Verstoß gegen die Verfahrensgerechtigkeit auf das Ergebnis der Vergabeentscheidung ausgewirkt hat. Damit ist aber nicht ausgeschlossen, dass die Vergabestelle unterschiedliche Eignungsvoraussetzungen der Bieter insofern berücksichtigt, als sie der Angebotswertung Eignungs- und Zuschlagskriterien zugrunde legt. Wenn aber die Angebotswertung anhand einer derartigen Bewertungsmatrix erfolgen soll, muss diese und auch die Gewichtung der einzelnen Kriterien den Bietern vor Angebotsabgabe mitgeteilt werden.[375]

Das Gleichbehandlungsgebot konkretisiert sich in einer Vielzahl von Vorschriften der Verdingungsordnungen, vor allem beim Erfordernis der eindeutigen und erschöpfenden Leistungsbeschreibung (§ 7 Abs. 1 VOL/A) und der Pflicht zur Angabe aller die Preisermittlung beeinflussenden Umstände (§ 8 Abs. 1 VOL/A). Auch die Vorschriften über die Wertung der Angebote sind vom Gleichbehandlungsgebot geprägt. So können Angebote, die nicht die in den Verdingungsunterlagen verlangte Angaben oder Erklärungen enthalten und sich damit einer Vergleichbarkeit entziehen, von der Wertung ausgeschlossen werden, § 16 Abs. 3 lit. a VOL/A.

III. Umgang mit Informationsvorsprüngen im Vergabeverfahren

Der Informationsvorsprung einzelner Bieter und dessen Folgerungen sind für das Vergaberecht ein fortwährendes Thema. In jüngerer Vergangenheit ist in dem Zusammenhang vor allem die Projektantenproblematik diskutiert worden.

---

372 Burgi, NZBau 2008, 29, 34, sieht in den Vergabegrundsätzen des § 97 Abs. 1 und 2 GWB zutreffend die Funktion einer bloßen Auslegungsdirektive; unmittelbare Rechtsquelle sind sie daher nur im Ausnahmefall, z. B. im Falle einer unionsrechtwidrigen Gesetzeslücke.

373 Dreher, in: Immenga/Mestmäcker, GWB, § 97 Rn. 60 f.

374 BGH, Urt. v. 07.06.2005 – X ZR 19/02 – NZBau 2005, 709, 710.

375 OLG Düsseldorf, Beschl. v. 16.02.2005 – Verg 74/04 – VergabeR 2005, 364, 371.

Hierbei resultiert der Informationsvorsprung eines Bieters aus seiner vorangegangenen Beratungstätigkeit für die Vergabestelle. Der Informationsvorsprung kann aber auch auf einer besonderen Geschäftsbeziehung des Bieters mit Dritten resultieren, was ihn bei der Preisermittlung begünstigt. Auch die bloße Stellung als bisheriger Erbringer einer neu zu vergebenden Dienstleistung dürfte vielfach einen Informationsvorsprung bedeuten. Das hier zu erörternde Problem der notwendigen Kalkulation mit Informationen über Personalkosten, die aus der unternehmerischen Sphäre eines potenziellen Wettbewerbers stammen, soll im Weiteren mit den bisher gebildeten Fallgruppen verglichen werden.

1. Bisherige Fälle von Informationsvorsprüngen einzelner Bieter

Nach der Vergaberechtsprechung führte die Beteiligung eines Projektanten[376] dann zur Verpflichtung, die Ausschreibung aufzuheben (§ 17 Abs. 1 VOL/A), wenn dessen Beteiligung eine schwerwiegende Wettbewerbsverzerrung darstellte. Dies war häufig dann der Fall, wenn das Angebot des Projektanten aufgrund des Informationsvorsprunges vor allem in preislicher Hinsicht überlegen war, es bei der Entscheidung über den Zuschlag relevant gewesen wäre und die Vergabestelle der Möglichkeit ausgewichen ist, durch die Gestaltung der Ausschreibungsunterlagen den Informationsvorsprung gegenüber anderen Bietern auszugleichen oder dieses nicht möglich war.[377] Die Diskussion verlor jedoch an Dynamik, als der Gesetzgeber durch das ÖPP-Beschleunigungsgesetz[378] mit § 4 Abs. 5 VgV die Auftraggeber ausdrücklich dazu verpflichtete, sicherzustellen, dass die Teilnahme von Projektanten am Vergabeverfahren nicht zu einer Verfälschung des Wettbewerbs führt. In der Praxis dürfte die Anwendung der Norm in der Regel dazu geführt haben, dass die vergebende Stelle zunächst Art und Umfang des Informationsvorsprung etwaiger Projektanten ermittelt und anschließend, sei es durch Zurverfügungstellung von entsprechenden Planungsunterlagen, in die der Projektant eingebunden war, oder durch längere Angebotsfristen zum Ausgleich

376 Der Begriff findet allgemeine Verwendung für Bieter, die bei vor allem komplexen Beschaffungsvorgängen zuvor als Planer oder Berater für den Auftraggeber tätig geworden sind, vgl. Michel, NZBau 2006, 689, 690.

377 EuGH, Urt. v. 03.03.2005 – Rs. C-21/03 und C-34/03 „Fabricom“ Rn. 36 – NZBau 2005, 351, 353; OLG Düsseldorf, Beschl. v. 16.10.2003 – Verg 57/03 – BeckRS 2004, 02042; OLG Jena, Beschl. v. 08.04.2003 – 6 Verg 9/02 – NZBau 2003, 624, 625; OLG Rostock, Beschl. v. 09.05.2001 – 17 W 4/01 – BeckRS 2001 30179664.

378 Gesetz zur Beschleunigung der Umsetzung von Öffentlich Privaten Partnerschaften und zur Verbesserung gesetzlicher Rahmenbedingungen für Öffentlich Private Partnerschaften v. 01.09.2005 BGBl I 2005, 2676.

erlangter Zeitvorteile, die sonst drohende Beeinträchtigung des Gleichbehandlungsgebots zulasten der Mitbewerber zu vermeiden sucht.[379]

Anderseits kann der Auftraggeber nicht gehalten sein, jeden denkbaren Wettbewerbsvorteil unter den Bietern auszugleichen. Es ist vielmehr gerade die Aufgabe einer freiheitlichen Wettbewerbsordnung, es Unternehmern zu ermöglichen, aus ihrem betriebswirtschaftlichen know-how Vorteile gegenüber Mitbewerbern zu schöpfen und diese auch in Vergabeverfahren zur Geltung zu bringen. In diesem Sinne führte der EuGH[380] in der Rechtssache „Liikenne“ im Rahmen der Neuvergabe einer regionalen Buslinie klarstellend aus, dass es „systemimmanent“ sei, wenn der bisherige Betreiber einen Vorteil dadurch erlange, dass er die Kosten der bisherigen Leistungserbringung kenne. Diesem Vorteil stehe zudem gegenüber, dass der bisherige Dienstleister durch seine Betriebsbedingungen oftmals nicht derart flexibel wie Bieter agieren und kalkulieren könne, die sich erstmals bewerben.[381]

Das BayOblG[382] entschied einen Fall, in dem ein Bieter durch eine besondere Geschäftsbeziehung mit einem Hersteller vorzeitig Kenntnis von der Markteinführung eines neuen Produkts erlangte und sein Angebot unter Berücksichtigung dieser Novität erstellte. Der Vergabesenat sah darin keinen wettbewerbswidrigen Informationsvorsprung; allenfalls dann, wenn die Informationserlangung unlauter oder kartellrechtswidrig gewesen wäre, käme ein Verstoß gegen den Gleichbehandlungsgrundsatz in Betracht.[383]

Der Vergabesenat des OLG Koblenz[384] befand sogar, dass die Vergabestelle überhaupt nicht berechtigt sei, unabhängig von der konkreten Ausschreibung die aus der Wettbewerbsfähigkeit resultierenden Vor- und Nachteile potenzieller Bieter (dort: Nachteile einer Bieterin aufgrund „ererbter Personalstruktur“ durch die Bahnprivatisierung) durch die Gestaltung der Ausschreibungsunterlagen auszugleichen.

2. Der Informationsvorsprung bei Art. 4 Abs. 5 S. 1 VO 1370/2007

Bei der Neuvergabe eines öffentlichen Dienstleistungsauftrages hat der bisherige Dienstleister hinsichtlich der zu kalkulierenden Personalkosten einen partiellen

379 So Behrens, NZBau 2006, 752, 755; Hausmann/von Hoff, in: Kulartz/Marx/Portz/Prieß, VOL/A, § 6 EG Rn. 134.

380 EuGH, Urt. v. 25.01.2001 – Rs. C-172/99 „Liikenne“ Rn. 24 – NZBau 2001, 221, 223 = NZA 2001, 249, 250 = EuZW 2001, 150, 151.

381 EuGH a. a. O.

382 BayObLG, Beschl. v. 05.11.2002 – Verg 22/02 – NZBau 2003, 342 ff.

383 BayObLG a. a. O., S. 344.

384 OLG Koblenz, Beschl. v. 05.09.2002 – 1 Verg 2/02 – NZBau 2002, 699, 704.

Informationsvorsprung gegenüber seinen Mitbewerbern. Wie die Rechtssache Liikenne zeigt, handelt es sich dabei jedoch um eine systemimmanente Ungleichheit zwischen den Wettbewerbern.[385] Sie kann im Allgemeinen schon dadurch ausgeglichen werden, dass Neubewerber oftmals nicht wie der Altbetreiber tariflich gebunden sind und wegen geringerer Lohnkosten über einen größeren kalkulatorischen Spielraum verfügen.[386]

In entscheidender Hinsicht ist dieser Informationsvorsprung mit dem durch Art. 4 Abs. 5 S. 1 VO 1370/2007 ausgelösten aber nicht vergleichbar. In den genannten Fällen, in denen die Vergaberechtsprechung keinen gleichheitswidrigen Wettbewerbsvorteil zu erkennen vermochte, resultierte der Informationsvorsprung aus einer unterschiedlichen Stellung der Bewerber am Markt, die aus Sicht einer freiheitlichen Wettbewerbsordnung erwünscht ist.

Die durch eine mögliche Anordnung nach Art. 4 Abs. 5 VO 1370/2007 bedingte Notwendigkeit, mit der Personalstruktur des bisherigen Dienstleisters zu kalkulieren, ist jedoch nicht Folge der Wettbewerbsfähigkeit einzelner Bieter. Sie fußt vielmehr auf der Entscheidung des Auftraggebers, anlässlich der Vergabe die Rechtsfolgen des Betriebsübergangs herbeizuführen. Während der Informationsanspruch bisher innerhalb der Wettbewerbsordnung selbst begründet lag, nimmt der Auftraggeber bei Art. 4 Abs. 5 S. 1 VO 1370/2007 durch die Bestimmung wesentlicher Angebotskriterien nun in exogener Weise Einfluss auf die Wettbewerbsstellung der Bieter. Hierin zeigt sich der entscheidende Unterschied zum Sachverhalt der Rs. „Liikenne", bei der der EuGH den kalkulatorischen Informationsvorsprung als systemimmanent eingestuft hatte. Der Informationsvorsprung erhält vorliegend seine vergaberechtliche Problematik nämlich erst durch das Betriebsübergangsverlangen nach Art. 4 Abs. 5 S. 1 VO 1370/2007. Wenn zutreffend ist, dass die Vergabestelle nicht einzelnen Bietern Informationen geben darf, die sie anderen vorenthält, muss entsprechendes demnach auch gelten, wenn einzelne Bieter aufgrund einer die Preisermittlung betreffenden Entscheidung der Vergabestelle einen indirekten Informationsvorteil gegenüber ihren Wettbewerbern erlangen. In diesem Zusammenhang liegt ein Vergleich mit der oben beschriebenen Projektantenproblematik nahe. Dort ist ein Angebotsausschluss angenommen worden, falls der Informationsvorsprung durch entsprechende Gestaltung der Vergabeunterlagen nicht ausgeglichen worden ist oder ein Ausgleich nicht möglich war.[387] Der durch das Übergangsverlangen entstehende Informationsvorsprung ist zwingend durch die zuständige Behörde auszugleichen.[388] Die

385 EuGH a. a. O.

386 EuGH a. a. O.

387 Vgl. oben Vierter Teil B. III. 1.

388 Hierzu jüngst VK Nordbayern, Beschl. v. 04.05.2009 – 21.VK-3194-06/09 – ZfBR 2009, 614 (LS).

Durchführung eines Vergabeverfahrens unter Anwendung von Art. 4 Abs. 5 S. 1 VO 1370/2007 ohne den Ausgleich des beschriebenen Wettbewerbsvorsprungs wäre jedenfalls mit dem vergaberechtlichen Gleichbehandlungsgrundsatz nach Art. 18, 49 und 56 AEUV nicht vereinbar. Wie bereits ausgeführt,[389] stellt der Gleichbehandlungsgrundsatz, den der EuGH für das Vergaberecht aus den Bestimmungen der Art. 18, 49, und 56 AEUV herleitet, einen Grundpfeiler für das öffentliche Vergabewesen und für die Verwirklichung eines fairen Wettbewerbs auf der Grundlage der Chancengleichheit aller Bieter dar. In einem Vergabeverfahren, in dem die Behörde den durch sie selbst auf der Grundlage des Art. 4 Abs. 5 S. 1 VO 1370/2007 geschaffenen Informationsvorsprung des Altbetreibers nicht ausgleicht, ist die Chancengleichheit der anderen Bieter verletzt und berechtigt diese nach Art. 5 Abs. 7 VO 1370/2007 zur Anfechtung der Vergabeentscheidung.

IV. Rechtsgrundlagen für Informationsansprüche

Nachdem festgestellt worden ist, dass eine Verpflichtung zum Informationsausgleich im Zusammenhang mit einem Betriebsübergangsverlangen nach Art. 4 Abs. 5 S. 1 VO 1370/2007 bereits aus dem Primärrecht folgt, sollen nachfolgend Verfahrensbestimmungen betrachtet werden, auf die das Informationsverlangen gestützt werden kann. Nach dem Grundsatz des Anwendungsvorrangs des einfachen Rechts[390] sind die einfach-gesetzlichen Rechtsvorschriften des Vergaberechts, die der Gesetzgeber zur Ausformung der unionsrechtlichen und verfassungsrechtlichen Grundsätze im Vergaberecht erlassen hat, bei der konkreten Umsetzung, der Bestimmung des Inhalts und der Reichweite der Informationsrechte der Bieter vorrangig heranzuziehen.[391]

1. Art. 4 Abs. 5 S. 2 VO 1370/2007

Ins Auge fällt zunächst Art. 4 Abs. 5 S. 2 VO 1370/2007: Wenn die zuständige Behörde die Betreiber eines öffentlichen Dienstes verpflichtet, bestimmte Sozialstandards einzuhalten, sind nach Art. 4 Abs. 5 S. 2 VO 1370/2007 in den

389 Vgl. oben Vierter Teil B. III. 1.

390 BVerfG, Beschl. vom 18.07.2005 – 2 BvR 2236/04 – NJW 2005, 2289, 2295; Scherzberg, in: Erichsen/Ehlers, Allg. VerwR, § 11 Rn 12 mwN.

391 Der Grundsatz des Anwendungsvorrangs des Sekundärrechts vor dem Primärrecht erheischt auch im Unionsrecht Beachtung, vgl. Ruffert, in: Calliess/Ruffert, EUV/AEUV, Art. 288 Rn. 8 AEUV.

Vergabeunterlagen transparente Angaben zu den betroffenen Arbeitnehmern aufzunehmen. Zentrales Tatbestandsmerkmal ist dabei eine Verpflichtung der Auftragnehmer zu bestimmten Sozialstandards. Soll die Behörde nach dieser Norm zur entsprechenden Gestaltung der Verdingungsunterlagen verpflichtet sein, muss die Anordnung gem. Art. 4 Abs. 5 S. 1 VO folglich eine Pflicht der Betreiber zur Einhaltung bestimmter Sozialstandards begründen.

Der Begriff „Sozialstandard“ steht in einer Reihe zusätzlicher Anforderungen an Auftragnehmer, die nicht unmittelbar dem Zweck dienen, eine preisgünstige Beschaffungstätigkeit des Staates zu gewährleisten. Sie werden in der vergaberechtlichen Literatur als „vergabefremde Kriterien“ bezeichnet und dienen vor allem allgemeinpolitischen Zielsetzungen.[392] Hierzu zählt beispielsweise das sog. Tariftreueverlangen genauso wie die Verpflichtung, bestimmte Umweltschutzanforderungen zu beachten.[393]

Das Übergangsverlangen nach Art. 4 Abs. 5 S. 1 VO 1370/2007 begründet ebenfalls eine solche zusätzliche „vergabefremde“ Anforderung, die allgemeinen sozial- und wirtschaftspolitischen Zielen verpflichtet ist. Der europäische Gesetzgeber verdeutlicht das höchstselbst in den Erwägungsgründen,[394] indem er dort das Übergangsverlangen in den Kontext der Wahrung von Besitzständen der Arbeitnehmer einordnet. Die Festlegung sozialer Standards soll vergleichbare Wettbewerbsbedingungen zwischen den Bietern schaffen und die Bekämpfung von Sozialdumping ermöglichen.[395]

Die Einordnung des Übergangsverlangens als „Sozialstandard-Verpflichtung“ wird zudem von der Systematik des Art. 4 Abs. 5 VO 1370/2007 getragen. Es kann gesagt werden, dass der europäische Gesetzgeber mit Art. 4 Abs. 5 S. 1 VO 1370/2007 eine konkrete von mehreren denkbaren Varianten für die Sicherung von Sozialstandards bei der Vergabe öffentlicher Dienstleistungsaufträge im Personenverkehr geregelt hat. Dies ergibt sich nicht nur daraus, dass beide Bestimmungen in demselben Absatz unmittelbar systematisch verknüpft sind. Es wird vielmehr auch dadurch bestätigt, dass eine inhaltliche Bezugnahme auf den Kreis der vom Dienstleistungsauftrag betroffenen Arbeitnehmer stattfindet. Satz 2 knüpft zwar nicht notwendig an ein Übergangsverlangen an, ist aber jedenfalls dann einschlägig, wenn die Behörde nach Art. 4 Abs. 5 S. 1 VO 1370/2007 vorgeht. Der Anwendungsbereich des Art. 4 Abs. 5 S. 2 VO 1370/2007 ist dabei keineswegs nur auf die Betriebsübergangsregelung beschränkt. Sie kommt immer dann zur Geltung, wenn die zuständige Behörde die Betreiber eines öffentlichen

392 Beuttenmüller, S. 46, der insbesondere auf die Vielfältigkeit der Terminologie vergabefremder Kriterien hinweist; vgl. auch Egger, Rn. 1297 ff.

393 Zu weiteren vergabefremden Kriterien vgl. Beuttenmüller, S. 45 f.

394 Erwägungsgrund 16 der VO 1370/2007.

395 Erwägungsgrund 17 der VO 1370/2007.

Dienstes verpflichtet, bestimmte Sozialstandards einzuhalten. Das können im Bereich des öffentlichen Personenverkehrs z. B. auch Tariftreueverlangen sein.

Ein Übergangsverlangen nach Art. 4 Abs. 5 S. 1 VO 1370/2007 löst demnach für die Vergabestelle das Pflichtenprogramm des Art. Art. 4 Abs. 5 S. 2 VO 1370/2007 aus. Um die Gleichbehandlung aller Wettbewerber zu gewährleisten, muss die zuständige Behörde dabei zum frühestmöglichen Zeitpunkt darauf hinweisen, dass sie eine Betriebsübergangsverpflichtung des ausgewählten Betreibers beabsichtigt.[396] Diese für die Angebotskalkulation wesentliche Information hat die Behörde daher bereits in die Vorabveröffentlichung nach Art. 7 Abs. 2 VO 1370/2007 und in die jeweiligen Ausschreibungsunterlagen aufzunehmen. Keinesfalls darf die zuständige Behörde die beteiligten bzw. ausgewählten Bieter mit einem Betriebsübergangsverlangen überraschen.

2. § 7 Abs. 1 VOL/A

Die Vorschriften der VOL/A sind bis zur Einbeziehung von Vergaben nach Art. 5 Abs. 2 bis 6 VO 1370/2007 in den Geltungsbereich der §§ 97 ff. GWB nicht anwendbar. Im Gegensatz dazu sind die Vorschriften der VOL/A jedoch grundsätzlich anwendbar, wenn eine Auftragsvergabe nach den Richtlinien 2004/17/EG oder 2004/18/EG erfolgt, vgl. Art. 5 Abs. 1 S. 2 VO 1370/2007. In diesem Fall ergeben sich Anforderungen an eine ordnungsgemäße Leistungsbeschreibung auch aus § 7 Abs. 1 VOL/A. Die Norm ist – wie dargestellt – Ausfluss des vergaberechtlichen Gleichbehandlungsgrundsatzes. Da die Untersuchung insoweit gezeigt hat, dass dieser Grundsatz sowohl in unionsrechtlicher als auch aus der Sicht des deutschen Rechts die ausschreibende Stelle dazu zwingt, alle für die Preisermittlung und Vergleichbarkeit der Angebote relevanten Informationen im Vorfeld mitzuteilen, kann für § 7 Abs. 1 VOL/A nichts anderes gelten, als dass eine preisrelevante Angebotsanforderung – wie im Falle eines Betriebsübergangsverlangens – unter Angabe der für die Personalkostenkalkulation erforderlichen Informationen zu erfolgen hat.[397] Sollte der Auftraggeber dem Informationsverlangen eines Bieters nicht abhelfen, muss dieser den Verstoß gegen die Vergabebestimmung rügen, um damit nicht im Nachprüfungsverfahren aufgrund von § 107 III 1 GWB präkludiert zu sein.

396 So bereits Bayreuther, NZA 2009, 582, sowie Kaufmann/Lübbig/Prieß/Pünder, VO 1370/2007-Kommentar, Art. 4 Rn. 57.

397 Vgl. zu Umständen, die nicht zur „leistungstypischen Risikosphäre" des Unternehmers gehören, Raufeisen, in: Willenbruch/Bischoff, § 8 VOL/A Rn. 30.

3. § 7 Abs. 1 VOL/A im Verhältnis zu Art. 4 Abs. 5 S. 2 VO 1370/2007

Es fragt sich dabei, in welchem Verhältnis Art. 4 Abs. 5 S. 2 VO 1370/2007 und § 7 Abs. 1 VOL/A zueinander stehen. Der Anwendungsbereich des § 7 Abs. 1 VOL/A reicht einerseits weit über den Fall der Auferlegung von Sozialverpflichtungen hinaus. Während § 7 Abs. 1 VOL/A die generellen Anforderungen an die Leistungsbeschreibung enthält, regelt Art. 4 Abs. 5 S. 2 VO 1370/2007 nur einen einzelnen Fall – die Gestaltung der Ausschreibungsunterlagen bei der Verpflichtung zu Sozialstandards. Andererseits begründet Art. 4 Abs. 5 S. 2 VO 1370/2007 auch dort ein subjektives Recht des Bieters, wo die Vorschriften der VOL/A mangels Überschreitens der Schwellenwerte keine Außenwirkung haben.

Bei der Vergabe von Dienstleistungen im öffentlichen Personenverkehr könnte Art. 4 Abs. 5 S. 2 VO 1370/2007 gegenüber Regelungen des nationalen Rechts eine verdrängende Wirkung haben. Die Norm weist die dafür nötige Rechtsqualität auf, da die VO 1370/2007 nach Art. 288 Abs. 2 AEUV unmittelbare Wirkung entfaltet. Inzwischen ist auch hinlänglich anerkannt, dass das Unionsrecht gegenüber den Rechtsordnungen der Mitgliedstaaten Anwendungsvorrang genießt.[398] Die Problematik des Anwendungvorrangs stellt sich jedoch nur dann, wenn Unionsrecht und das Recht der Mitgliedstaaten miteinander in Konflikt geraten.[399] Da beide Vorschriften indes zur Angabe transparenter Informationen über die betroffenen Arbeitnehmer verpflichten, werden die Vorschriften der VOL/A zur Gestaltung der Leistungsbeschreibung daher mangels Normkonflikt nicht aufgrund des Anwendungsvorrangs des Unionsrechts von Art. 4 Abs. 5 S. 2 VO 1370/2007 verdrängt.

Soweit man § 7 Abs. 1 VOL/A in Übereinstimmung mit den oben geschilderten primärrechtlichen Anforderungen des Unionsrechts bei der Anwendung der Betriebsübergangsregelung europarechtskonform auslegt, erscheint es zwingend, ihr dieselbe Normaussage beizumessen, die gem. Art. 4 Abs. 5 S. 2 VO 1370/2007 die Behörde zum Ausgleich des Informationsdefizits der Wettbewerber verpflichtet. Es besteht damit kein Normkonflikt; vielmehr liegt eine Überschneidung der jeweiligen Tatbestände vor. In einem solchen Fall „kumulativer Normkonkurrenz“[400] können die Normen nebeneinander angewendet werden.

---

398 Uneinigkeit besteht freilich in der Begründung des Anwendungsvorrangs. Der EuGH leitet den Anwendungsvorrang vor allem aus dem autonomen Geltungsgrund dieses Rechts und der Beschränkung der Souveränität der Mitgliedstaaten durch Gründung einer unbefristeten Gemeinschaft, ständige Rechtsprechung seit EuGH, Urt. v. 15.07.1964 - Rs. C-6/64 „E.N.E.L.“ Rn. 3 – Slg. 1964, 1269. Das BVerfG bejaht ebenfalls den Anwendungsvorrang des Unionsrechts, sieht ihn indes in Art. 23 GG begründet, vgl. BVerfGE 89, 155, 190. Zum Ganzen vgl. Ruffert, in: Calliess/Ruffert, EUV/AEUV, Art. 1 AEUV EG Rn. 16ff.

399 Wölker, EuR 2007, 32, 37; Ruffert, in: Calliess/Ruffert, EUV/EGV, Art. 249 EG Rn. 27.

400 Zippelius, S. 38.

C. Die Informationserhebung beim Altbetreiber

Damit der Auftraggeber die von Art. 4 Abs. 5 S. 2 VO 1370/2007 genannten Sozialdaten in die Verdingungsunterlagen aufnehmen kann, muss er sie zunächst beim bisherigen Dienstleister erheben. Unproblematisch ist es dann, wenn der öffentliche Auftraggeber selbst unmittelbar Zugriff auf die Daten hat – weil er die Dienstleistung z. B. durch Regie- oder Eigenbetriebe erbringt. Diese Situation sollte in der Praxis geringe Probleme bereiten. Wie ist es aber, wenn bisher ein privater Betreiber die auszuschreibende Leistung erbracht hat? Will die Vergabestelle die Betriebsübergangsregelung anwenden, muss der bisherige Betreiber entweder kooperieren oder die Behörde muss einen durchsetzbaren Auskunftsanspruch gegen den alten Dienstleister haben, um den Informationsausgleich in den Ausschreibungsunterlagen herbeizuführen.

I. Normalfall: Kooperationsbereitschaft des bisherigen Betreibers

In der Regel wird der Altbetreiber daran interessiert sein, dass die zuständige Behörde die Betriebsübergangsregelung anwendet.[401] Mit dem Übergangsverlangen erhöht sich einerseits die Wettbewerbsfähigkeit der bisherigen Dienstleister gegenüber den neuen Konkurrenzunternehmen. Gerade die kommunalen Verkehrsunternehmen haben ca. 30 bis 50 % höhere Personalkosten als ihre privaten Konkurrenten.[402] Dies dürfte aufgrund der Tariflandschaft im deutschen Verkehrssektor annähernd auch auf die Situation bei den Tochtergesellschaften der Deutschen Bahn AG zutreffen, die bislang über einen bedeutenden Anteil am Personenverkehrsmarkt verfügen. Der Arbeitskampf zur Durchsetzung eines Branchentarifvertrages für die Bahnbeschäftigten im öffentlichen Nahverkehr in der jüngeren Vergangenheit belegen eindrucksvoll, wie gewichtig der Lohnfaktor bei dem Wettbewerb Dienstleistungsaufträge im öffentlichen Personenverkehr tatsächlich ist.[403]

Andererseits wird der Altbetreiber dann bei Verlust des Dienstleistungsauftrages von unter Umständen kostenintensiven Abfindungs- und Sozialplanregelungen und davon entlastet, ggf. einem Teil seiner Arbeitnehmer betriebsbedingt

401 Kaufmann/Lübbig/Prieß/Pünder, VO 1370/2007-Kommentar, Art. 4 Rn. 57. Zu kritisch insoweit Tiesler, Verkehr und Technik 2001, 387, 388.

402 Hermanns/Hönig, LKV 2002, 206; Linke, S. 53.

403 Hierzu auch Pressemitteilung der Eisenbahn- und Verkehrsgewerkschaft (EVG) vom 04.03.2011, abrufbar unter http://www.evg-online.org/Home/11_03_04_imtakt, zuletzt abgerufen am 14.11.2011.

zu kündigen, wenn Ersatzaufträge ausbleiben. Im Normalfall dürfte dem Informationsbegehren der zuständigen Behörde also die Kooperationsbereitschaft des Altbetreibers gegenüberstehen.

II. Ausnahmefall: Fehlende Mitwirkung des bisherigen Betreibers

Soweit in der Literatur[404] zu dem möglichen Problem der fehlenden Kooperation des bisherigen Betreibers bereits Stellung bezogen worden ist, wird teilweise darauf verwiesen, dass die Nutzung der Betriebsübergangsregelung die Mitwirkungsbereitschaft des Altbetreibers nach Art. 4 Abs. 5 S. 2 VO 1370/2007 voraussetze. Damit könnte der bisherige Dienstleister die Anwendung der Betriebsübergangsregelung mittelbar durch sein Auskunftsverhalten steuern. Dies erhält dann seine wettbewerbliche Relevanz, wenn die Vorteile, die der Altbetreiber aus seinen gegenüber den Wettbewerbern günstigeren Personalkosten zieht, die Nachteile, die ihm ohne Übergang der Arbeitsverhältnisse bei Auftragsverlust in Aussicht stehen, überwiegen.

Gegenwärtig dürfte die zuständige Behörde keine normative Grundlage haben, den Altbetreiber zur Ablieferung der gewünschten Informationen zu zwingen. Art. 4 Abs. 5 S. 2 VO 1370/2007 selbst enthält dafür keine Eingriffsgrundlage gegen den bisherigen Betreiber, sondern begründet für die beteiligten Bieter nur subjektive Verfahrensrechte, deren Einhaltung sie von dem Auftraggeber verlangen können. Die Bestimmung setzt ihrerseits voraus, dass der Auftraggeber bereits über die nötigen Informationen verfügt. Aus gewerbeaufsichtsrechtlichen Auskunftsbefugnissen, vgl. §§ 12 Abs. 3, 54a PBefG, 5, 5a AEG, lassen sich Eingriffsrechte des Auftraggebers gegen den Altbetreiber auch nicht herleiten; diese dienen der Gefahrenabwehr[405] und nicht der Vorbereitung eines Vergabeverfahrens. Auch aus dem Vergabeverfahren als Auswahlrechtsverhältnis[406] resultiert keine dahingehende (Neben)-Pflicht des Altbetreibers. Die Informationsbeschaffung findet nämlich in einem Stadium statt, in dem noch kein Vergabeverfahren eingeleitet worden ist. Eine Pflichtenbegründung zulasten des Altbetreibers würde weiterhin erfordern, dass sich dieser am Verfahren überhaupt durch Abgabe eines Angebotes beteiligt, was aber keineswegs sicher ist.

---

404 Kaufmann/Lübbig/Prieß/Pünder, VO 1370/2007-Kommentar, Art. 4 Rn. 58.

405 Zur Beschränkung der Aufsichtsrechte auf das Gefahrenabwehrrecht Bauer, PBefG-Kommentar, § 54a Rn. 2 aE; vgl. auch den Wortlaut des § 5a Abs. 1 S. 1 Nr. 1 AEG.

406 Begriff nach Gers-Grapperhaus, S. 130 ff.

Bayreuther[407] hat eine Auskunftspflicht des Altbetreibers als Nebenpflicht aus dem bestehenden Verkehrsvertrag gem. § 241 Abs. 2 BGB in die Diskussion gebracht. Dies würde voraussetzen, dass der Verkehrsvertrag eine Nebenpflicht des Betreibers beinhaltet, die zuständige Behörde bei der Vorbereitung einer ggf. beabsichtigten Neuvergabe des öffentlichen Dienstleistungsauftrages zu unterstützen. Es ist in diesem Zusammenhang durchaus anerkannt, dass es Schuldverhältnisse gibt, die eine Parteien verpflichten, aktiv die Interessen des anderen Teils wahrzunehmen.[408] Dieser Grundsatz ist jedoch dort einzuschränken, wo gleichrangige eigene Interesse durch die Pflichtenbegründung hinter die Interessen des anderen Teils zu rücken drohen.[409] Das Interesse des Altbetreibers zur Wahrung seiner Betriebs- und Geschäftsgeheimnisse, dass durch die Auskunftspflicht gem. § 241 Abs. 2 BGB i. V. m. dem Verkehrsvertrag berührt wäre, spricht vorliegend gegen eine verkehrsvertragliche Nebenpflicht des Altbetreibers, die zuständige Behörde über die Personalstruktur und die Lohnkosten zu unterrichten.

Ferner kann eine mangelnde Mitwirkung auch nicht als Versuch einer wettbewerbswidrigen Beeinflussung des Vergabeverfahrens (§§ 3, 8 UWG, 1 GWB) begriffen und der Altbetreiber wegen mangelnder Zuverlässigkeit ausgeschlossen werden. Es ist zwar anerkannt, dass der Auftraggeber verpflichtet ist, wettbewerbswidrige Handlungen der Bieter oder Bewerber zu verhindern.[410] Die Weigerung des Altbetreibers, die nach Art. 4 Abs. 5 S. 2 VO 1370/2007 nötigen Informationen zu liefern, stellt indes schon kein unzulässiges Wettbewerbsverhalten dar, was den Auftraggeber zu einem Ausschluss aus dem Vergabeverfahren berechtigen könnte. Denn die denkbare Verweigerung des Altbetreibers führt aus Wettbewerbssicht im Ergebnis dazu, dass die interessierten Verkehrsunternehmen in der Personalkostenkalkulation insoweit nicht an die Kostenstruktur des bisherigen Betreibers gebunden werden können. Soweit die anderen Bewerber dadurch aufgrund ihrer Personalkostenstruktur in wettbewerblichen Nachteil geraten, kann dies jedoch nicht dem bisherigen Betreiber angelastet werden. Soweit vertragliche oder gesetzliche Interventionsbefugnisse – wie im Falle einer Auskunftsverpflichtung des Altbetreibers im Rahmen des Art. 4 Abs. 5 S. 2 VO 1370/2007 – fehlen, sind die daraus resultierenden unterschiedliche Wettbewerbspositionen als marktimmanent hinzunehmen.[411]

407 Bayreuther, NZA 2009, 582, 584.
408 Roth, in: MüKo-BGB, Band 2, § 241 Rn. 80 mwN.
409 Roth, in: MüKo-BGB, Band 2, § 241 Rn. 80 mwN.
410 Vgl. nur Müller-Wrede, in: Müller-Wrede, GWB-Vergaberecht, § 97 Rn. 6.
411 Hierzu auch Schünemann, in: Harte/Henning, § 3 UWG Rn. 247.

III. Auskunftsansprüche de lege ferenda

Für die – freilich denkbaren – Konstellationen, in denen es dem Altbetreiber daran gelegen sein mag, der zuständigen Behörde die zur Anwendung der Betriebsübergangsregelung nötigen Informationen vorzuenthalten, kommt künftig eine gesetzliche Auskunftspflicht in Betracht, die im GWB normiert werden könnte.[412] Die dafür notwendige Abwägung zwischen dem Auskunftsinteresse des öffentlichen Auftraggebers und dem grundsätzlich ebenfalls schutzwürdigen Interesse des Verkehrsunternehmers an der Wahrung seiner Betriebs- und Geschäftsinterna muss berücksichtigen, dass ohne eine Auskunftsverpflichtung des Altbetreibers die Sozialstandard-Verpflichtung des Art. 4 Abs. 5 S. 1 VO 1370/2007 bei fehlender Mitwirkung des Altbetreibers leerlaufen würde. Die unionsrechtlich verbürgte Berechtigung der Auftraggeber an der Implementierung sozialer Kriterien bei der Auftragsvergabe und der angestrebte Schutz der betroffenen Arbeitnehmer rechtfertigen insoweit einen Eingriff in das Geheimhaltungsrecht des Altbetreibers.[413]

Alternativ findet sich im Schrifttum[414] der Vorschlag, in allen neuen öffentlichen Dienstleistungsaufträgen eine Verpflichtung des ausgewählten Betreibers aufzunehmen, die von vornherein klarstellt, zu welchem Zeitpunkt der Unternehmer dem Auftraggeber welche Daten zu liefern hat. Von dieser Möglichkeit sollten die zuständigen Stellen dringend Gebrauch machen, und zwar auch dann, wenn sie bei der aktuellen Vergabe eine Betriebsübergangsregelung nicht treffen wollen. Der Auftraggeber kann sich auf diese Weise die von Art. 4 Abs. 5 VO 1370/2007 eröffneten Gestaltungsspielräume bei Folgeaufträgen sichern. Insbesondere empfiehlt es sich, die Auskunftspflichten so konkret wie möglich zu definieren, um künftige Auseinandersetzungen über den Inhalt der Betreiberpflichten zu vermeiden. Im Unterschied zur Begründung einer Auskunftspflicht des jeweiligen Betreibers im Sinne einer Nebenpflicht gem. § 241 Abs. 2 BGB wäre in diesem Falle die Auskunftspflicht ausdrücklich Vertragsbestandteil mit der Folge, dass der Verkehrsunternehmer vor Abschluss des Verkehrsvertrages entscheiden kann, ob er eine solche Pflicht eingehen will.

412 Für eine gesetzliche Auskunftspflicht plädiert auch Linke, S. 200 (Fn. 1044).

413 Vgl. die obigen Ausführungen unter Zweiter Teil A. II.

414 Kaufmann/Lübbig/Prieß/Pünder, VO 1370/2007-Kommentar, Art. 4 Rn. 58.

D. Der Offenlegungsumfang nach Art. 4 Abs. 5 S. 2 VO 1370/2007

Zur Frage, welche Informationen im Falle des Betriebsübergangsverlangens in die Ausschreibungsunterlagen und die öffentlichen Dienstleistungsaufträge aufzunehmen sind, hält Art. 4 Abs. 5 S. 2 VO 1370/2007 eine sehr weitgehende Regelung bereit. Nach dem Wortlaut der Vorschrift sind „die betreffenden Arbeitnehmer" aufzuführen und transparente Angaben zu ihren vertraglichen Rechten und zu den Bedingungen zu machen, unter denen sie als in einem Verhältnis zu den jeweiligen Diensten stehen. Ist damit nun eine namentliche Aufführung der möglicherweise betroffenen Arbeitnehmer des bisherigen Dienstleisters verpflichtend? Die Norm wirft zunächst mehr Fragen auf, als sie beantwortet. Ihr liegt offenbar die gesetzgeberische Vorstellung eines Verkehrsmarktes zugrunde, in dem Personenverkehrsleistungen von kleineren und mittelständischen Verkehrsunternehmen erbracht werden, deren Tätigkeit sich auf klar begrenzte regionale Einzugsgebiete erstreckt und in dem sich die zur Dienstleistung eingestellten Arbeitnehmer ex ante eindeutig zuordnen lassen. Nach dieser Prämisse bereitet ein Betreiberwechsel in Bezug auf die betroffenen Arbeitnehmer und die ihnen vom neuen Betreiber zu gewährenden Rechte keine Schwierigkeiten, wenn der Personenkreis und die Arbeitsbedingungen konkret in den Ausschreibungsunterlagen enthalten sind. In der Praxis dürfte sich das auf diese Art und Weise aber nicht realisieren lassen. Zum Problem dürfte einerseits werden, dass öffentliche Dienstleistungsaufträge mit erheblichem zeitlichem Vorlauf ausgeschrieben und abgeschlossen werden müssen, um dem Planungs- und Investitionsbedarf der Verkehrsunternehmen und den langfristigen Verkehrsplanungen der Aufgabenträger Rechnung zu tragen. Obwohl der Personalbestand vieler kleinerer Verkehrsunternehmen, vornehmlich im ÖSPV, mit durchschnittlich acht Arbeitnehmern[415] sehr überschaubar ist, ist eine gewisse Personalfluktuation auch in kleineren Einheiten – von großen überregional operierenden Verkehrsunternehmen ganz abgesehen – an der Tagesordnung. Die Auflistung der zum Ausschreibungszeitpunkt tätigen Mitarbeiter dürfte in einer Vielzahl von Auftragsvergaben bei Dienstübernahme durch den neuen Betreiber nicht mehr mit den tatsächlichen Beschäftigungsverhältnissen übereinstimmen. Die gleiche Problematik stellt sich bei größeren Verkehrsunternehmen wie z. B. der Deutsche Bahn AG, die bei flexiblem Personaleinsatz nur einen Teil der bisher bedienten Linien an einen Wettbewerber verlieren und bei denen die Arbeitnehmer auf unterschiedlichen Diensten eingesetzt waren. Eine namentliche Benennung von Arbeitnehmern des Altbetreibers in den Ausschreibungsunterlagen und den

---

415 So Hermanns/Hönig, LKV 2002, 206, 208.

öffentlichen Dienstleistungsaufträgen ist in diesen Fällen nur schwer praktisch umzusetzen.[416]

I. Beschränkung des Offenlegungsumfangs nach Sinn und Zweck der Norm

Wenngleich Art. 4 Abs. 5 S. 2 VO 1370/2007 die beschriebenen rechtspraktischen Umsetzungsprobleme zeigt, darf die zuständige Behörde dennoch das Regelungskonzept des europäischen Gesetzgebers nicht ignorieren. Ein interessengerechter Lösungsansatz kann hier darin liegen, den Wortlaut der Norm restriktiv dahingehend zu verstehen, dass als in die Ausschreibungsunterlagen aufzuführende Arbeitnehmer nicht die zum Zeitpunkt der Ausschreibung konkret Beschäftigten gelten, sondern darunter die nicht individualisierte Anzahl von Arbeitnehmer gefasst werden kann, die der bisherige Betreiber durchschnittlich zur Bedienung des zu vergebenden Dienstes einsetzt. Das hätte zur Folge, dass die zuständige Behörde in den Ausschreibungsunterlagen einen Personalkostenblock angeben könnte, der sich unter Berücksichtigung der vertraglichen Rechte der beschäftigten Arbeitnehmer zusammensetzt und zudem die voraussichtliche Entwicklung über die vorgesehene Laufzeit des öffentlichen Dienstleistungsauftrages beinhaltet. Dieser Vorschlag widerspricht auch nicht dem Normzweck des Art. 4 Abs. 5 S. 2 VO 1370/2007. Denn die Norm dient der Aufrechterhaltung der Wettbewerbsgleichheit zwischen den Bietern, wenn sie – wie im Falle des Betriebsübergangsregelung – ihr Angebot unter Voraussetzungen kalkulieren müssen, die von Umständen abhängen, die sie weder selbst beeinflussen noch vollständig überblicken können. Sofern die zuständige Behörde – wie hier vorgeschlagen – in den Ausschreibungsunterlagen durch Angabe des durchschnittlichen Personalkostenaufwands diejenigen Informationen mitteilt, die notwendig sind, damit die potenziellen Bieter eine wirtschaftlich tragfähige Kalkulation erstellen können, kann von einem wettbewerbswidrigen Informationsvorsprung des Altbetreibers nicht mehr gesprochen werden. Da die schutzwürdigen Informationsinteressen der Wettbewerber in dem Umfang befriedigt werden, wie sie nach dem o. G. aus dem vergaberechtlichen Gleichbehandlungsgebot folgen, können sich Bieter dann auch nicht auf eine Verletzung ihrer Rechte nach Art. 4 Abs. 5 S. 2 VO 1370/2007 berufen. Insoweit die Interessenten nämlich über die notwendige Kalkulationsgrundlage verfügen, fehlt ihnen in einem Rechtsschutzverfahren die notwendige Antragsbefugnis. Nach den Vorgaben des Art. 5 Abs. 7

416 Diese Bedenken teilen in Bezug auf öffentliche Auftragsvergabe: Zimmermann/Hofmann, KommJur 2009, 1, 5 f.

VO 1370/2007 und den allgemeinen vergaberechtlichen Grundsätzen[417] setzt die Antragsbefugnis voraus, dass durch die Rechtsverletzung ein Schaden eingetreten ist oder einzutreten droht. Ein Schaden ist aber nicht zu befürchten, wenn die potenziellen Bieter bei der Kalkulation ihrer Angebote gegenüber dem Altbetreiber nicht im Nachteil sind. Die teleologische Beschränkung des Normaussage des Art. 4 Abs. 5 S. 2 VO 1370/2007 benachteiligt den ausgewählten Betreiber auch nicht in der Zuordnung der zum Zeitpunkt des Betreiberwechsels übergehenden Arbeitnehmer. Denn hierfür fehlt der Bestimmung von vornherein jede Eignung. Bei der im Rahmen des Betriebsübergangsverlangens zu treffenden Zuordnungsentscheidung kann in der Praxis nicht auf die Beschäftigungsverhältnisse zum Zeitpunkt der Ausschreibung bzw. des Informationsbegehrens gegenüber dem Altbetreiber abgestellt werden.[418] Man könnte indes erwägen, den öffentlichen Dienstleistungsauftrag nach dem Betreiberwechsel um eine deklaratorische Erklärung zu ergänzen, die die betroffenen Arbeitnehmer und ihre vertragliche Rechte konkret benennt. Ob dies wegen der damit verbundenen Fehleranfälligkeit für den öffentlichen Dienstleistungsauftrag und der bereits durch die Mitteilung des anonymisierten Personalkostenansatzes gewährleisteten Rechte der Bieter tatsächlich empfehlenswert ist, mag hier dahinstehen.

II. Beschränkung aufgrund datenschutzrechtlicher Vorgaben

Der Umfang der Offenlegungspflichten nach Art. 4 Abs. 5 S. 2 VO 1370/2007 wird zugleich unmittelbar von den Maßstäben bestimmt, die zur Wahrung der Persönlichkeitsrechte der Arbeitnehmer des Altbetreibers anzulegen sind. Gesetzliche Grundlage für den Schutz personenbezogener Daten im Arbeitsverhältnis bilden v. a. das BDSG sowie die Landesdatenschutzgesetze.[419] Solange die zuständige Behörde Art. 4 Abs. 5 S. 2 VO 1370/2007 einschränkend dahingehend anwendet, dass lediglich die durchschnittlichen anonymisierten Personalkosten des Altbetreibers als Kalkulationsgrundlage in den Ausschreibungsunterlagen angegeben werden, ist eine Verletzung des Rechts auf informationelle Selbstbestimmung nicht zu befürchten. Die betroffenen Arbeitnehmer sind im Rahmen dieses Verfahrens nicht mehr reindividualisierbar. Mangels konkreter Zuordnungsfähigkeit ist somit der Anwendungsbereich der Datenschutzgesetze nicht eröffnet.[420]

417 Dreher, in: Immenga/Mestmäcker, GWB, § 107 Rn. 7.

418 Vgl. die obigen Ausführungen unter Vierter Teil D.

419 Reichold, in: Münchener Handbuch zum Arbeitsrecht/Bd. 1, § 88 Rn. 6; Wank, in: ErfKomm, BDSG, Einleitung Rn. 8.

420 Wank, in: ErfKomm, BDSG, § 3a Rn. 1.

Anders ist es, wenn sich die zuständige Behörde – wo dies praktisch überhaupt möglich – gleichwohl entschließt, individualisierte Angaben über die betroffenen Arbeitnehmer im Vergabeverfahren zu veröffentlichen. Voraussetzung ist dafür in praktischer Hinsicht zunächst, dass der Altbetreiber in seiner Eigenschaft als Arbeitgeber die arbeitnehmerbezogenen Daten an die zuständige Behörde übermittelt.

1. Datenübermittlung durch den Arbeitgeber

Datenschutzrechtlich stellt die Übermittlung dieser Daten eine Datenverarbeitung dar, § 3 Abs. 4 S. 1 BDSG. Ohne Einwilligung (§ 4a BDSG) der betroffenen Arbeitnehmer ist die Datenverarbeitung nach § 4 Abs. 1 BDSG nur dann zulässig, wenn sie entweder durch das BDSG oder eine andere Erlaubnisnorm gestattet wird.

a. Datenübermittlung nach den allgemeinen Vorschriften des BDSG

In Betracht kommt zunächst eine Erlaubnis der Datenübermittlung nach § 32 Abs. 1 S. 1 BDSG. Einer Anwendung des § 32 Abs. 1 S. 1 BDSG dürfte hier jedoch entgegen stehen, dass die Datenübermittlung nicht für Zwecke des Beschäftigungsverhältnisses erfolgt, sondern die Verwendung der Daten für die Zwecke eines vergaberechtlichen Verfahrens im Vordergrund steht. Denn die Übermittlung der arbeitnehmerbezogenen Daten im Rahmen der VO 1370/2007 ist zur Umsetzung des behördlichen Betriebsübergangsverlangens bestimmt, indem die Datenübermittlung dazu dienen soll, den einseitigen Informations- und Kalkulationsvorsprung des Altbetreibers gegenüber den anderen Wettbewerbern auszugleichen. Auch die geplante Erweiterung des BDSG um einen gesonderten Abschnitt über einen Beschäftigtendatenschutz dürfte hieran nichts ändern. Nach dem Gesetzentwurf[421] ergeben sich mit Blick auf die Übermittlung von Arbeitnehmerdaten im Rahmen der VO 1370/2007 keine erweiterten Befugnisse des Arbeitgebers (vgl. § 32d Abs. 1 BDSG-E). Dass eine Datenübermittlung nach § 32 Abs. 1 S. 1 BDSG ausscheiden dürfte, heißt jedoch nicht, dass eine Rechtfertigung de lege lata ausgeschlossen ist. Neben § 32 Abs. 1 S. 1 BDSG bleibt nämlich § 28 BDSG mit Ausnahme seines Abs. 1 Nr. 1 – zu dem § 32 BDSG lex specialis[422] ist – gleichwohl anwendbar.[423]

Die Datenübermittlung kann daher – soweit nicht besondere Arten personenbezogener Daten (§ 3 Abs. 9 BDSG) betroffen sind – nach § 28 Abs. 1 Nr. 2 BDSG

421 Entwurf eines Gesetzes zur Regelung des Beschäftigtendatenschutzes vom 15.12.2010, BT-Drs. 17/4230.

422 Siehe Mähner, MMR 2010, 379, 381; Wank, in: ErfKomm, BDSG, § 32 Rn. 3.

423 Wank, in: ErfKomm, BDSG, § 32 Rn. 3. Vgl. auch Gola/Klug, NJW 2010, 2483, 2485.

zulässig sein. Danach müsste, erstens, die Datenübermittlung Mittel für die Erfüllung eigener Geschäftszwecke des Altbetreibers sein; sie muss, zweitens, zur Wahrung berechtigter Interessen der verantwortlichen Stelle erforderlich sein und es darf, drittens, kein Grund zu der Annahme bestehen, dass schutzwürdige Interessen des Betroffenen an dem Ausschluss der Datenübermittlung überwiegen, § 28 Abs. 1 Nr. 2 BDSG. Bereits die erste Voraussetzung, die Datenübermittlung als Erfüllung eigener Zwecke des Altbetreibers dürfte zweifelhaft sein. Soweit der Altbetreiber dem Auskunftsverlangen der Behörde nachkommt, dürfte die Datenübermittlung nicht seinen eigenen geschäftlichen Zwecken[424] dienen, weil ein gesetzlicher Auskunftsanspruch gegen den Altbetreiber nicht besteht und diesem die Teilnahme am Vergabeverfahren unabhängig davon offen steht, ob er dem Informationsbegehren der zuständige Behörde entspricht.[425] Die Datenübermittlung des Altbetreibers unterscheidet sich insbesondere von der Problematik datenschutzrechtlicher Voraussetzungen der Übermittlung von Arbeitnehmerdaten im Zusammenhang mit der Anbahnung und Durchführung so genannter Unternehmenskauf-Transaktionen durch Übertragung einzelner Vermögensbestandteile (asset deal) und dem damit verbundenen Betriebsübergang nach § 613a BGB.[426] Der Unterschied besteht darin, dass sich die Unternehmenstransaktion rechtsgeschäftlich vollzieht und der Veräußerer ein verfassungsrechtlich geschütztes Recht zur Transaktion genießt, Art. 2 Abs. 1 und 14 GG.[427] Im Gegensatz dazu dient die Datenübermittlung zur Vorbereitung der Ausschreibung des öffentlichen Dienstleistungsauftrages dazu, dass die Behörde zur Wahrung gleicher Wettbewerbsbedingungen den Informationsvorsprung des Altbetreibers gegenüber den Wettbewerbern durch die Gestaltung der Ausschreibungsunterlagen auszugleichen vermag. Auch die zweite Voraussetzung, die Erforderlichkeit der Datenübermittlung dürfte nicht gegeben sein. Nach dem oben[428] Ausgeführten genügt die anonymisierte Angabe der voraussichtlichen Personalkosten der Herstellung gleicher Wettbewerbsbedingungen im Vergabeverfahren. Eine Zulässigkeit der Datenübermittlung nach § 28 Abs. 1 Nr. 2 BDSG scheidet demnach aus.

Auf Bedenken muss dann folglich auch die Zulässigkeit der Datenübermittlung nach § 28 Abs. 2 Nr. 1 und 2 BDSG stoßen. Denn die dort zugelassene Datenübermittlung für andere Zwecke setzt ebenfalls voraus, dass die Datenübermittlung notwendig ist. Daran fehlt es hier jedoch.

---

424 Näher zu diesem Tatbestandsmerkmal: Wedde, in: Däubler/Klebe/Wedde/Weichert, BDSG, § 28 Rn. 10.

425 Siehe Vierter Teil C. II.

426 Ausführlich zum Datenschutz beim Unternehmenskauf Göpfert/Meyer, NZA 2011, 486, 489.

427 Göpfert/Meyer, NZA 2011, 486, 489.

428 Siehe Vierter Teil D. I.

Zudem müsste die Übermittlung besonders sensibler Daten im Sinne des § 3 Abs. 9 BDSG (Gewerkschaftszugehörigkeit, Grad der Behinderung etc.) an den strengeren Voraussetzungen des 28 Abs. 8 BDSG gemessen werden. Zu denken ist dabei eine Rechtfertigung nach § 28 Abs. 8 i. V. m. § 28 Abs. 6 Nr. 3 BDSG. Die Datenübermittlung müsste dafür zur Geltendmachung, Ausübung oder Verteidigung rechtlicher Ansprüche erforderlich sein. Daran fehlt es jedoch gegenwärtig bereits, weil ein gesetzlicher Auskunftsanspruch gegen den Altbetreiber nicht besteht und diesem die Teilnahme am Vergabeverfahren unabhängig davon offen steht, ob er dem Informationsbegehren der zuständige Behörde entspricht.

Nach der hier vertretenen Auffassung zur Beschränkung des Offenlegungsumfangs des Art. 4 Abs. 5 S. 2 VO 1370/2007 nach dem Sinn und Zweck der Norm ist eine Datenübermittlung auf der Grundlage des BDSG lediglich durch Einwilligung der betroffenen Arbeitnehmer möglich (§ 4a BDSG). Nach dem Gesetzentwurf der Bundesregierung zur Regelung des Beschäftigtendatenschutzes[429] soll dies künftig aber nur noch dann zulässig sei, wenn die Vorschriften des Beschäftigtendatenschutzes (§§ 32 bis 32k) dies ausdrücklich vorsehen.[430]

b. Rechtfertigung der Datenübermittlung nach Art. 4 Abs. 5 S. 2 VO 1370/2007

Die Erlaubnis zur Datenübermittlung durch den Altbetreiber kann jedoch auch außerhalb des BDSG zu finden sein, wie sich aus § 4 Abs. 1 BDSG ergibt. Der Blick fällt dabei auf Art. 4 Abs. 5 S. 2 VO 1370/2007. Dass die Norm als Erlaubnisnorm i. S. d. § 4 Abs. 1 BDSG fungieren kann, stößt dabei zunächst auf Befremden. Denn eine normative Auskunftsverpflichtung des Altbetreibers gegenüber der Behörde im Zusammenhang mit Vorbereitung eines neuen Vergabeverfahrens enthält Art. 4 Abs. 5 S. 2 VO 1370/2007 – wie oben[431] ausgeführt – gerade nicht. Auch ein bloßes Informationsinteresse, das zur Erfüllung einer anderweitigen gesetzlichen Aufgabe besteht, generiert keine Erlaubnisnorm nach § 4 Abs. 1 BDSG.[432]

Dies alles schließt es jedoch nicht aus, Art. 4 Abs. 5 S. 2 VO 1370/2007 als Ermächtigung zur Datenübermittlung anzusehen. Denn die Beurteilung der Frage, ob Art. 4. Abs. 5 S. 2 VO 1370/2007 die (ggf. freiwillige) Datenübermittlung erlaubt, hängt nicht etwa davon ab, ob diese Norm zugunsten der Behörde eine Auskunftsverpflichtung enthält. Nach § 4 Abs. 1 BDSG ist die Datenübermittlung bereits dann zulässig, soweit eine Rechtsvorschrift dies erlaubt oder an-

429 BT-Drs. 17/4230, S. 6.

430 Kritisch insoweit Forst, NZA 2010, 1043, 1044.

431 Vierter Teil C. II.

432 Wank, in: ErfKomm, BDSG, § 4 Rn. 3; auch Gola/Schomerus, in: Gola/Schomerus, BDSG, § 4 Rn. 4.

ordnet. Erforderlich ist indes nicht, dass die Rechtsvorschrift die verantwortliche Stelle gem. § 3 Abs. 7 BDSG (der Altbetreiber) gegenüber der Behörde zur Auskunft verpflichtet ist. Vielmehr besteht im Regelungskontext des § 4 Abs. 1 BDSG der Sinn und Zweck der Erlaubnisnorm darin, das präventive Verbot einer Erhebung, Verarbeitung und Nutzung personenbezogener Daten im Einzelfall aufzuheben.[433] Für die Zulässigkeit der Datenübermittlung ist demnach nicht entscheidend, ob Art. 4 Abs. 5 S. 2 VO 1370/2007 den Altbetreiber zur Datenübermittlung verpflichtet, sondern lediglich, ob sie diese – auf welcher materiell-rechtlichen Grundlage auch immer – gestattet. Davon kann bereits dann ausgegangen werden, wenn die Rechtsnorm die Datenübermittlung zwingend voraussetzt.[434] Erforderlich ist zudem, dass die Erlaubnisnorm die Datenübermittlung eindeutig – mindestens unter Angabe der Arten der Daten und des Zwecks der Datenverarbeitung – für zulässig erklärt.[435] Art. 4 Abs. 5 S. 2 VO 1370/2007 erfüllt diese Voraussetzungen. Dessen Rechtsnormqualität und unmittelbare Geltung in den Mitgliedstaaten nach Art. 288 Abs. 2 AEUV ist bereits an anderer Stelle[436] für Art. 4 Abs. 5 S. 1 VO 1370/2007 dargelegt worden; für dessen S. 2 gilt insoweit nichts anderes. Sofern die zuständige Behörde für den Fall der Auftragnehmerwechsels die Rechtsfolgen des Betriebsübergang herbeiführen will und es in Übereinstimmung mit dem Wortlaut des Art. 4 Abs. 5 S. 2 VO 1370/2007 für erforderlich hält, in den Ausschreibungsunterlagen die durch einen Betriebsübergang betroffenen Arbeitnehmer und ihre Rechte gegenüber dem Altbetreiber im Einzelnen anzugeben, ist die Übermittlung der entsprechenden Daten durch den Altbetreiber auch zwingend. Zudem enthält Art. 4 Abs. 5 S. 2 VO 1370/2007 die Art der zu übermittelnden Daten, nämlich die der vom Betriebsübergangsverlagen betroffenen Arbeitnehmer, transparente Angaben zu ihren vertraglichen Rechten und den Bedingungen ihres Verhältnisses zu den betreffenden Diensten. Des Weiteren lässt sich Art. 4 Abs. 5 S. 2 VO 1370/2007 auch der Zweck der Datenübermittlung entnehmen. Dieser besteht – wie ausgeführt[437] – darin, gleiche Wettbewerbsbedingungen für alle Bieter zu schaffen, die ihr Angebot unter Berücksichtigung der Rechtsfolgen des Betriebsübergangs zu kalkulieren haben. Nach alledem lässt sich sagen, dass Art. 4 Abs. 5 S. 2 VO 1370/2007 das präventive Verbot des § 4 Abs. 1 BDSG aufheben kann und Datenübermittlung durch den Altbetreiber für zulässig erklärt.

433 Wank, in: ErfKomm, BDSG, § 4 Rn. 2.
434 Wedde, in: Däubler/Klebe/Wedde/Weichert, BDSG, § 3 Rn. 3.
435 So Wank, in: ErfKomm, BDSG, § 4 Rn. 3 mwN.
436 Vgl. oben Dritter Teil B. II.
437 Vierter Teil B. III. 2.

2. Datenerhebung und -verarbeitung durch die zuständige Behörde

Die datenschutzrechtliche Beurteilung des Handelns der zuständigen (Landes-) Behörde im Rahmen des Art. 4 Abs. 5 S. 2 VO 1370/2007 unterliegt nicht den Bestimmungen des BDSG (vgl. § 1 Abs. 2 BDSG). Die Länder haben für ihre öffentlichen Stellen eigene Landesdatenschutzgesetze erlassen. Abgesehen von der Einwilligung durch die betroffenen Arbeitnehmer ist dort die Datenerhebung und Übermittlung personenbezogener Daten an nichtöffentliche Stellen grundsätzlich ebenfalls an das Vorhandensein einer Erlaubnisnorm gebunden (vgl. z. B. Art. 4 LDSG-BY; §§ 11 Abs. 1 Nr. 2 LDSG-SH; 13 LDSG-Bln). Die nach den Landesdatenschutzgesetzen erforderliche Erlaubnisnorm liegt insoweit in Art. 4 Abs. 5 S. 2 VO 1370/2007. Zur Begründung kann auf das zur Datenübermittlung durch den Altbetreiber Gesagte verwiesen werden.[438] Ergänzend lässt sich feststellen, dass der Wortlaut des Art. 4 Abs. 5 S. 2 VO 1370/2007 für die Übermittlung der arbeitnehmerbezogenen Daten an die Wettbewerber in den Ausschreibungsunterlagen eine ausdrückliche Anordnung i. S. d. § 4 Abs. 1 BDSG enthält. Es unterliegt dabei keinem Zweifel, dass eine solche Anordnung zugleich auch die Befugnis zur Datenübermittlung enthält.[439]

E. Fazit

Die Einführung sozialer Standards durch ein Betriebsübergangsverlangens verpflichtet die Behörde dazu, den kalkulatorischen Informationsnachteil der Wettbewerber gegenüber dem Altbetreiber bereits in den Ausschreibungsunterlagen auszugleichen. Diese Pflicht lässt sich dem vergaberechtlichen Gleichbehandlungsgrundsatz entnehmen, der sowohl nach europäischem als auch nach deutschem Vergaberecht eine Betriebsübergangsmaßnahme nach Art. 4 Abs. 5 S. 1 VO 1370/2007 maßgeblich flankiert. Der europäische Gesetzgeber will diese primärrechtlichen Anforderungen in Gestalt des Art. 4 Abs. 5 S. 2 VO 1370/2007 umsetzen. Dessen Wortlaut ist jedoch angesichts des verfolgten Zwecks unglücklich geraten: Er ist einerseits unpräzise mit Blick auf den Zeitpunkt der Offenlegungspflicht, indem der Normtext zunächst den Eindruck erweckt, die Offenlegungspflicht folge der Verpflichtung des ausgewählten Betreibers nach – das Gegenteil ist der Fall. Andererseits bemüht sich Art. 4 Abs. 5 S. 2 VO 1370/2007 vermeintlich um Präzision, wenn er verlangt, dass in den Vergabeunterlagen die betreffenden Arbeitnehmer einschließlich ihrer vertraglichen Rechte und

438 Vierter Teil D. II. 1.

439 So Wank, in: ErfKomm, BDSG, § 4 Rn. 3.

Arbeitsbedingungen aufzuführen seien. Eine Auskunftspflicht des Altbetreibers fehlt schließlich gänzlich. Dies alles verhilft dem Anliegen des europäischen Gesetzgebers nicht zur praktischen Handhabbarkeit, weil es die Bedürfnisse der Vergabepraxis nicht ausreichend berücksichtigt. Das kann dazu führen, dass Auftraggeber sich bei der Anwendung der Betriebsübergangsregelung zurückhalten werden, weil sie nicht abschätzen können, wie sie rechtssicher die Informationsansprüche der Wettbewerber erfüllen sollen. Ein Grund dafür besteht freilich nicht. Wenn man nämlich den Gewährleistungsinhalt des Art. 4 Abs. 5 S. 2 VO 1370/2007 konsequent im Lichte des Gleichbehandlungsgebotes versteht, lässt sich die Offenlegungsvorschrift schon de lege lata in der Praxis verlässlich anwenden. Das hieraus folgende Plädoyer für eine Veröffentlichung der durchschnittlichen und anonymisierten Personalkosten des Altbetreibers führt nicht zu einer Benachteiligung der Wettbewerber, eine gleichwohl auf der Grundlage des Art. 4 Abs. 5 S. 2 VO 1370/2007 erfolgte Datenübermittlung dürfte jedoch datenschutzrechtlich unbedenklich sein. Dem Gesetzgeber darf empfohlen werden, die Auskunftspflichten des Altbetreibers gesetzlich zu normieren. Im Regelfall wird die Informationsgewinnung durch die Behörde zwar nicht an mangelnder Kooperationsbereitschaft des Altbetreibers scheitern. Durch das Fehlen einer solchen Auskunftspflicht ist damit jedoch eine wesentliche Voraussetzung für die Anwendung der Betriebsübergangsregelung in das Ermessen derjenigen gestellt, deren Wettbewerbsverhalten durch diese Maßnahme gesteuert werden soll. Unter rechtspolitischen Gesichtspunkten erscheint dies bedenklich und ein Handeln des Gesetzgebers daher geboten. Der zuständigen Behörde kann nur angeraten werden, auf die Erfüllung der Informationsansprüche der Wettbewerber größtmögliche Sorgfalt zu verwenden.

Fünfter Teil: Rechtsschutz gegen eine Maßnahme nach Art. 4 Abs. 5 S. 1 VO 1370/2007

Der Reigen offener Fragen, den das Inkrafttreten der VO 1370/2007 zum 03.12.2009 ausgelöst hat, setzt sich auch hinsichtlich des Rechtsschutzes gegen Maßnahmen nach Art. 4 Abs. 5 S. 1 VO 1370/2007 fort. Die Liberalisierung des öffentlichen Personenverkehrsmarktes erfordert nach dem Leitbild des europäischen Gesetzgebers, dass die wettbewerbsfördernden Maßnahmen mit Garantien im Bereich der Transparenz und der Nichtdiskriminierung flankiert werden.[440] Ein unionsweiter Wettbewerb, so die Erwägungen des europäischen Gesetzgebers, lasse sich nicht wirksam schaffen, wenn die Wettbewerber nicht effektiv und rasch gegen Verstöße gegen die Wettbewerbsregeln vorgehen könnten.[441] So mangelt es auch – wie Art. 5 Abs. 7 VO 1370/2007 zeigt – in der neuen Verordnung nicht an einer Regelung über den Rechtsschutz gegen Entscheidungen über die Vergabe öffentlicher Dienstleistungsaufträge. Die Norm hat jedoch nur Richtliniencharakter,[442] weil sie die Mitgliedstaaten lediglich verpflichtet, die erforderlichen Maßnahmen zu treffen, die einen effektiven Rechtsschutz gewährleisten. Was gilt nun aber für den Rechtsschutz gegen eine Betriebsübergangsregelung bis zur Umsetzung des Art. 5 Abs. 7 VO 1370/2007 durch den deutschen Gesetzgeber?

A. Rechtsschutz aus Bietersicht

Ein Rechtsschutz gegen eine Maßnahme nach Art. 4 Abs. 5 S. 1 VO 1370/2007 kommt für die beteiligten Bieter aus unterschiedlichen Blickwinkeln in Betracht:

- Denkbar ist zum einen, dass potenzielle Bieter[443] sich bei einer wettbewerblichen Vergabe nach Art. 5 Abs. 3 VO 1370/2007 daran gehindert sehen, am

440 Erwägungsgrund 9 der VO 1370/2007.

441 Art. 1 Abs. 1 der Richtlinie des Rates zur Koordinierung der Rechts- und Verwaltungsvorschriften für die Anwendung der Nachprüfungsverfahren im Rahmen der Vergabe öffentlicher Liefer-, Bau- und Dienstleistungsaufträge (89/665/EWG) vom 21.12.1989, ABl. EG Nr. L 395 vom 30.12.1989, S. 33, „Rechtsmittel-RL", zuletzt geändert durch die Richtlinie 2007/66/EG vom 11.12.2007, ABl. EU Nr. L 355 vom 20.12.2007, S. 31.

442 Siehe auch Linke, S. 283.

443 Auch potenzielle Bieter sind nach Art. 5 Abs. 7 VO 1370/2007 antrags- bzw. klagebefugt, vgl. Kaufmann/Lübbig/Prieß/Pünder, VO 1370/2007-Kommentar, Art. 5 Rn. 302; zum GWB-Rechtsschutz siehe Ruhland, in: GWB-Vergaberecht, § 107 Rn. 5.

Vergabeverfahren teilzunehmen, weil ihnen die von der Behörde angekündigte Betriebsübergangsregelung in dem zu vergebenden öffentlichen Dienstleistungsauftrag als betriebswirtschaftliches Wagnis erscheint, das sie nicht bereit sind einzugehen.
Zum anderen kann die Situation eintreten, dass sich ein Bieter bereits durch Abgabe eines Angebotes am Vergabeverfahren beteiligt hat und den Abschluss des öffentlichen Dienstleistungsauftrag mit dem ausgewählten Konkurrenten mit der Behauptung verhindern will, dass ohne die (unzulässige) Betriebsübergangsregelung er das wirtschaftlichste Gebot abgegeben hätte und er damit den Zuschlag erhalten müsse.

– Schließlich ist vorstellbar, dass sich ein Wettbewerber gegen seinen Ausschluss vom Vergabeverfahren wehrt, der darauf gestützt ist, dass er die in den Ausschreibungsunterlagen verlangte Verpflichtungserklärung nicht abgegeben hat.

I. Rechtsschutzfähigkeit der Betriebsübergangsregelung

Ob ein Rechtsschutz gegen die Anwendung der Betriebsübergangsregelung sekundärrechtlich überhaupt geboten ist, ergibt sich aus dem Wortlaut des Art. 5 Abs. 7 VO 1370/2007 nicht eindeutig. Nach dieser Bestimmung sind die Mitgliedstaaten nur gehalten, Maßnahmen zu treffen, die sicherstellen, „dass die gemäß den Absätzen 2 bis 6 getroffenen Entscheidungen" auf Antrag einer Person überprüft werden können. Die Regelung war notwendig, weil Vergaben nach Art. 5 VO 1370/2007 gem. Art. 1 Abs. 1 Richtlinie 89/665/EWG bislang vom Anwendungsbereich der Rechtsmittelrichtlinie ausgeschlossen sind. Die Vorschrift des Art. 5 Abs. 7 VO 1370/2007 enthält jedoch nicht nur eine Umsetzungspflicht für die Mitgliedstaaten, sondern mittelbar auch eine Aussage darüber, welche Rechtsverletzung die Bieter im Zusammenhang mit der Durchführung der Verordnung rügen können. In dieser Eigenschaft ist die Norm mit § 97 Abs. 7 GWB vergleichbar, der den Anspruch der Bieter auf Einhaltung der Verfahrensbestimmungen der §§ 97 ff. GWB durch den Auftraggeber postuliert. Welche Entscheidungen der zuständigen Behörde aber von der Rechtsschutzgarantie erfasst sind, bleibt weitgehend offen. Die Wortlaut des Art. 5 Abs. 7 VO 1370/2007 ist an dieser Stelle wenig ergiebig geraten. In den Absätzen 2 bis 6 des Art. 5 VO 1370/2007, auf die sich die Rechtsschutzregelung ausdrücklich bezieht, sind lediglich die speziellen Voraussetzungen für die unionsrechtskonforme Auswahl des Leistungserbringers geregelt. Auch aus dem Gesetzentwurf der Bundesregierung zur Anpassung des nationalen Rechts an die VO 1370/2007 ergibt sich nichts Näheres; vorgesehen ist, einen Anspruch der Unternehmer auf Einhaltung der Vergabebestimmungen festzuschreiben (§ 8a Abs. 5 PBefG-E).[444] Zweifelhaft ist daher, ob die Betriebsübergangsregelung eine Entscheidung gemäß Art. 5 Abs. 2 bis 6 VO 1370/2007 ist. Nach der Rechtsprechung des EuGH[445] in der Rechtssache „Stadt Halle“ stellt jede Maßnahme des öffentlichen Auftraggebers, die im Zusammenhang mit einem öffentlichen Dienstleistungsauftrag getroffen wird und die Rechtswirkungen[446] entfaltet, eine nachprüfbare Entscheidung dar (vgl. Art. 1 Abs. 1 Rechtsmittelrichtlinie 89/665/EWG). Die Übernahme dieses weiten Begriffsverständnisses einer rechtsschutzfähigen Entscheidung ist auch für die Auslegung des Art. 5 Abs. 7 VO 1370/2007 vorzugswürdig.[447] In materieller Hinsicht erfüllt die Bestimmung für die Vergaben im Anwendungsbereich der neuen Verordnung nämlich dieselbe Funktion wie die Rechtsmittelrichtlinie für das allgemeine Vergaberecht. Denn erst die effektive Durchsetzbarkeit der sekundärrechtlich angestrebten Marktöffnung bei der Auftragsvergabe sichert die unionsweite Gleichbehandlung der Marktteilnehmer. Die Relevanz des Rechtsschutzes für die Marktöffnung im Bereich des öffentlichen Personenverkehrs veranlasste den europäischen Gesetzgeber daher, von den Mitgliedstaaten für die Überprüfung von Vergaben nach der VO 1370/2007 einen den Anforderungen der Rechtsmittelrichtlinie 89/665/EWG vergleichbaren Rechtsschutz zu fordern.[448] I. S. d. Vorstehenden handelt es sich bei der Anwendung der Betriebsübergangsregelung folglich um eine Entscheidung nach Art. 5 Abs. 7 VO 1370/2007, da die Maßnahme zwingend Bestandteil des öffentlichen Dienstleistungsauftrages ist und damit den gem. Art. 5 Abs. 2 bis 6 VO 1370/2007 zu vergebenden Auftrag nachhaltig prägt. Da die Betriebsübergangsregelung einen rechtfertigungsbedürftigen Eingriff in die Unternehmerfreiheit des Art. 16 GR-Charta darstellt, geht von ihr zugleich eine Rechtswirkung aus, die die Wettbewerbsstellung der Bieter im Einzelfall nachteilig beeinflussen kann. Vergabe und Inhalt des öffentlichen Dienstleistungsauftrages lassen sich nach Art. 5 Abs. 7 VO 1370/2007 somit nicht trennen.

Der Umstand, dass eine Maßnahme nach Art. 4 Abs. 5 S. 1 VO 1370/2007 der Rechtsschutzgewährleistung des Art. 5 Abs. 7 VO 1370/2007 unterliegt, beantwortet indes noch nicht die Frage, welche Prüfungsdichte daraus für ein gerichtlichen Verfahren folgt. Erörtert wurde bereits, dass es einen Anspruch auf Herbeiführung des Betriebsübergangs weder für den Altbetreiber noch für Neubewerber gibt. Ein subjektives Recht der Bieter hierauf existiert ebenso wenig, wie ein Anspruch der Wettbewerber auf Ausschreibung eines bestimmten Perso-

444 BR-Drs. 462/11, S. 3.

445 EuGH, Urt. vom 11.01.2005 – Rs. C-26/03 „Stadt Halle“ Rn. 34 – NVwZ 2005, 187, 189.

446 Siehe auch Kaufmann/Lübbig/Prieß/Pünder, VO 1370/2007-Kommentar, Art. 5 Rn. 286.

447 Vgl. auch Kaufmann/Lübbig/Prieß/Pünder, VO 1370/2007-Kommentar, Art. 5 Rn. 286 f.

448 Erwägungsgrund 21 der VO 1370/2007.

nenverkehres oder einer bestimmten Streckenführung besteht. Ein „Verstoß dieser Entscheidungen gegen Gemeinschaftsrecht", vgl. Art. 5 Abs. 7 VO 1370/2007, kann indes aus dem Gesichtspunkt der Abwehr eines grundrechtsbelastenden Verwaltungshandeln bestehen. Über die Reichweite des Abwehrrechtes trifft Art. 5 Abs. 7 VO 1370/2007 keine Aussage. Sie muss daher nach allgemeinen Grundsätzen aus der zugrunde liegenden Ermächtigungsnorm ermittelt werden. Die nationalen Nachprüfungsinstanzen i. S. d. Art. 5 Abs. 7 VO 1370/2007 sind zunächst verpflichtet, zu prüfen, ob die maßgebliche Ermächtigungsnorm wirksam ist. Wie sich aus Art. 267 lit. b) AEUV ergibt, ist das Gericht eines Mitgliedstaates verpflichtet, den EuGH im Wege eines Vorabentscheidungsverfahrens anzurufen, wenn es eine Rechtsnorm des Sekundärrechts wegen Verstoßes gegen die Verträge für ungültig hält. Die nach Art. 267 lit. b) AEUV erforderliche Entscheidungserheblichkeit ist dabei gegeben, da die wirksame Ermächtigung der zuständigen Behörde zwingende Rechtfertigungsvoraussetzung des grundrechtsbelastenden Verwaltungshandelns ist.[449] Ebenso ist die zutreffende Beurteilung der Tatbestandsvoraussetzungen der Betriebsübergangsanordnung in vollem Umfang rechtsschutzfähig, § 113 VwGO. Die Justiziabilität der Ermessenentscheidung selbst ist hingegen nur sehr eingeschränkt gegeben. Die Behörde trifft ihre Entscheidung über die Anwendung des Art. 4 Abs. 5 S. 1 VO 1370/2007 in einer Situation, in der sie die wirtschafts- und sozialpolitischen Auswirkungen der Betriebsübergangsregelung in ihrer konkreten Ausgestaltung unter Berücksichtigung der Folgen für den Zuschussbedarf des ausgeschriebenen Verkehres abzuwägen hat. Die Zweckbestimmung der Norm, nämlich die Verfolgung wirtschafts- und sozialpolitischer Ziele im Vergabeverfahren durch die Behörde, nimmt insoweit maßgeblich Einfluss auf den Beurteilungsspielraum der zuständigen Behörde und den gerichtlichen Prüfungsmaßstab. Ein interessengerechter Ansatz zum Umfang der Rechtsschutzfähigkeit der Betriebsübergangsregelung findet sich in der Rechtsprechung des EuGH zur gerichtlichen Überprüfung von Beurteilungsspielräumen bei Exekutiventscheidungen mit wirtschaftlichem Hintergrund:[450] In der Rechtssache „Bertelsmann AG" betonte der EuGH[451] jüngst, dass sich die gerichtliche Kontrolle von Beurteilungsspielräumen von Unionsorganen auf der Grundlage europäischer Rechtssätze im Falle komplexer wirtschaftlicher Sachverhalte mit Bezug zur Wettbewerbsordnung auf die Richtigkeit

449 Dies folgt aus dem Vorbehalt des Gesetzes als Bestandteil des unionsrechtlichen Rechtsstaatsgebots, Calliess, in: Calliess/Ruffert, EUV/AEUV, Art 2 EUV Rn. 26.

450 Darauf weisen auch Kaufmann/Lübbig/Prieß/Pünder, VO 1370/2007-Kommentar, Art. 5 Rn. 270 f., zur strukturell vergleichbaren Ermächtigung der zuständigen Behörde zur Direktvergabe im Eisenbahnverkehr nach Art. 5 Abs. 6 VO 1370/2007 hin.

451 EuGH, Urt. vom 10.07.2008 – Rs. C-413/06 „Bertelsmann AG" Rn. 69, 144 – BeckEuRS 2008, 474052; mit Verweis auf Urt. vom 21.11.1991 – Rs. C-269/90 „TU München" Rn. 14 – NVwZ 1992, 358, 359.

des Sachverhalts und auf offensichtliche Beurteilungsfehler beschränkt. Dieser Grundsatz ist weitgehend vereinbar mit der Kontrolldichte, wie sie deutsche Gerichte bei der Kontrolle behördlicher Ermessensentscheidungen anzulegen haben (vgl. § 114 VwGO).[452] Die zuständige Behörde muss sich dabei stets vergegenwärtigen, dass sie auf der Grundlage des Art. 4 Abs. 5 S. 1 VO 1370/2007 eine Ermessensentscheidung trifft. Ihre Entscheidung sollte sie in den Akten nachvollziehbar dokumentieren, um dem Einwand eines Ermessensausfalls zu begegnen.

II. Welcher Rechtsweg ist gegenwärtig eröffnet?

1. Vergaberechtliches Nachprüfungsverfahren gem. §§ 102 ff. GWB

a. Direkte Anwendung der §§ 102 ff. GWB

In Deutschland ist der Rechtsschutz im Rahmen der Vergabe öffentlicher Liefer-, Bau- und Dienstleistungsaufträge maßgeblich durch die Rechtsmittelrichtlinien 89/665/EWG[453] und 92/13/EWG[454] geprägt worden. Diese Richtlinien gelten für Aufträge, die in den Anwendungsbereich der Richtlinien 2004/18/EG und 2004/17/EG fallen, was für die Vergabe öffentlicher Dienstleistungsaufträge außerhalb des Sektorenbereichs aus Art. 1 Abs. 1 Richtlinie 89/665/EWG folgt. Für Vergaben von Aufträgen im Personenverkehr nach Art. 5 Abs. 1 S. 2 VO 1370/2007, einschließlich der Überprüfung von Maßnahmen nach Art. 4 Abs. 5 S. 1 VO 1370/2007, gilt daher unverändert das vergaberechtliche Nachprüfungsverfahren, wie es in §§ 102 ff. GWB geregelt ist. Die Vergabe von Aufträgen im öffentlichen Personenverkehr nach Art. 5 Abs. 2 bis 6 VO 1370/2007 unterfällt indes den Rechtsmittelrichtlinien grundsätzlich nicht. Diese sind von den Vergaberichtlinien 2004/18/EG und 2004/17/EG bislang nicht erfasst. Dabei handelt es sich im Falle des Art. 5 Abs. 2 bis 5 VO 1370/2007 vor allem um Vergaben im straßengebundenen Personenverkehr, für die die allgemeinen Vergaberichtlinien nicht einschlägig sind, weil Gegenstand der Vergabe eine Dienstleistungskonzes-

452 Schwarz, in: Fehling/Kastner, Verwaltungsrecht, § 114 VwGO Rn. 89 mwN.

453 Richtlinie des Rates zur Koordinierung der Rechts- und Verwaltungsvorschriften für die Anwendung der Nachprüfungsverfahren im Rahmen der Vergabe öffentlicher Liefer-, Bau- und Dienstleistungsaufträge (89/665/EWG) vom 21.12.1989, ABl. EG Nr. L 395 vom 30.12.1989, S. 33, „Rechtsmittel-RL“, zuletzt geändert durch die Richtlinie 2007/66/EG vom 11.12.2007, ABl. EU Nr. L 355 vom 20.12.2007, S. 31.

454 Für den Rechtsschutz bei Vergaben durch Sektorenauftraggeber gilt die Richtlinie 92/13/EWG vom 25.02.1992, ABl. EG Nr. L 76 vom 23.03.1992, S. 14. Sektorenauftraggeber üben eine Tätigkeit im Sinne der Art. 3-7 Richtlinie 2004/17/EG aus; was vor allem die Bereiche Gas, Wärme, Elektrizität, Wasser, Verkehrs- und Postdienste umfasst.

sion ist (vgl. Art. 17 Richtlinie 2004/18/EG i. V. m. Art. 5 Abs. 1 S. 2, 1. Hs. VO 1370/2007).[455] Was öffentliche Dienstleistungsaufträge im Schienenpersonenverkehr anbelangt, wird man nach der jüngsten Rechtsprechung des BGH[456] zur Vergabepflicht von Schienenpersonenverkehrsleistungen differenzieren müssen: Im Falle der Vergabe eines entgeltlichen Dienstleistungsauftrages im Sinne der allgemeinen Vergaberichtlinien ist zwar die Direktvergabe des öffentlichen Dienstleistungsauftrages gem. Art. 5 Abs. 6 VO 1370/2007 nach nationalem Recht untersagt. Daraus folgt jedoch nicht, dass zwangsläufig das Vergaberechtsregime der §§ 97 ff. GWB Anwendung findet. Vielmehr werden öffentliche Dienstleistungsaufträge im Schienenpersonenverkehr i. S. d. Art. 2 lit. i) VO 1370/2007 nach dem speziellen Vergaberecht der VO 1370/2007 vergeben, insbesondere auf der Grundlage eines wettbewerblichen Vergabeverfahrens nach Art. 5 Abs. 3 VO 1370/2007. Im Gegensatz zu straßengebundenen Personenverkehrsdiensten sieht Art. 5 Abs. 1 S. 2 VO 1370/2007 nämlich die zwingende Anwendung des allgemeinen Vergaberechts für entgeltliche Dienstleistungsaufträge im Eisenbahnverkehr gerade nicht vor.[457] Sofern demnach das GWB-Vergaberecht nicht gilt, ist auch das Nachprüfungsverfahren nach §§ 102 ff. GWB nicht statthaft. Die folglich vorhandenen Lücken im vergaberechtlichen Rechtsschutz sind von den Mitgliedstaaten nach den Anforderungen des Art. 5 Abs. 7 VO 1370/2007 zu schließen. Nach dem Willen des europäischen Gesetzgebers haben sich die Mitgliedstaaten dabei an den Maßstäben der Rechtsmittelrichtlinien zu orientieren.[458]

b. Analoge Anwendung der §§ 102 ff. GWB

In Betracht kommt jedoch bis zu einer Umsetzung des Art. 5 Abs. 7 VO 1370/2007 durch den deutschen Gesetzgeber eine analoge Anwendung der §§ 102 ff. GWB. Fraglich ist insofern aber das Erfordernis einer planwidrigen Regelungslücke als Voraussetzung einer Analogie. Zwar ist der deutsche Gesetzgeber seiner Umsetzungsverpflichtung bisher nicht nachgekommen, worin man mit Inkrafttreten der neuen Verordnung eine Regelungslücke erkennen könnte. Das Vorliegen einer Regelungslücke kann aber nicht ohne Rücksicht auf den Willen des europäischen Gesetzgebers, wie er in der zugrunde liegenden Vorschrift des Art. 5 Abs. 7 VO 1370/2007 zum Ausdruck kommt, ermittelt werden. Die konkrete Ausgestaltung des Rechtschutzes gegen Vergaben nach der VO 1370/2007 ist danach expressis verbis in das Umsetzungsermessen der Mitgliedstaaten gestellt worden. Eine

455 Vgl. VK Stuttgart, Beschl. vom 30.07.04 – 1 VK 48/04 – NZBau 2005, 59, 61.
456 Beschl. vom 08.02.2011 – X ZB 4/10 – NZBau 2011, 175 ff.
457 Bayreuther, NZA 2009, 582.
458 Erwägungsgrund 21 zu VO 1370/2007. So auch Kaufmann/Lübbig/Prieß/Pünder, VO 1370/2007-Kommentar, Art. 5 Rn. 281; Linke, S. 283; Pünder, EuR 2007, 564, 573.

Erstreckung des Anwendungsbereiches der Rechtsmittelrichtlinien auf die VO 1370/2007 ist bewusst unterblieben. Da der deutsche Vergaberechtsschutz nach den §§ 102 ff. GWB der Umsetzung der Rechtsmittelrichtlinien dient, kann aus dem Umsetzungsermessen des Art. 5 Abs. 7 1370/2007 nicht auf das Vorliegen einer planwidrigen Regelungslücke geschlossen werden.[459] Eine analoge Anwendung würde zudem die dem nationalen Gesetzgeber durch Art. 8 Abs. 2 VO 1370/2007 eingeräumte Umsetzungsfrist bis zum 03.12.2019 leerlaufen lassen Die §§ 102 ff. GWB sind daher als ein auf die allgemeinen Vergaberichtlinien beschränktes Sonderrecht nicht analogiefähig.[460]

c. Zuständigkeitsbegründung durch Selbstbindung des Auftraggebers

Diskutiert wird, ob sich die zuständige Behörde durch ihr Verhalten dergestalt selbst binden könne, dass damit der Weg zum vergaberechtlichen Nachprüfungsverfahren i. S. d. GWB eröffnet ist.[461] Zuzustimmen ist hier insoweit, als die zuständige Behörde bereits auf Grundlage des § 15 Abs. 2 AEG die Zuständigkeit der GWB-Nachprüfungsinstanzen begründen kann, wenn sie von sich aus ein wettbewerbliches Vergabeverfahren nach den §§ 97 ff. GWB einleitet. Die VO 1370/2007 verbietet nicht, dass sich die zuständige Behörde freiwillig strengeren Anforderungen an die Vergaberegeln unterwirft; sie etabliert lediglich einen Mindeststandard.[462] Außerhalb des § 15 Abs. 2 AEG ist eine Zuständigkeitsbegründung durch Selbstbindung der GWB-Nachprüfungsinstanzen jedoch sehr fraglich. Die vergebende Stelle ist stets befugt, sich freiwillig der Anwendung der materiellen Regeln des Vergaberechts zu unterwerfen. Damit ist aber grundsätzlich keine Rechtswegeröffnung nach § 102 ff. GWB verbunden, weil dem Auftraggeber hinsichtlich der Wahl des Rechtsweges die Dispositionsbefugnis fehlt.[463] Etwas anderes folgt auch nicht, wie indes im Schrifttum[464] vertreten, aus einer Entscheidung der Vergabekammer Lüneburg.[465] In dem der Entscheidung zugrunde liegenden Sachverhalt hatte der Auftraggeber einen Bauauftrag in Losen europaweit ausgeschrieben und als Nachprüfungsinstanz die Vergabekammer Lüneburg benannt. Die Vergabekammer Lüneburg bejahte ihre Zuständig-

459 Zur Zielsetzung der §§ 102 ff. GWB vgl. Begründung zum Gesetzentwurf der Bundesregierung zum VgRÄG vom 05.09.1997, BR-Drs. 646/97, S. 1.

460 Im Ergebnis ebenso Kaufmann/Lübbig/Prieß/Pünder, VO 1370/2007-Kommentar, Art. 5 Rn. 329.

461 Siehe hierzu Kaufmann/Lübbig/Prieß/Pünder, VO 1370/2007-Kommentar, Art. 5 Rn. 321.

462 Kaufmann/Lübbig/Prieß/Pünder, VO 1370/2007-Kommentar, Art. 5 Rn. 322.

463 OLG Düsseldorf, Beschl. vom 31.03.2004 – Verg 74/03 Rn. 15 –, zitiert nach juris; OLG Stuttgart, Beschl. vom 12.08.2002 – 2 Verg 9/02 – NZBau 2003, 340.

464 Kaufmann/Lübbig/Prieß/Pünder, VO 1370/2007-Kommentar, Art. 5 Rn. 325.

465 VK Lüneburg, Beschl. vom 05.07.2005 – VgK 26/05 – BeckRS 2005, 08096.

keit. Zwar begründe das verfahrensgegenständliche Los für sich allein nicht den Rechtsweg zu den Vergabekammern. Indem der Auftraggeber aber die Vergabekammer als Nachprüfungsstelle ausdrücklich benannt habe, wirke sich dies als Selbstbindung dergestalt aus, dass er das verfahrensgegenständliche Los nicht dem 20 %-Kontingent nach § 2 Nr. 7 VgV zugeordnet habe, für das der Rechtsweg nach § 102 ff. GWB nicht eröffnet gewesen wäre.[466] Aus dieser Entscheidung kann man schließen, dass die Vergabekammer Lüneburg zwar die Möglichkeit einer Selbstbindung an die Vorschriften des materiellen Vergaberechts bestätigt, nicht aber, dass die Benennung einer bestimmten Vergabekammer als Nachprüfungsstelle die Eröffnung des Rechtsweges begründet, wenn dies nicht – wie im Fall der Vergabekammer Lüneburg – unmittelbar aus der Bindung an materielle Vorschriften des Vergaberechts (im genannten Fall: § 2 Nr. 7 VgV) folgt.[467]

d. Umsetzungsbemühungen des deutschen Gesetzgebers

Der nicht in das parlamentarische Gesetzgebungsverfahren eingebrachte Referentenentwurf des BMVBS zur Änderung personenbeförderungsrechtlicher Vorschriften vom 27.08.2008 sah vor, die Zuständigkeit für die Nachprüfung öffentlicher Dienstleistungsaufträge im Anwendungsbereich der VO 1370/2007 einheitlich den Vergabekammern zuzuweisen.[468] Dieser sachgerechte Ansatz ist im Schrifttum[469] auf Zustimmung gestoßen. Insbesondere können damit die Anforderungen des Art. 5 Abs. 7 VO 1370/2007 an einen wirksamen und raschen Rechtsschutz, den der europäische Gesetzgeber[470] „auf Augenhöhe" mit den Gewährleistungen der Rechtsmittelrichtlinien verstanden wissen will, ohne Weiteres erfüllt werden. Der nunmehr vorliegende Gesetzentwurf der Bundesregierung aus dem Jahre 2011 zur Anpassung des nationalen Rechts an die VO 1370/2007 führt diesen notwendigen Schritt fort (§ 8a Abs. 6 PBefG).[471] Der Gesetzentwurf lässt indes weiterhin eine Regelung zum Rechtsweg nicht entgeltlicher öffentlicher Dienstleistungsaufträge im Eisenbahnverkehr, die mangels Anwendbarkeit des GWB-Vergaberechts, nicht von der Rechtswegzuweisung der

466 VK Lüneburg, Beschl. vom 05.07.2005 – VgK 26/05 – BeckRS 2005, 08096, siehe dort II. 1.

467 Unklar insoweit Kaufmann/Lübbig/Prieß/Pünder, VO 1370/2007-Kommentar, Art. 5 Rn. 325, die die Benennung einer Vergabekammer als Nachprüfungsstelle in den Ausschreibungsunterlagen mit Verweis auf VK Lüneburg, a. a. O., genügen lassen.

468 Bauer, PBefG-Kommentar, § 8 Rn. 37; Kaufmann/Lübbig/Prieß/Pünder, VO 1370/2007-Kommentar, Art. 5 Rn. 330; Stellungnahme der Sozietät Gaßner, Groth, Siederer & Coll. zum Referentenentwurf des BMVBS zur Anpassung des PBefG an die VO (EG) 1370/2007 vom 18.09.2008, abrufbar unter http://www.ggsc.de/service/downloads/289_18092008__5771__035.pdf.

469 Bauer, PBefG-Kommentar, § 8 Rn. 37; Kaufmann/Lübbig/Prieß/Pünder, VO 1370/2007-Kommentar, Art. 5 Rn. 330; Polster, NZBau 2010, 662, 668.

470 Vgl. Erwägungsgrund 21 der VO 1370/2007.

471 BR-Drs. 462/11, S. 3.

§ 102 ff. GWB erfasst sind, vermissen. Zur Vermeidung von Zweifelsfällen wäre es im Zuge eines neuen Gesetzesentwurfes zudem wünschenswert, wenn der Bundesgesetzgeber seine Möglichkeit nutzte und ausdrücklich klarstellte, dass sich die Zuständigkeit der Nachprüfungsstellen (§§ 102 ff. GWB) im Wege abdrängender Sonderzuweisung gem. § 40 Abs. 1 S. 1, 2. Hs VwGO auch auf die Vergabe einseitiger öffentlicher Dienstleistungsaufträge in Gestalt von Verwaltungsakten i. S. d. § 35 VwVfG erstreckt, wie sie nach gegenwärtiger Rechtslage wegen der Verleihung ausschließlicher Rechte durch die personenbeförderungsrechtliche Liniengenehmigung nach § 13 PBefG erfolgen. Deren Überprüfung obliegt nach § 40 Abs. 1 S. 1, 1. Hs VwGO bislang den Verwaltungsgerichten. Da sie nunmehr entweder dem allgemeinen Vergaberechtsregime oder Art. 5 Abs. 2 bis 5 VO 1370/2007 unterfallen, ist ein einheitlicher Vergaberechtsschutz durch die Nachprüfungsinstanzen aufgrund von deren Spezialisierung und wegen der Beschleunigungsgebote des GWB-Rechtsschutzes (vgl. § 113 GWB) angebracht.[472] Entsprechendes muss für die Betriebsübergangsregelungen aufgrund Art. 4 Abs. 5 S. 1 VO 1370/2007 gelten, die die zuständige Behörde durch rechtsgestaltenden Verwaltungsakt vollzieht. Mit einer Zuständigkeitskonzentration bei den Vergabekammern nach §§ 102 ff. GWB würden sodann die subjektiven Rechte der Bieter gegenüber der zuständigen Behörde von der sachnächsten Nachprüfungsinstanz beurteilt. Dessen ungeachtet verbleibt die Nachprüfung der gewerberechtlichen Voraussetzungen der Betriebsgenehmigung im öffentlichen Personenverkehr nach PBefG/AEG weiterhin in der Hand der Verwaltungsgerichte. Für den Vergaberechtsschutz ist allein die Auswahl des Betreibers eines öffentlichen Dienstes streitgegenständlich, nicht aber die Voraussetzung für eine gewerberechtliche Erlaubnis.

2. Verwaltungsgerichtlicher/zivilgerichtlicher Rechtsschutz

Wegen der gegenwärtig fehlenden Sonderzuweisung an die GWB-Nachprüfungsinstanzen muss die Frage gestellt werden, ob Bieter im Zusammenhang mit der Betriebsübergangsregelung des Art. 4 Abs. 5 S. 1 VO 1370/2007 einstweilen Rechtsschutz vor den Zivilgerichten oder den Verwaltungsgerichten zu suchen haben. Die Situation, in der sich die Auftragnehmer bis zum Tätigwerden des Gesetzgebers befinden, weist Parallelen auf zum Rechtsschutz bei Verstößen gegen Vergaberegeln im Unterschwellenbereich. Bei solchen Vergaben ist gem. § 100 Abs. 1 GWB i. V. m. § 2 VgV der Rechtsweg zu den Nachprüfungsins-

472 A. A. für Streitigkeiten nach dem PBefG Bauer, PBefG-Kommentar, § 8 Rn. 37.

tanzen nicht gegeben.[473] Nach der jüngeren Rechtsprechung des BVerwG[474] zum Rechtsschutz bei Aufträgen, die wegen des Unterschreitens der Schwellenwerte nicht den §§ 97 ff. GWB unterliegen, ist demnach regelmäßig der Rechtsweg zu den Zivilgerichten gem. § 13 GVG eröffnet. Denn bei der Vergabe öffentlicher Aufträge werde der Staat in der Regel wie jeder andere Marktteilnehmer als Nachfrager am Markt tätig, die von ihm abgeschlossenen Verträge gehörten also ausschließlich dem Privatrecht an. Die vorangehende Auswahl des Vertragspartners unter mehreren Bietern diene lediglich der Vorbereitung der Entscheidung über den Abschluss eines privatrechtlichen Vertrages. Da Auswahl und Vertragsschluss einen einheitlichen Lebenssachverhalt bildeten, stelle sich schließlich der gesamte Vergabevorgang als privatrechtlich dar. Vereinzelt ist bereits vertreten worden, diese Entscheidung des BVerwG auf öffentliche Dienstleistungsaufträge nach Art. 2 lit. i) VO 1370/2007 zu übertragen, da sich die Behörde auch dort „in aller Regel" auf dem Boden des Privatrechts bewege.[475] Dem kann indes nicht zugestimmt werden. Speziell für die Umsetzung einer Betriebsübergangsmaßnahme ist vielmehr folgende Betrachtung geboten:

a. Unmittelbarer Vollzug der Betriebsübergangsmaßnahme durch Verwaltungsakt

Wie dargestellt,[476] kann die zuständige Behörde eine Maßnahme nach Art. 4 Abs. 5 S. 1 VO 1370/2007 durch rechtsgestaltenden Verwaltungsakt vollziehen. In diesem Fall kommt es ihr gerade darauf an, den Betriebsübergang im Zuge des Betreiberwechsel mit unmittelbarer Rechtswirkung gegenüber den beteiligten Betreibern und ihren Arbeitnehmern herbeizuführen. Die einseitig hoheitliche Pflichtenbegründung des Leistungserbringers durch die zuständige Behörde ist als öffentlich-rechtlich zu qualifizieren, wenn sich die Behörde damit zielgerichtet der Rechtsform des Verwaltungsaktes i. S. d. § 35 VwVfG bedient. Mit dem Erlass eines solchen Verwaltungsaktes nimmt die Behörde ein staatliches Sonderrecht[477] für sich in Anspruch, dessen Beurteilung – auch bei privatrechtsge-

473 Das BVerfG hat entschieden, dass die differenzierte Rechtschutzgewährung bei Vergaben ober- und unterhalb der Schwellenwerte nicht gleichheitswidrig ist, Beschl. vom 13.06.2006 – 1 BvR 1160/03 – NJW 2006, 3701, 3703 f.

474 BVerwG, Beschl. vom 02.05.2007 – 6 B 10/07 – NJW 2007, 2275 ff. Vgl. auch Gurlit, in: Erichsen/Ehlers, AllgVerwR, § 30 Rn. 6; Maurer, § 14 Rn. 5.

475 Leitlinien zur Anwendung der Verordnung (EG) Nr. 1370/2007 über öffentliche Personenverkehrsdienste auf Schiene und Straße, Bekanntmachung des Bayerischen Staatsministeriums für Wirtschaft, Infrastruktur, Verkehr und Technologie vom 14. August 2009, Az.: VII/2-7410/160/1, abrufbar unter:http://www.regierung.schwaben.bayern.de/Aufgaben/Bereich_2/Leitlinien_EuVO.pdf.

476 Dritter Teil B. II.

477 Normen, die einseitig staatliche Hoheitsträger berechtigen (Sonderrecht), sind dem öffentlichen Recht zuzuordnen, siehe Unruh, in Fehling/Kastner, § 40 VwGO Rn. 105 ff. mwN.

staltenden Rechtsakten – zwingend nach öffentlichem Recht erfolgt.[478] Bei dem unmittelbaren Vollzug des Betriebsübergangsverlangens durch Verwaltungsakt ist daher der Verwaltungsrechtsweg nach § 40 Abs. 1 S. 1 VwGO eröffnet.

b. Umsetzung durch Ausführungsbedingung im Verkehrsvertrag

Der zwischen dem Leistungserbringer und der zuständigen Behörde abgeschlossene Verkehrsvertrag, vgl. Art. 2 lit. i) VO 1370/2007, und die in ihm ggf. enthaltenen Betriebsübergangsmaßnahme sind ebenfalls öffentlich-rechtlicher Natur und somit derzeit gem. § 40 Abs. 1 S. 1 VwGO den Verwaltungsgerichten zur Streitentscheidung zugewiesen.[479] Zwar ist ein Vertrag zur Beschaffung von Gütern und Dienstleistungen, mit denen die Behörde öffentliche Aufgaben erfüllt, grundsätzlich dem Privatrecht zuzuordnen,[480] weshalb es für die Rechtsnatur eines öffentlichen Dienstleistungsauftrages im öffentlichen Personenverkehr auch nicht entscheidend darauf ankommt, dass die Behörde eine Verkehrsleistung zum Zwecke der Daseinsvorsorge bestellt. Für die Einordnung ist aber ausschlaggebend, dass der Staat zur Gewährleistung von Dienstleistungen im allgemeinen Interesse am Marktgeschehen nicht wie jeder andere Marktteilnehmer auftritt, sondern mit dem Betreiber Leistungen vereinbart, die auf der Grundlage der VO 1370/2007 gemeinwirtschaftlichen Verpflichtungen unterliegen. Zu diesem Zwecke bedient sich die Behörde eines spezifischen Sonderrechts, das in den Vorschriften des nationalen Rechts (PBefG/AEG/RegG) und der VO 1370/2007 seine Grundlage findet. Dabei handelt es sich um Rechtnormen, die ausschließlich den Staat („zuständige Behörde“) dazu berechtigen, den Betreiber eines öffentlichen Dienstes bestimmten öffentlich-rechtlichen Anforderungen zu unterwerfen, die er unter Berücksichtigung seines eigenen wirtschaftlichen Interesses nicht oder nicht im gleichen Umfang ohne Gegenleistung übernommen hätte, vgl. Art. 2 lit. e) VO 1370/2007, und für die der Staat im Gegenzug eine Kompensationsleistung[481] erbringt. Eine solche Vereinbarung ist also maßgeblich durch öffentliche-rechtliche Bindungen geprägt.[482] Das gleiche muss dann auch für das dem Vertragsschluss vorausgehende Vergabeverfahren gelten, das nach Art. 5 VO 1370/2007 einem besonderen Rechtsregime unterliegt.

---

478 Jüngst OVG Münster, Beschl. vom 27.04.2010 – 1 E 406/10 – NVwZ-RR 2010, 587, 588. Vgl. auch Reimer, in: BeckOK-VwGO, § 40 Rn. 79; wie hier auch Kaufmann/Lübbig/Prieß/Pünder, VO 1370/2007-Kommentar, Art. 5 Rn. 316.

479 VK Brandenburg, Beschl. vom 10.02.2003 – VK 80/02 – NJOZ 2003, 3136 f.; sehr ausführlich Prieß, NZBau 2002, 539, 542 ff.; Kaufmann/Lübbig/Prieß/Pünder, VO 1370/2007-Kommentar, Art. 5 Rn. 316 ff.

480 Unruh, in Fehling/Kastner, § 40 VwGO Rn. 126.

481 Ausschließliche Rechte oder Ausgleichsleistungen i. S. d. VO 1370/2007.

482 Kaufmann/Lübbig/Prieß/Pünder, VO 1370/2007-Kommentar, Art. 5 Rn. 319.

In dieser Beurteilung liegt auch kein Widerspruch zur zitierten Rechtsprechung des BVerwG. Das BVerwG[483] weist ausdrücklich darauf hin (hat es aber für den von ihm entschiedenen Fall verneint), dass die Rechtsnatur des zugrunde liegenden Rechtsverhältnisses in Vergabefällen zwar nicht im Regelfall, aber ausnahmsweise durchaus öffentlich-rechtlicher Natur sein kann. Aufgrund des besonderen Charakters der Vereinbarung von Dienstleistungen im öffentlichen Personenverkehr stellt der Verkehrsvertrag in Gestalt eines öffentlichen Dienstleistungsauftrages gem. Art. 2 lit. i) VO 1370/2007 einen solchen Ausnahmefall im Sinne der Rechtsprechung des BVerwG dar, in dem sowohl das Vergabeverfahren als auch der Abschluss des Verkehrsvertrages öffentlich-rechtlich geprägt sind.[484] Für Streitigkeiten aus diesem Rechtsverhältnis ist somit – ohne Vorliegen einer abdrängenden Sonderzuweisung – der Verwaltungsrechtsweg gem. § 40 Abs. 1 S. 1 VwGO eröffnet.

c. Rechtsschutzanforderungen im verwaltungsgerichtlichen Verfahren

Im Vergabeverfahren kommt dem Zuschlag regelmäßig verfahrensbeendende Wirkung zu. Dies folgt daraus, dass primärrechtlich eine Aufhebung des öffentlichen Dienstleistungsauftrages durch einen unterlegenen Bieter nach dem Grundsatz „pacta sunt servanda“ grundsätzlich nicht mehr zu erreichen ist.[485] Der Gesetzgeber hat diesen Grundsatz im GWB-Rechtsschutz ausdrücklich in § 114 Abs. 2 S. 1 GWB normiert. Das grundsätzliche Verbot der Aufhebung der Zuschlagsentscheidung stellt einen allgemeinen Rechtsgedanken[486] des deutschen Zivilrechts dar und erheischt auch beim Rechtsschutz gegen öffentlich-rechtliche Verträge[487] Beachtung. Gerechtfertigt ist dieser Bestandsschutz aus dem Gedanken der Rechtssicherheit und des Vertrauensschutzes.[488] Die Erteilung des Zuschlags löst beim ausgewählten Betreiber regelmäßig bedeutsame wirtschaftliche Dispositionen aus, die er im Vertrauen auf den Bestand des Vertrages vornimmt. Im Bereich des öffentlichen Personenverkehrs kommt diesem Umstand eine besondere Bedeutung zu, weil die Dienstleistungserbringung im öffentlichen Personenverkehr in erheblichem Umfang betriebsmittelintensiv ist. Insbesondere

483 BVerwG, Beschl. vom 02.05.2007 – 6 B 10/07 – NJW 2007, 2275, Rn. 5.

484 So auch Kaufmann/Lübbig/Prieß/Pünder, VO 1370/2007-Kommentar, Art. 5 Rn. 319.

485 H. M. vgl. BGH, Beschl. vom 19.12.2000 – X ZB 14/00 – NZBau 2001, 151 ff.; Dreher, in: Immenga/Mestmäcker, Wettbewerbsrecht, § 114 GWB Rn. 31. Keinen Bestandsschutz genießt der öffentliche Dienstleistungsauftrag dann, wenn er z. B. sittenwidrig i. S. d. § 138 Abs. 1 BGB ist. Dies ist der Fall, wenn Auftraggeber und ausgewählter Auftragnehmer unter Missachtung der Wettbewerbsgleichheit kollusiv zusammenwirken, siehe BGH a. a. O., 154 f.

486 Für das Vergaberecht vgl. Schneider, S. 133 mwN.; Widmann, S. 185.

487 Widmann, S. 204.

488 Schneider, S. 165 mwN.

im Schienenpersonenverkehr besteht hinsichtlich der benötigten Schienenfahrzeuge regelmäßig ein großer Investitionsbedarf und eine lange Vorlaufzeit für die ggf. notwendige Beschaffung des erforderlichen Rollmaterials. Vor diesem Hintergrund gilt es auch, der Gefahr zu begegnen, dass sich kompetente Wettbewerber dem Vergabeverfahren nur deshalb fernhalten, weil sie eine jahrelange Unsicherheit über die Wirksamkeit der Zuschlagsentscheidung fürchten und damit „der Auftrag schlussendlich nicht an den Leistungsstärksten, sondern an den Prozessfreudigsten vergeben wird."[489] Der Grundsatz der Unaufhebbarkeit der vergaberechtlichen Auswahlentscheidung sollte im Anwendungsbereich der VO 1370/2007 unabhängig davon gelten, ob der öffentliche Dienstleistungsauftrag nach Art. 2 lit. i) VO 1370/2007 als öffentlich-rechtlicher Vertrag oder als einseitiger Betrauungsakt ausgestaltet ist. Denn die dargestellten Gründe für den Bestandsschutz gelten für einen einseitigen öffentlichen Dienstleistungsauftrag gleichermaßen. Auch die Umsetzung der Betriebsübergangsregelung durch rechtsgestaltenden Verwaltungsakt muss dann konsequent vom Verbot der Aufhebung einer Vergabeentscheidung erfasst werden. Indem dieser Verwaltungsakt dem Vollzug des behördlichen Betriebsübergangsverlangens dient, ist er nur unselbstständiger Bestandteil der Vergabeentscheidung. Die Vergabeentscheidung beeinflusst das Übergangsverlangen inhaltlich durch eine entsprechende Verpflichtung der teilnehmenden Bieter, ihre Angebotskalkulation und die Ermittlung des konkreten Zuschussbedarf für den zu vergebenden Dienst. Da die Angebotswertung und der darauf beruhende Zuschlag keinen Bestand haben kann, sofern der Umsetzungsverwaltungsakt aufgehoben würde, muss dieser zwingend am Verbot der Aufhebung des Zuschlags teilnehmen. Die Situation ist insoweit vergleichbar mit dem Grundsatz der Ämterstabilität im beamtenrechtlichen Konkurrentenstreit.[490] Aus Gründen der Rechtssicherheit für die Allgemeinheit und den ausgewählten Beamten hat sich das Begehren des Konkurrenten auf Einstellung oder Beförderung nämlich grundsätzlich erledigt, wenn der ausgewählte Beamte ernannt worden ist.[491] Hier wie dort kann die Einschränkung des repressiven Rechtsschutzes aber kompensiert werden durch die Möglichkeit, den Vollzug der Auswahlentscheidung einstweilen vorbeugend zu verhindern. In dieser Konstellation gebietet das Recht auf effektiven Rechtsschutz (Art. 19 Abs. 4 S. 1 GG) sogar ein vorbeugendes Rechtsschutzverfahren, das es dem Konkurrenten ermöglicht, eine Verletzung eigener Recht im Auswahlverfahren gerichtlich überprüfen zu lassen.[492] In diesem Zusammenhang steht sodann auch die neuere

489 Zitat von Schneider, S. 164.

490 Widmann, S. 215.

491 Statt vieler aus dem Schrifttum: Kunig, in Schmidt-Aßmann/Schoch, 6. Kap. Rn. 91.

492 Widmann, S. 212; im Hinblick auf den beamtenrechtlichen Konkurrentenstreit Kunig, in Schmidt-Aßmann/Schoch, 6. Kap. Rn. 92.

Rechtsprechung des BVerwG, wonach im Falle der Vereitelung eines effektiven Rechtsschutzes durch Ernennung des ausgewählten Konkurrenten unter Missachtung der gebotenen Vorabinformations- und Wartepflicht einer Aufhebung der Ernennung des ausgewählten Konkurrenten nicht der Grundsatz der Ämterstabilität entgegensteht.[493]

Der Rechtsschutz gegen eine Maßnahme nach Art. 4 Abs. 5 S. 1 VO 1370/2007 ist vor den Verwaltungsgerichten damit regelmäßig präventiver Natur, weil mit der Zuschlagserteilung regelmäßig die Klagebefugnis gem. § 42 Abs. 2 VwGO entfällt. Da weder die Ankündigung der zuständigen Behörde gem. Art. 4 Abs. 5 S. 1 VO 1370/2007 noch die Auswahlentscheidung als (belastende) Verwaltungsakte zu qualifizieren sind, ist vorbeugender Rechtsschutz allein nach § 123 Abs. 1 VwGO in Gestalt einer Sicherungsanordnung statthaft.[494] Das Begehren wird regelmäßig darauf gerichtet sein, den Zuschlag an einen Wettbewerber bzw. die Betrauung nach PBefG einstweilen zu verhindern, oder darauf, dass der öffentliche Auftraggeber die Verfolgung sozialer Kriterien mithilfe einer Maßnahme nach Art. 4 Abs. 5 S. 1 VO 1370/2007 unterlassen möge. Der Antragsteller kann seinen Anordnungsanspruch dabei aus dem allgemein anerkannten öffentlich-rechtlichen Unterlassungsanspruch herleiten.[495] Dieser ist im Falle der Betriebsübergangsregelung darauf gerichtet, einen nicht gerechtfertigten Eingriff in die Unternehmerfreiheit des Art. 16 GR-Charta zu verhindern. Der Anordnungsgrund ergibt sich aus dem schutzwürdigen Interesse des Wettbewerbers, den drohenden Zuschlag und damit die dauerhafte und unangreifbare (siehe oben) Vereitelung seiner Primäransprüche zu verhindern.[496]

Ein wirksamer Rechtsschutz setzt voraus, dass der betroffene Bieter rechtzeitig von dem beabsichtigten Zuschlag der Behörde erfährt, um dem drohenden Primärrechtsverlust begegnen zu können. Eine Vorabinformationspflicht – wie in § 101a GWB normiert – könnte dem betroffenen Wettbewerber insofern helfen, seine Rechte effektiv zu sichern. Art. 5 Abs. 7 VO 1370/2007 enthält eine solche Vorabinformationspflicht des öffentlichen Auftraggebers jedoch nicht ausdrücklich. Der Gesetzentwurf der Bundesregierung zur Änderung personenbeförderungsrechtlicher Vorschriften aus dem Jahr 2011 sieht in § 8a Abs. 4 S. 3 PBefG-E eine Regelung vor, wonach eine dem § 101a GWB entsprechende Vorabinformations- und Wartepflicht auch für Vergaben nach der VO 1370/2007 obligat werden soll.[497] Fraglich ist daher, ob bis zu einer Einbeziehung von Ver-

493 BVerwG, Urt. vom 04.11.2010 – 2 C 16/09 – NJW 2011, 695, 697.

494 Widmann, S. 204.

495 Ausführlich Widmann, S. 205 f.

496 VG Münster, Beschl. vom 09.03.2007 – 1 L 64/07 – BeckRS 2007, 22786; Ruhland, VergabeR 2006, 731, 738.

497 BR-Drs. 462/11, S. 3.

gaben nach der VO 1370/2007 in den Anwendungsbereich des 4. Teils des GWB bereits jetzt de lege lata eine Vorabinformationspflicht angenommen werden kann.[498] Die derzeitige Situation ist auf nationaler Ebene erneut vergleichbar mit dem Primärrechtsschutz, wie er gegenwärtig für den Unterschwellenbereich gewährleistet ist. Für Vergaben außerhalb der §§ 97 ff. GWB hatte es das BVerfG[499] als vereinbar mit dem Grundgesetz erachtet, dass der Gesetzgeber für diese Auftragsvergaben keine Vorabinformationspflicht vorgesehen hat. Es liege vielmehr im gesetzgeberischen Ermessen, das Interesse des Auftraggebers an einer zügigen Ausführung des Auftrages und das des erfolgreichen Bewerbers an alsbaldiger Rechtssicherheit dem Interesse des erfolglosen Bieters an Primärrechtsschutz vorzuziehen und diesen regelmäßig auf den Sekundärrechtsschutz zu verweisen. Die Verpflichtung, einen faktisch realisierbaren Primärrechtsschutz im Vergaberecht zu gewährleisten, obliege dem Gesetzgeber nicht.[500] Die Entscheidung ist im Schrifttum[501] zu Recht stark kritisiert worden. Widmann[502] hat überzeugend dargelegt, dass der Beschluss des Ersten Senats erhebliche Friktionen zur bisherigen Rechtsprechung des BVerfG hinsichtlich des Anspruchs auf effektiven Rechtsschutz im vergaberechtlichen Nachprüfungsverfahren aufweist: Der Zweite Senat habe nämlich noch zwei Jahre zuvor die Bedeutung des Primärrechtsschutzes im Überschwellenbereich ausdrücklich betont und zu diesem Zweck die Anforderungen an die Antragsbefugnis gem. § 107 Abs. 2 GWB abgesenkt. Der darin liegende Widerspruch leuchtet in der Tat kaum ein. Auch im Vergleich zu beamtenrechtlichen Konkurrentenstreitigkeiten,[503] in denen eine Vorabinformationspflicht aus Art. 19 Abs. 4 i. V. m. Art. 33 Abs. 2 GG abgeleitet wird, verfestigt die Rechtsprechung des BVerfG damit für Vergaben außerhalb des 4. Teils des GWB eine Rechtsschutzlücke, die allein mit dem Bedürfnis nach einer rechtssicheren und zügigen Auftragsvergabe nicht zu rechtfertigen ist.[504] Wenngleich die §§ 97 ff. GWB gegenwärtig nicht anwend-

498 Teilweise besteht eine Vorabinformationspflicht in einzelnen Ländern, z. B. nach § 9 SächsVergabeDVO, vgl. Widmann, S. 209.

499 BVerfG, Beschl. vom 13.06.2006 – 1 BvR 1160/03 – NJW 2006, 3701 ff.

500 BVerfG, Beschl. vom 13.06.2006 – 1 BvR 1160/03 – NJW 2006, 3701, 3704.

501 Z. B. Braun, NZBau 2008, 160, 162; Gers-Grapperhaus, S. 219; Knöbl, S. 185 f.; Niestedt/Hölzl, NJW 2006, 3680, 3681; Sauer/Hollands, NZBau 2006, 763, 767 f.; Widmann, S. 217. Grundlegend auch Klingner, S. 635 f.

502 Widmann, S. 214.

503 BVerfG, Beschl. vom 19.09.1989 – 2 BvR 1576/88 – NJW 1990, 501; siehe auch Beschl. vom 08.07.1982 – 2 BvR 1187/80 – NJW 1982, 2173.

504 Widmann, S. 216: „Eine Stellungnahme [des BVerfG] zu dieser Thematik wäre in diesem Zusammenhang auch deshalb angebracht gewesen, da eine Vorabinformation der unterlegenen Bewerber auch nach der Rechtsprechung des Bundesverfassungsgerichts im Beamtenrecht für die Ausgestaltung eines effektiven Rechtsschutzverfahrens überragende Bedeutung zukommt."

bar sind, kann die zitierte Rechtsprechung des BVerfG zum Unterschwellenbereich indes nicht auf Vergaben nach der VO 1370/2007 übertragen werden, weil dem Grundsätze des Unionsrechts entgegenstehen. Nach Art. 5 Abs. 7 VO 1370/2007 ist nämlich nicht nur wirksamer Rechtsschutz zu gewähren, sondern außerdem sicherzustellen, dass eine Vergabeentscheidung auf Antrag einer Person auch dann überprüft werden kann, wenn der aus einer rechtswidrigen Entscheidung resultierende Schaden noch nicht eingetreten ist (vgl. Art. 5 Abs. 7: „oder geschädigt werden zu können"). Dies verlangt einen effektiven Primärrechtsschutz, der aufgrund des Bestandschutzes einmal erteilter öffentlicher Dienstleistungsaufträge davon abhängt, dass der öffentliche Auftraggeber die nicht ausgewählten Bieter rechtzeitig vor der Zuschlagsentscheidung informiert. Nur dann haben die beteiligten Wettbewerber die Möglichkeit, die drohende Vereitelung ihrer Rechte abzuwenden. In der Rechtssache „Alcatel Austria"[505] hatte der EuGH Gelegenheit, darzulegen, dass ein Primärrechtsschutz unabhängig davon bestehen müsse, ob ein Antragsteller nach Vertragsschluss Anspruch auf Schadensersatz wegen der Verletzung seiner Bieterrechte geltend machen könne. Die Entscheidung bezog sich dabei auf die Auslegung des Art. 2 Abs. 1 lit. a) und b) i. V. m. Abs. 6 Rechtsmittelrichtlinie 89/665/EWG, der die Anforderungen an das Nachprüfungsverfahren normiert. Die Rechtsmittelrichtlinie ist zwar auf die VO 1370/2007 nicht unmittelbar anwendbar.[506] Der EuGH knüpft in seiner „Alcatel"-Rechtsprechung indes an das unionsrechtliche Gebot effektiven Rechtsschutzes[507] an, das von den Mitgliedstaaten eine Ausgestaltung des Rechtsschutzes verlangt, die die Ausübung der durch das Unionsrecht gewährten Rechte nicht praktisch unmöglich macht oder wesentlich erschwert.[508] Dies wäre aber der Fall, wenn sich Bieter in einem Wirtschaftsbereich, in dem die öffentliche Hand über das Nachfragemonopol verfügt, regelmäßig nur auf den Sekundärrechtsschutz verweisen lassen müssten. In Rechtsschutzverfahren für Vergaben nach der VO 1370/2007 muss wegen der wirtschaftlich enormen Bedeutung öffentlicher Auftragsvergaben für den Wettbewerb jedenfalls ein wirksamer Primärrechtsschutz zur Verfügung stehen, der sich lediglich über

505 EuGH, Urt. vom 28.10.1999 – Rs. C-81/98 „Alcatel Austria" Rn. 43 – NZBau 2000, 33, 35.

506 Im Unterschied zum Unterschwellenbereich hat der EU-Gesetzgeber mit der VO 1370/2007 jedoch ein unionsrechtliches materielles Vergaberecht für den öffentlichen Personenverkehr etabliert, weshalb sich die Grundsätze der Rechtsmittelrichtlinie durchaus übertragen lassen, vgl. zur Problematik im Unterschwellenbereich Widmann, S. 219. Hinsichtlich der Nichtanwendbarkeit der Richtlinie 89/665/EWG auf die VO 1370/2007 siehe oben Fünfter Teil A. I.

507 EuGH, Urt. vom 11.09.2003, Rs. C-13/01 „Saferalo" Rn. 49, BeckEuRS 2003, 277780; Urt. vom 20.09.2001 – Rs. C-453/99 Rn. 29 – EuZW 2001, 715, 716; Urt. vom 10.07.1997 – Rs. C-261/95 Rn. 27 – NZA 1997, 1041, 1042.

508 EuGH, Urt. vom 20.09.2001 – Rs. C-453/99 – EuZW 2001, 715, 716.

eine effektive Vorabinformationspflicht gewährleisten lässt.[509] Die Vorabinformationspflicht der zuständigen Behörde besteht diesbezüglich schon vor einer gesetzgeberischen Einbeziehung der VO 1370/2007-Vergaben in den 4. Teil des GWB. Nach dem unionsrechtlichen Effizienzgebot des Art. 4 Abs. 3 EUV folgt aus Art. 5 Abs. 7 VO 1370/2007 bereits jetzt eine derartige Nebenpflicht aus dem öffentlich-rechtlichen Vergaberechtsverhältnis[510] zwischen der zuständigen Behörde und den am Vergabeverfahren beteiligten Bietern. Diese kann unmittelbar aus Art. 5 Abs. 7 VO 1370/2007 i. V. m. dem Rechtsgedanken des § 13 VgV entnommen werden.

B. Rechtsschutz zur Durchsetzung materieller Rechte aus Arbeitnehmersicht

Zweifelsohne wirkt sich eine Maßnahme nach Art. 4 Abs. 5 S. 1 VO 1370/2007 auch auf die beim bisherigen Betreiber beschäftigten Arbeitnehmer aus. Regelmäßig werden diese Arbeitnehmer ein Interesse daran haben, vom neuen Betreiber weiterbeschäftigt zu werden, insbesondere dann, wenn – wie bei kleineren regionalen Verkehrsunternehmen – absehbar ist, dass ein Ersatzauftrag nicht zu erlangen ist. Wenn die Behörde die Betriebsübergangsregelung nicht von sich aus anwendet, stellt sich die Frage, ob die möglicherweise vom Betreiberwechsel betroffenen Arbeitnehmer die zuständige Behörde gleichwohl zu entsprechenden Anforderungen in den Ausschreibungsunterlagen verpflichten können. Ein Anspruch auf ermessensfehlerfreie Entscheidung könnte sich insoweit daraus ableiten lassen, dass Art. 4 Abs. 5 S. 1 VO 1370/2007 ein individualrechtsschützender Charakter beizumessen ist. Erforderlich ist dafür, dass die Norm den Arbeitnehmern eine Rechtsmacht zur Verfolgung eigener Interessen einräumt. Darunter ist die Berechtigung zu verstehen, dem Rechtsverpflichteten in einer normativen Konfliktsituation die eigenen Belange gegenüber geltend zu machen (sog. Schutznormtheorie).[511] Inwieweit eine Norm subjektive Rechte verleiht, ist durch Auslegung zu ermitteln. Der Wortlaut des Art. 4 Abs. 5 S. 1 VO 1370/2007

509 Siehe auch Kaufmann/Lübbig/Prieß/Pünder, VO 1370/2007-Kommentar, Art. 5 Rn. 299, mit dem Vorschlag, eine Stillhaltefrist von zehn Tagen zwischen Vorabinformation und Vertragsschluss entsprechend den Regelungen der Rechtsmittelrichtlinie anzuerkennen.

510 Gers-Grapperhaus, S. 130 ff., hat hierfür den treffenden Begriff des „Auswahlrechtsverhältnisses" vorgeschlagen. Nach den Ausführungen zur Rechtsnatur des öffentlichen Dienstleistungsauftrages im Bereich des öffentlichen Personenverkehrs (vgl. Erster Teil B. II.) muss dieses als öffentlich-rechtlich qualifiziert werden.

511 Wahl, in: Schoch/Schmidt-Aßmann/Pietzner, Vorbem. § 42 Abs. 2 Rn. 46; Sennekamp, in: Fehling/Kastner, Verwaltungsrecht, § 42 VwGO Rn. 44.

streitet weder für noch gegen die Einräumung subjektiver Rechte zugunsten der betroffenen Arbeitnehmer. Auf den ersten Blick spricht der Normzweck für eine Anerkennung individueller Rechte. Immerhin sollen die Arbeitnehmer des Altbetreibers mithilfe einer Maßnahme nach Art. 4 Abs. 5 S. 1 VO 1370/2007 vor dem möglichen Verlust ihres Arbeitsplatzes, der wirtschaftlich von dem zu vergebenden öffentlichen Dienstleistungsauftrag abhängt, geschützt werden. Zwar verleiht eine Rechtsnorm, deren Rechtsfolge einen Dritten schützt, in der Regel dem Inhaber des Rechtsgutes auch ein Recht zur Geltendmachung seiner individuellen Interessen; dies ist aber dann nicht der Fall, wenn sich die Rechtsposition des Betroffenen in einer faktischen Begünstigung erschöpft.[512] Davon muss im Falle der Betriebsübergangsregelung mit Blick auf die Rechtposition der Arbeitnehmer ausgegangen werden. Denn Art. 4 Abs. 5 S. 1 VO 1370/2007 ist eine vergaberechtliche Befugnisnorm, die dem öffentlichen Auftraggeber die Verfolgung sozialer Zwecke bei der Vergabe öffentlicher Dienstleistungsaufträge im öffentlichen Personenverkehr erlaubt. Die Begünstigung der Arbeitnehmer ist dabei von vornherein lediglich Folge des sozial- und wirtschaftspolitischen Gestaltungsmittels der öffentlichen Hand, das in Art. 4 Abs. 5 S. 1 VO 1370/2007 verkörpert ist. Etwas anderes folgt auch nicht aus dem Berufsgrundrecht der Arbeitnehmer gem. Art. 15 GR-Charta. Denn das Berufsgrundrecht befugt die Arbeitnehmer nicht dazu, in das staatliche Beschaffungswesen oder die Bedingungen für die Teilnahme der Verkehrsunternehmen am Wettbewerb um öffentliche Dienstleistungsaufträge einzugreifen. Dies ist ebenso wenig Gewährleistung des Berufsgrundrechtes und damit individualrechtsprägend, wie es keinen Anspruch der Arbeitnehmer des bisherigen Betreibers gibt, zum Zwecke des Erhalts der Arbeitsplätze überhaupt an einer Ausschreibung teilzunehmen. Dieser Befund wird auch in normsystematischer Hinsicht von Art. 5 Abs. 7 VO 1370/2007 gestützt. Darin ist Rechtsschutz nur gewährleistet für (zumindest potenzielle) Bieter, die ein Interesse am Erhalt des Auftrages haben. Aus Sicht des europäischen Gesetzgebers vermittelt die Verordnung daher anderen Personen – z. B. den Arbeitnehmern i. S. d. Art. 4 Abs. 5 S. 1 VO 1370/2007 – unter keinem rechtlichen Gesichtspunkt eine materielle Rechtsposition, deren effektive Durchsetzbarkeit unionsrechtlich geboten erscheint. Zwar wird in der Literatur[513] thematisiert, die Geltung des Unionsrechts in den Mitgliedstaaten insbesondere über eine großzügige Anerkennung subjektiver Rechte durchzusetzen. Diesem Erfordernis wird indes die Rechtsschutzgewährleistung des Art. 5 Abs. 7 VO 1370/2007 in vollem Umfang gerecht. Im Ergebnis kann daher festgestellt werden, dass die Betriebsübergangsregelung des Art. 4 Abs. 5 S. 1 VO 1370/2007 die Arbeitnehmer des Altbetreibers zwar begünstigt, aber gegenüber der zuständigen Behörde nicht berechtigt.

512 Sennekamp a. a. O. mwN.

513 Siehe Sachs, in: Stelkens/Bonk/Sachs, VwVfG-Kommentar, § 40 Rn. 146 mwN.

Auch in der Abwehrsituation haben die Arbeitnehmer des Altbetreibers keine Möglichkeit, die Betriebsübergangsregelung im öffentlichen Dienstleistungsauftrag unmittelbar zu verhindern oder zu beseitigen. Das Abwehrrecht aus ihrem unionsrechtlichen Berufsgrundrecht, Art. 15 Abs. 1 GR-Charta erschöpft sich allein darin, die Überleitung ihres Arbeitsverhältnisses durch Widerspruch oder Nichtannahme des Übernahmeangebotes des neuen Betreibers auszuschließen. Da die Arbeitnehmer damit die Einbeziehung in eine Maßnahme nach Art. 4 Abs. 5 S. 1 VO 1370/2007 privatautonom verhindern können, dürfte es im Rahmen ihres Berufsgrundrechtes an einer rechtlich relevanten Betroffenheit fehlen, jedenfalls aber an einem unverhältnismäßigen Eingriff der zuständigen Behörde in das Berufsgrundrecht der Arbeitnehmer des Altbetreibers.[514] Soweit es bei der Zuordnung des Arbeitnehmers im Falle des Teilbetriebsübergangs zu Konflikten kommt, handelt es sich dabei um eine arbeitsgerichtliche Streitigkeit, die zwischen dem Arbeitnehmer und dem betreffenden Verkehrsunternehmen auszutragen ist.

Somit kann festgehalten werden, dass die Arbeitnehmer des Altbetreibers weder einen Anspruch auf Anwendung des Art. 4 Abs. 5 S. 1 VO 1370/2007 noch auf Unterlassung gegen die zuständige Behörde geltend machen können. Auch der neue Gesetzentwurf der Bundesregierung zur Änderung personenbeförderungsrechtlicher Vorschriften[515] enthält keine Regelung, die den von einem Betriebsübergangsverlangen betroffenen Arbeitnehmern ein subjektives Recht vermittelte.

C. Drittbindungswirkung der Zuschlagsentscheidung

Hinsichtlich der Bindungswirkung[516] einer Betriebsübergangsmaßnahme gegenüber Dritten, einschließlich der Arbeitsgerichte, wird man wie folgt differenzieren müssen:

Sofern die zuständige Behörde durch Verwaltungsakt handelt, werden mit Bestandskraft dieses Rechtsaktes die Rechtsbeziehungen zwischen den Beteiligten (Alt- und Neubetreiber sowie Arbeitnehmer) umgestaltet. Die rechtsgestaltende Wirkung des Übergangsverwaltungsaktes bindet nicht nur die Arbeitsvertragsparteien, sondern auch die Arbeitsgerichte. Sie haben nämlich vergleichbar der

514 Das Widerspruchsrecht gewährleistet das Recht des Arbeitnehmers auf freie Wahl des Arbeitsplatzes, Preis: in ErfKomm, § 613a BGB Rn. 102.

515 BR-Drs. 462/11.

516 Hinsichtlich der Bindungswirkung für Schadensersatzforderungen vor den ordentlichen Gerichten siehe § 124 Abs. 1 GWB.

Drittbindungswirkung[517] z. B. im Rahmen des Anerkennungsverfahrens nach § 4 SchwbG[518] den Eintritt des Betriebsübergangs einer gerichtlichen Entscheidung zugrunde zu legen. Die Pflicht zur Beachtung der behördlichen Entscheidung folgt dabei aus der sog. Tatbestandswirkung des Verwaltungsaktes gegenüber Dritten und bedarf keiner gesonderten Anordnung.[519] Eine solche Drittbindungswirkung rechtfertigt sich hier daraus, dass aufgrund des grundsätzlichen Verbots der Aufhebung des vergaberechtlichen Zuschlags eine Maßnahme nach Art. 4 Abs. 5 VO 1370/2007 wegen ihres funktionellen Zusammenhangs mit der Vergabeentscheidung eines besonderen Bestandsschutzes bedarf. Der Übergangsverwaltungsakt ist damit einer inzidenten Überprüfung nicht zugänglich.

Nicht wesentlich anders wird man die Rechtslage beurteilen müssen, sofern der Auftragnehmer eine vertragliche Verpflichtung zur Übernahme der betroffenen Arbeitnehmer eingegangen ist (sog. Vertragslösung). Nach der Zuschlagserteilung ist die Auftragsbedingung im öffentlichen Dienstleistungsauftrag und ein eventuell abgegebenes Übernahmeangebot zugunsten der Arbeitnehmer nicht mehr rechtlich angreifbar. In einem Rechtsstreit vor den Arbeitsgerichten kann der neue Betreiber also nicht mehr damit gehört werden, dass die von ihm eingegangene Verpflichtung unwirksam sei. Vielmehr müsste die Übernahmeofferte vom Arbeitsgericht als bindend zugrunde gelegt werden, wobei aber letztlich durchaus streitig sein kann, ob der klagende Arbeitnehmer zum betroffenen Personenkreis zählt. Letzteres kann in dem öffentlichen Dienstleistungsauftrag aufgrund der geschilderten[520] Zuordnungsproblematik während des laufenden Ausschreibungsverfahrens nicht mit Bindungswirkung vorweggenommen werden.

D. Fazit

Hinsichtlich der Rechtsschutzgewährleistung enthält die VO 1370/2007 in Art. 5 Abs. 7 einen definierten Umsetzungsauftrag an die Mitgliedstaaten. Vor diesem Hintergrund besteht seit dem 03.12.2009 nur ein unbefriedigender Rechtszustand. Zwar ist derzeit für den Rechtsschutz gegen Maßnahmen nach Art. 4 Abs. 5 S. 1 VO 1370/2007 bei Dienstleistungskonzessionen i. S. d. EU-Vergaberechts das Verwaltungsgericht zuständig, welches ggf. auch im Eilverfahren die Einwände der Wettbewerber berücksichtigen kann. Jedoch ist aus Gründen der Verfahrenseffektivität ein einheitlicher spezifischer Vergaberechtsschutz

517 Weiterführend Sachs, in: Stelkens/Bonk/Sachs, VwVfG-Kommentar, § 43 Rn. 105.

518 BAG, Urt. vom 16.08.1991 – 2 AZR 241/90 – NZA 1992, 23 ff.

519 Schwarz, in: Fehling/Kastner, Verwaltungsrecht, § 43 VwVfG Rn. 19 f.

520 Dritter Teil E. II. 2.

vor den GWB-Nachprüfungsinstanzen – wie durch einen Gesetzentwurf[521] der Bundesregierung zur Änderung personenbeförderungsrechtlicher Vorschriften nunmehr weitgehend beabsichtigt – zu fordern. Die Maßgaben des Art. 5 Abs. 7 VO 1370/2007 lassen sich auf diese Weise unproblematisch umsetzen, da mit dem Rechtsschutzverfahren nach den §§ 102 ff. GWB ein den europäischen Rechtsmittelrichtlinien entsprechender Rechtsschutz in Vergabesachen besteht. In materieller Hinsicht sind die Rechtsschutzmöglichkeiten der Wettbewerber indes begrenzt. Aufgrund der Beschaffungsautonomie der zuständigen Behörde ist Rechtsschutz der Wettbewerber nur in der Abwehrposition denkbar und das auch nur dann, wenn sie substantiiert vortragen können, dass der Auftraggeber seinen Entscheidungsspielraum rechtsfehlerhaft ausgeübt habe. Die Arbeitnehmer des Altbetreibers indessen sind darauf beschränkt, eine Erstreckung der Übergangsanordung auf ihr Arbeitsverhältnis dadurch abzuwenden, indem sie dem Übergang widersprechen bzw. indem sie nicht mit dem neuen Betreiber auf seine Offerte hin kontrahieren. Einen Anspruch der möglicherweise betroffenen Arbeitnehmer auf eine Maßnahme nach Art. 4 Abs. 5 S. 1 VO 1370/2007 gibt es nicht. Nicht ausgeschlossen sind indes Rechtsstreite im Zusammenhang mit der konkreten Zuordnung der von der Betriebsübergangsregelung erfassten Arbeitnehmer vor den Arbeitsgerichten. Abgesehen von der Drittbindungswirkung der Maßnahme nach Art. 4 Abs. 5 S. 1 VO 1370/2007 beurteilen sich die möglichen Zuordnungsrechtsstreite nach den zum bisherigen Betriebsübergangsrecht entwickelten Kategorien.

521 BR-Drs. 462/11.

Zusammenfassung der wichtigsten Ergebnisse

Erster Teil:

1. Öffentliche Dienstleistungsaufträge für öffentliche Personenverkehrsdienste werden aufgrund der VO 1370/2007 nunmehr auch dann grundsätzlich wettbewerblich vergeben, wenn es sich um Dienstleistungskonzessionen im Sinne des europäischen Vergaberechts handelt.

2. Die Anwendung der Betriebsübergangsregelung kommt nur im Rahmen eines öffentlichen Dienstleistungsauftrages i. S. d. Art. 2 lit. i) VO 1370/2007 in Betracht. In Deutschland sind als öffentliche Dienstleistungsaufträge i. S. d. Art. 2 lit. i) VO 1370/2007 die PBefG-Liniengenehmigung sowie Verkehrsverträge über ausgleichspflichtige gemeinwirtschaftliche Verpflichtungen im Straßen- oder Schienenverkehr anzusehen.

3. Nach gegenwärtiger Rechtslage besteht für Verkehre i. S. d. PBefG eine Doppelzuständigkeit von regionalem Aufgabenträger und PBefG-Genehmigungsbehörde. Diese Behörden verfügen über ein Interventionsrecht i. S. v. Art. 2 lit. b) VO 1370/2007. De lege lata sollten die Befugnisse dieser Behörden dergestalt getrennt werden, dass die Genehmigungsbehörde auf die Prüfung der sicherheitsrechtlichen Voraussetzungen für die Genehmigungserteilung einschließlich der Verleihung ausschließlicher Rechte beschränkt wird und die Aufgabenträger demgegenüber für die vergaberechtliche Auswahlentscheidung und die Bedingungen der Leistungserbringung allein zuständig sind.
   Die notwendige inhaltliche Bindung zwischen den behördlichen Entscheidungen kann durch ein personenverkehrsrechtliches Einvernehmenserfordernis herbeigeführt werden.

Zweiter Teil:

1. Die Betriebsübergangsregelung ist mit den europäischen Grundfreiheiten vereinbar.
   Die Dienstleistungsfreiheit ist nicht einschlägig, soweit innerstaatliche Personenverkehre auf Schiene und Straße betroffen sind. Für diese Verkehre ist von einem tatsächlichen und rechtlichen Niederlassungserfordernis auszuge-

hen, sodass die Niederlassungsfreiheit maßgeblich ist. Grenzüberschreitende Verkehre sind hingegen aufgrund des Fehlens einer dauerhaften Integration in einen anderen Wirtschaftsraum anhand der im Verkehrssektor durch europäischen Sekundärrechts bereits gewährleisteten Dienstleistungsfreiheit (Art. 58 Abs. 1 AEUV) zu überprüfen. Diesbezüglich kann ein Verstoß gegen die Dienstleistungsfreiheit im Verkehrssektor aber nicht festgestellt werden, da die neue VO 1370/2007 die Dienstleistungsfreiheit im Verkehrssektor insgesamt erweitert und nicht beschränkt.
Für innerstaatliche Personenverkehre ist Art. 4 Abs. 5 S. 1 VO 1370/2007 mit der Niederlassungsfreiheit vereinbar. Die Norm beeinträchtigt die Gewährleistungen der Niederlassungsfreiheit nicht, da sie aufgrund ihrer unterschiedslosen unionsweiten Geltung das Diskriminierungsverbot achtet. Die Dogmatik vom Beschränkungsverbot der Grundfreiheiten kann nicht auf Rechtsakte der Unionsorgane übertragen werden, wenn diese, wie im Falle des Art. 4 Abs. 5 S. 1 VO 1370/2007, die wirtschaftliche Betätigungsfreiheit unterschiedslos in allen Mitgliedstaaten betreffen.
Die Arbeitnehmerfreizügigkeit wird von Art. 4 Abs. 5 S. 1 VO 1370/2007 nicht berührt, da die freie Wahl und Begründung eines Arbeitsverhältnisses im Aufnahmemitgliedstaat durch die Norm nicht beeinträchtigt wird.

2. Die Betriebsübergangsregelung ist auch mit den Unionsgrundrechten vereinbar. Sie stellt eine verhältnismäßige Grundrechtsschranke der Unternehmerfreiheit und des allgemeinen Gleichheitssatzes dar.

3. Das europäische Wettbewerbsrecht steht Art. 4 Abs. 5 S. 1 VO 1370/2007 nicht entgegen. Die Regelung wird vom Verbot des Art. 102 AEUV nicht erfasst. Weder unterfallen die zuständigen Behörden gem. Art. 2 lit. b) VO 1370/2007 dem funktionalen Unternehmensbegriff noch liegt eine marktbeherrschende Stellung der regionalisierten Aufgabenträger im Sinne des Art. 102 AEUV nahe. Die Anwendung der Betriebsübergangsregelung stellt auch keinen Marktmissbrauch dar.

4. Im Verhältnis zu Art. 26 Richtlinie 2004/18/EG ist die Betriebsübergangsregelung des Art. 4 Abs. 5 S. 1 VO 1370/2007 lex specialis. Dies gilt auch für die Dienstleistungsrichtlinie, die überdies eine Bereichsausnahme für Verkehrsdienste enthält. Gegenüber den Vorschriften der Betriebsübergangsrichtlinie tritt die Betriebsübergangsregelung jedoch zurück, da es anderenfalls zu einer Benachteiligung der Arbeitnehmer im Verkehrssektor käme. Das Verhältnis der hier untersuchten Betriebsübergangsregelung zur Betriebsübergangsrichtlinie kennzeichnet die Reserve- bzw. Auffangfunktion des Art. 4 Abs. 5 S. 1 VO 1370/2007 im Rahmen des vergaberechtlichen Arbeitnehmerschutzes.

Dritter Teil:

1. Die Betriebsübergangsregelung des Art. 4 Abs. 5 S. 1 VO 1370/2007 ist nach Wortlaut, Zweck und Systematik nicht auf Vergaben nach Art. 5 VO 1370/2007 beschränkt, sondern auch dann anwendbar, wenn der Gegenstand der Auftragsvergabe den allgemeinen Vergaberichtlinien zuzuordnen ist.

2. Eine Maßnahme nach Art. 4 Abs. 5 S. 1 VO 1370/2007 kann auch ergehen, wenn eine Direktvergabe gem. Art. 5 Abs. 2/Abs. 4 bis 6 VO 1370/2007 erfolgt.

3. Die Entscheidung über das „Ob“ einer behördlichen Betriebsübergangsmaßnahme liegt im politischen Gestaltungsermessen des öffentlichen Auftraggebers.

4. Hinsichtlich des „Wie“ verfügt die zuständige Behörde über ein beschränktes Ausgestaltungsermessen. Sie kann die Rechtsfolgen eines Betriebsübergangs bis auf den Mindeststandard, den die Richtlinie 2001/23/EG setzt, beschränken. An die Rechtsfolgen des § 613a BGB ist sie insoweit nicht gebunden. Andererseits legitimiert Art. 4 Abs. 5 S. 1 VO 1370/2007 die Behörde nicht dazu, den neuen Betreiber über die Rechtsfolgen des § 613a BGB hinaus zu verpflichten.

5. Die zuständige Behörde kann die Betriebsübergangsregelung durch eine vertragliche Ausführungsbedingung in das Vergabeverfahren einführen oder einen auf Art. 4 Abs. 5 S. 1 VO 1370/2007 gestützten Verwaltungsakt erlassen bzw. der Liniengenehmigung eine Nebenbestimmung i. S. d. § 36 VwVfG beifügen.

6. Die Ermittlung des Personenkreises der „betroffenen“ Arbeitnehmer sollte anhand der zu § 613a BGB entwickelten Grundsätze vorgenommen werden. Für die Zuordnung in Fällen eines flexiblen Personaleinsatzes („Springer“) ist auf den quantitativen Schwerpunkt der Beschäftigung des Arbeitnehmers abzustellen.

Vierter Teil:

1. Die Anwendung der Betriebsübergangsregelung durch die zuständige Behörde führt zu einen kalkulatorischen Informationsvorsprung des Altbetreibers gegenüber den Wettbewerbern, die die Lohnkosten der betreffenden Arbeitnehmer nicht kennen.

2. Die zuständige Behörde ist aufgrund des europäischen Gleichbehandlungsgebotes verpflichtet, die Informationsvorsprung durch die Gestaltung der Ausschreibungsunterlagen auszugleichen. Die Wettbewerber können dabei aus Art. 4 Abs. 5 S. 2 VO 1370/2007 einen verfahrensrechtlichen Anspruch auf Ausgleich des Informationsvorsprungs geltend machen.

3. Gegenwärtig kann die zuständige Behörde den Altbetreiber nicht gegen seinen Willen zwingen, die notwendigen Informationen offenzulegen. Hierfür bedarf es einer gesetzlichen Grundlage oder einer vertraglichen Regelung zwischen der Behörde und dem Altbetreiber.

4. Der Offenlegungsumfang des Art. 4 Abs. 5 S. 2 VO 1370/2007 ist entgegen seinem Wortlaut einschränkend dahin auszulegen, dass die Angabe der voraussichtlichen Personalkosten in den Ausschreibungsunterlagen dem Informationsanspruch der Wettbewerber genügt. Einer Datenübermittlung und Veröffentlichung personenbezogener Daten in den Ausschreibungsunterlagen stehen datenschutzrechtliche Bedenken nicht entgegen.

Fünfter Teil:

1. Eine Maßnahme nach Art. 4 Abs. 5 S. 1 VO 1370/2007 unterliegt der Rechtsschutzgewährleistung des Art. 5 Abs. 7 VO 1370/2007. Die gerichtliche Überprüfbarkeit des behördlichen Entscheidungsermessens ist auf die Richtigkeit des angenommenen Sachverhalts und auf offensichtliche Beurteilungsfehler der Behörde beschränkt.

2. Für Auftragsvergaben, die sich nach den allgemeinen Vergaberichtlinien vollziehen (Art. 5 Abs. 1 S. 2 VO 1370/2007), ist das vergaberechtliche Nachprüfungsverfahren nach §§ 102 ff. GWB eröffnet. Für die Vergabe von Dienstleistungskonzessionen ist hingegen weder eine direkte noch eine analoge Anwendung der §§ 102 ff. GWB möglich. Bis zur Umsetzung des Art. 5 Abs. 7 VO 1370/2007 durch den deutschen Gesetzgeber ist der Rechtsweg zu den Verwaltungsgerichten gegeben.

3. Wegen des Grundsatzes der Nichtaufhebarkeit der Zuschlagsentscheidung ist der Rechtsschutz vor den Verwaltungsgerichten regelmäßig präventiver Natur. Zur Gewährleistung effektiven Rechtsschutzes trifft die zuständige Behörde vor Zuschlagsentscheidung eine Vorabinformationspflicht gegenüber den unterlegenen Bietern.

4. Aus Arbeitnehmersicht ergibt Art. 4 Abs. 5 S. 1 VO 1370/2007 keine rechtsschutzfähige materielle Rechtsposition. Ein Anspruch auf ermessensfehlerfreie Entscheidung scheidet aus, weil sich die Betriebsübergangsregelung in einer faktischen Begünstigung erschöpft. Auch ein Abwehrrecht gegen eine Betriebsübergangsregelung existiert nicht, weil eine Rechtsbeeinträchtigung aus Arbeitnehmersicht fernliegt.

5. Eine Maßnahme nach Art. 4 Abs. 5 S. 1 VO 1370/2007 entfaltet gegenüber Dritten Bindungswirkung. Sobald die Maßnahme mit Zustandekommen des öffentlichen Dienstleistungsauftrages nicht mehr angefochten werden kann, ist sie insbesondere vor den Arbeitsgerichten als bindend zugrunde zu legen.

Ausblick

Wie keine zweite Rechtsnorm innerhalb des europäischen Sekundärrechts verkörpert Art. 4 Abs. 5 S. 1 VO 1370/2007 das Bemühen des europäischen Gesetzgebers, die unionsweite Öffnung der nationalen Märkte unter Berücksichtigung sozialer Belange, insbesondere der der Arbeitnehmer zu vollziehen. Innerhalb des Vergaberechts nimmt die Betriebsübergangsregelung damit gewiss eine Sonderrolle ein. Während die Mitgliedstaaten bislang vor allem mit Vorschriften zur Einhaltung bestimmter tariflicher Standards regulierend in den öffentlichen Vergabewettbewerb eingegriffen haben, besteht nun für den Verkehrssektor die Möglichkeit, eine Akzessorietät zwischen den bei einem bestimmten Betreiber beschäftigten Arbeitnehmern und dem öffentlichen Dienstleistungsauftrag zu schaffen. Aufgrund der weitgehenden Konzessionierung öffentlicher Personenverkehrsdienste und der damit verbundenen Schwierigkeit für die Verkehrsunternehmen, adäquate Ersatzaufträge im Falle des Auftragsverlustes zu erlangen, stellt Art. 4 Abs. 5 S. 1 VO 1370/2007 darauf eine sachgerechte Antwort des europäischen Gesetzgebers dar. Angesichts des angestrebten Wettbewerbs auf Schiene und Straße stellt die Vorschrift scheinbar einen Widerspruch dar. Statt der Freiheit der Verkehrsunternehmer, jeden betriebswirtschaftlichen Vorteil im Wettbewerb um lukrative Dienstleistungsaufträge ausnutzen zu können, ist es der zuständigen Behörde nunmehr erlaubt, einen Wettbewerb um die niedrigsten Lohnkosten zu unterbinden. Genau daran lässt sich indes der Fortschritt der europäischen Integration ablesen. Diese ist nicht länger allein vom Abbau von grenzüberschreitenden Handelshemmnisse geprägt. Ausweislich des Lissabon-Vertrages ist die weitere Entwicklung des Binnenmarktes vielmehr hin zu einer **sozialen Marktwirtschaft** vorgezeichnet, vgl. Art. 3 Abs. 3 S. 2 EUV.[522] Vor den grundlegenden Zielen der europäischen Union stellt die Betriebsübergangsregelung somit nicht einen Gegensatz zur weiteren Entwicklung des Binnenmarktes dar, sondern eine Ergänzung, die einen Ausgleich zwischen den schutzwürdigen Interessen der Unternehmen und deren Arbeitnehmern schafft. Etliche der im Zusammenhang mit Art. 4 Abs. 5 VO 1370/2007 stehenden Fragestellungen stehen im Spannungsfeld dieser Zielvorgaben der europäischen Integration. Sie dürften in der weiteren Diskussion um die neue Vorschrift in Wissenschaft und Praxis eine wesentliche Bedeutung einnehmen.

522 Vgl. Frenz/Götzkes, RdA 2010, 337, 343.

Im Hinblick auf die Besitzstandswahrung der von einem Auftragsverlust betroffenen Arbeitnehmer dürfen freilich die Schutzmöglichkeiten, die Art. 4 Abs. 5 S. 1 VO 1370/2007 dem Auftraggeber bietet, nicht überschätzt werden. Eine Betriebsübergangsmaßnahme vermag weder zu erreichen, dass die übernommenen Arbeitnehmer beim neuen Betreiber davor geschützt sind, von einer betriebsbedingten Kündigung betroffen zu werden, die der neue Arbeitgeber zur Restrukturierung seines Unternehmens ausspricht, noch vermag die Norm eine Gewähr dafür bieten, dass die bisherigen Arbeits- und Lohnbedingungen nach dem Übergang für die Laufzeit des öffentlichen Dienstleistungsauftrages unverändert erhalten bleiben. Was die Anwendung der Norm zur Verhinderung eines Wettbewerbs zu Lasten der Arbeitnehmer anbelangt, wird es maßgeblich darauf ankommen, ob es den Tarifvertragsparteien gelingt, sich auf einheitliche Branchentarifverträge zu verständigen. Aber selbst in diesem Falle behält Art. 4 Abs. 5 S. 1 VO 1370/2007 seine Daseinsberechtigung. Schließlich stellt die Norm gegenwärtig die einzige berechenbare Möglichkeit für den öffentlichen Auftraggebers dar, die Weiterbeschäftigung der von einem Betreiberwechsel betroffenen Arbeitnehmer beim neuen Betreiber zu gewährleisten. Insoweit entfaltet sie eine effektive Reservefunktion für die Auftragsvergaben, deren Umsetzung nicht von § 613a BGB erfasst sind.

Literaturverzeichnis

Annuß, Georg Der Betriebsübergang nach „Ayse Süzen", in: NZA 1998, S. 70-77

Bachner, Michael / Köstler, Roland / Matthießen, Volker / Trittin, Wolfgang Arbeitsrecht bei Unternehmensumwandlung und Betriebsübergang, 3. Auflage 2008, Baden-Baden [zitiert als: Bearbeiter, in: Arbeitsrecht bei Betriebsübergang]

Bader, Johann / Ronellenfitsch, Michael (Hrsg.) Beck'scher Online-Kommentar, VwVfG, Stand Oktober 2011, Edition 13 [zitiert als: Bearbeiter, in: Bader/Ronellenfitsch-BeckOK/VwVfG]

Bauer, Michael Personenbeförderungsgesetz, Kommentar, Köln 2010 [zitiert als: Bauer, PBefG-Kommentar]

Bayreuther, Frank Tarifautonomie als kollektiv ausgeübte Privatautonomie – Tarifrecht im Spannungsfeld von Arbeits-, Privat- und Wirtschaftsrecht, München 2005 [zitiert als: Bayreuther, Tarifautonomie]

Ders. Inländerdiskriminierung bei Tariftreueerklärungen im Vergaberecht, in: EuZW 2009, S. 102–107

Ders. Konzessionsvergabe im öffentlichen Personenverkehr – Betriebsübergang durch behördliche Anordnung?, in: NZA 2009, S. 582–584

Behrens, Hans-Werner Zulassung zum Vergabewettbewerb bei vorangegangener Beratung des Auftraggebers – Zur Projektantenproblematik auf der Grundlage der Neuregelung des § 4 V VgV, in: NZBau 2006, S. 752–757

Bernsau, Georg / Dreher, Daniel / Hauck, Friedrich (Hrsg.) Betriebsübergang, Kommentar zu § 613a BGB unter Einschluss von betriebsverfassungsrechtlichen und insolvenzrechtlichen Vorschriften, 2. Auflage, Köln 2008 [zitiert als: Bearbeiter, in: Kommentar zum Betriebsübergang]

Beuttenmüller, Ingo Vergabefremde Kriterien im öffentlichen Auftragswesen, Diss. iur. (Heidelberg 2006), Baden-Baden 2007

Braun, Christian Zivilrechtlicher Rechtsschutz bei Vergaben unterhalb der Schwellenwerte, in: NZBau 2008, S. 160–162

Buhr, Barbara Die Richtlinie 2004/18/EG und das deutsche Vergaberecht, Diss. iur. (Erlangen-Nürnberg 2007), Berlin 2009

Burgi, Martin Vergabefremde Zwecke und Verfassungsrecht, in: NZBau 2001, S. 64–72

Byok, Jan Die Entwicklung des Vergaberechts seit 2009, in: NJW 2010, S. 817–823

Calliess, Christian / Ruffert, Matthias (Hrsg.) Das Verfassungsrecht der Europäischen Union mit Europäischer Grundrechtecharta, Kommentar, 4. Auflage, München 2011 [zitiert: Bearbeiter, in: Calliess/Ruffert, EUV/AEUV]

Dauses, Manfred A. (Hrsg.) Handbuch des EU-Wirtschaftsrechts, Stand: 28. Auflage (Juni 2011) München [zitiert als: Bearbeiter, in: Dauses/Handbuch des EU-Wirtschaftsrechts]

Däubler, Wolfgang / Klebe, Thomas / Wedde, Peter / Weichert, Thilo Bundesdatenschutzgesetz, Kompaktkommentar, 3. Auflage, Frankfurt/M. 2010 [zitiert als: Bearbeiter, in: Däubler/Klebe/Wedde/Weichert, BDSG]

Diemon-Wies, Ingeborg / Graiche, Stefan — Vergabefremde Aspekte – Handhabung bei der Ausschreibung gem. § 97 Abs. 4 GWB, in: NZBau 2009, S. 409–413

Dobmann, Volker — Die Tariftreueerklärungen bei der Vergabe öffentlicher Aufträge, Diss. iur. (Berlin 2005), Baden-Baden 2007

Dornbusch, Gregor / Fischermeier, Ernst / Löwisch, Manfred (Hrsg.) — Fachanwaltskommentar Arbeitsrecht, 3. Auflage, Köln 2010 [zitiert als: Bearbeiter, in: Fachanwaltskommentar Arbeitsrecht]

Dreier, Horst — Grundgesetz, Kommentar, Band I, 2. Auflage, Tübingen 2004 [zitiert als: Bearbeiter, in: Dreier/GG-Kommentar]

Egger, Alexander — Europäisches Vergaberecht, Baden-Baden 2008

Erichsen, Hans-Uwe / Ehlers, Dirk (Hrsg.) — Allgemeines Verwaltungsrecht, 14. Auflage 2010, Berlin [zitiert als: Bearbeiter, in: Erichsen/Ehlers, AllgVerwR]

Etzel, Gerhard u. a. (Hrsg.) — KR, Gemeinschaftskommentar zum Kündigungsschutzgesetz und zu sonstigen kündigungsschutzrechtlichen Vorschriften, 9. Auflage, Köln 2009 [zitiert als: Bearbeiter, in: KR]

Fassbender, Bardo — Der einheitliche Gesetzesvorbehalt der EU-Grundrechtecharta und seine Bedeutung für die deutsche Rechtsordnung, in: NVwZ 2010, S. 1049–1054

Fehling, Michael / Niehnus, Katja M. — Der europäische Fahrplan für einen kontrollierten Ausschreibungswettbewerb im ÖPNV, in: DÖV 2008, S. 662–670

Fehling, Michael / Kastner, Berthold (Hrsg.) — Verwaltungsrecht, Kommentar, 2. Auflage, Baden-Baden 2010 [zitiert als: Bearbeiter, in: Fehling/Kastner, Verwaltungsrecht

Forst, Gerrit Der Regierungsentwurf zur Regelung des Beschäftigtendatenschutzes, in: NZA 2010, S. 1043–1048

Frenz, Walter Grundrechte und Vergaberecht, in: EuZW 2006, S. 748–752

Ders. Handbuch Europarecht

Band 1: Europäische Grundfreiheiten, Berlin 2004

[zitiert als: Frenz, Europarecht, Band]

Frenz, Walter / Götzkes, Vera Die Beschäftigungspolitik nach dem AEUV, in: RdA 2010, S. 337–345

Fritz, Aline / Seidler, Anne-Carolin Vergabe von Konzessionen – Rechtsklarheit ja oder nein?, in: EuZW 2010, S. 933–938

Frotscher, Werner / Kramer, Urs Sechs Jahre nach der Bahnreform – Das Allgemeine Eisenbahngesetz auf dem Prüfstand, in: NVwZ 2001, S. 24–34

Gers-Grapperhaus, Stefan Das Auswahlrechtsverhältnis bei Auftragsvergaben unterhalb der Schwellenwerte, Diss. iur. (2009 Osnabrück), 2009 Baden-Baden

Gola, Peter / Klug, Christoph Die Entwicklung des Datenschutzrechts in den Jahren 2009/2010, in: NJW 2010, S. 2483–2488

Gola, Peter / Klug, Christoph / Körffer, Barbara / Schomerus, Rudolf Bundesdatenschutzgesetz, Kommentar, 10. Auflage 2010, München [zitiert als: Bearbeiter, in: Gola/ Schomerus, BDSG]

Göpfert, Burkard / Meyer, Stephan T. Datenschutz bei Unternehmenskauf: Due Diligence und Betriebsübergang, in: NZA 2011, S. 486–493

Grabitz, Eberhard / Hilf, Meinhard Das Recht der Europäischen Union, Band IV, hrsg. v. Kay Hailbronner, Sekundärrecht Öffentliches Auftragswesen, 40. Ergänzungslieferung (Oktober 2009), München [zitiert als: Bearbeiter, in: Grabitz/Hilf, Band IV]

Grabitz, Eberhard / Hilf, Meinhard / Nettesheim, Martin Das Recht der Europäischen Union, Band I, EUV/AEUV, 44. Ergänzungslieferung (Mai 2011), München [zitiert als: Bearbeiter, in: Grabitz/Hilf/Nettesheim, Band I]

Grau, Timon Unterrichtung und Widerspruchsrecht der Arbeitnehmer bei Betriebsübergang gem. § 613a Abs. 5 und 6 BGB, Diss. iur. (Köln 2004), Köln 2005

Groeben, Hans von der / Schwarze, Jürgen (Hrsg.) Kommentar zum Vertrag über die Europäische Union und zur Gründung der Europäischen Gemeinschaft

Band 4 (Art. 198 bis 314 EGV), 6. Auflage, Baden-Baden 2003

[zitiert als: Bearbeiter, in: von der Gröben/Schwarze]

Harte-Bavendamm, Henning / Henning-Bodewig, Frauke (Hrsg.) Gesetz gegen den unlauteren Wettbewerb (UWG), Kommentar, 2. Auflage, München 2009 [zitiert als: Bearbeiter, in: Harte/Henning]

Heiß, Andreas Die neue EG-Verordnung für den öffentlichen Personenverkehr – ein Überblick unter Berücksichtigung der Situation in Deutschland, in: VerwArch 2009, S. 113–144

Henssler, Martin / Willemsen, Heinz-Josef / Kalb, Heinz-Jürgen Arbeitsrecht Kommentar, 4. Auflage, Köln 2010 [zitiert als: Bearbeiter, in: HWK]

Heinze, Christian Personenbeförderungsgesetz, Handkommentar, Baden-Baden 2007 [zitiert als: Heinze, PBefG]

Hermanns, Caspar David / Hönig, Dietmar Aktuelle Entwicklungen im Öffentlichen Personennahverkehr in den neuen Ländern, in: LKV 2002, S. 206–212

Hermes, Georg / Sellner, Dieter (Hrsg.) Allgemeines Eisenbahngesetz, Kommentar, München 2006 [zitiert als: Bearbeiter, in: Hermes/Sellner, AEG-Kommentar]

Hertwig, Stefan Praxis der öffentlichen Auftragsvergabe, 4. Auflage, München 2009

Hilf, Meinhard / Hörmann, Saskia Grundrechtsschutz von Unternehmen im europäischen Verfassungsverbund, in: NJW 2003, S. 1–9

Höfler, Heiko Transparenz bei der Vergabe öffentlicher Aufträge, in: NZBau 2010, S. 73–78

Hofmann, Alexander Noch einmal: Was folgt aus Rüffert?, in: RdA 2010, S. 351–354

Hohenstatt, Klaus-Stefan / Schnittker, Elmar / Schweibert, Ulrike / Seibt, Christoph H. / Willemsen, Heinz-Josef Umstrukturierung und Übertragung von Unternehmen, Arbeitsrechtliches Handbuch, 3. Auflage, München 2008 [zitiert als: Bearbeiter, in: Hdb. Übertragung von Unternehmen]

Homeister, Joachim Öffentliche Aufgabe, Organisationsform und Rechtsbindungen, Diss. iur. (Berlin 2005), Berlin 2005

Hübner, Alexander Neue Vergaberegeln für den ÖPNV unter der Verordnung (EG) Nr. 1370/2007, in: VergabeR 2009, S. 363–376

Immenga, Ulrich / Mestmäcker, Ernst-Joachim (Hrsg.)
Wettbewerbsrecht,

Band 1. EG/Teil 1, Kommentar zum Europäischen Kartellrecht, 4. Auflage, München 2007;

[zitiert als: Bearbeiter, in: Immenga/Mestmäcker, Wettbewerbsrecht]

Kämmerer, Jörn Axel / Thüsing, Gregor
Tariftreue im Vergaberecht, in: ZIP 2002, S. 596–606

Kaufmann, Marcel / Lübbig, Thomas / Prieß, Hans-Joachim / Pünder, Hermann / Fehling, Michael
VO (EG) 1370/2007 – Verordnung über öffentliche Personenverkehrsdienste auf Schiene und Straße, Kommentar, München 2010 [zitiert als: Kaufmann/ Lübbig/Prieß/Pünder, VO 1370/2007-Kommentar]

Klingner, Matthias H.
Die Vorabinformationspflicht des öffentlichen Auftraggebers, Diss. iur. (Erlangen-Nürnberg 2004) Berlin 2005

Knöbl, Jan
Rechtsschutz bei der Vergabe von Aufträgen unterhalb der Schwellenwerte, Diss. iur. (Tübingen 2008), Berlin 2009

Kramer, Urs
Das Recht der Eisenbahninfrastruktur – Von der Staatsbahn zu privatrechtlichen Wirtschaftsunternehmen, Diss. iur. (Marburg 2001), Stuttgart 2002

Kulartz, Hans-Peter
Vergaberecht und Verkehr – Rechtsrahmen für Ausschreibungspflichten, in: NZBau 2001, S. 173–181

Kulartz, Hans-Peter / Marx, Friedhelm / Portz, Norbert / Prieß, Hans-Joachim (Hrsg.)
VOL/A, Kommentar, 2. Auflage, Köln 2007 [zitiert: Bearbeiter, in: Kulartz/Marx/Portz/Prieß, VOL/A]

Leibenath, Christoph Gemeinschaftliches Beihilfenrecht und mitgliedstaatliche Finanzierung von Leistungen der Daseinsvorsorge, Anmerkung zum Urteil des EuGH vom 24. Juli 2003, Rs. C-280/00 - Altmark Trans, in: EuR 2003, S. 1052–1066

Linke, Benjamin Die Gewährleistung des Daseinsvorsorgeauftrags im öffentlichen Personennahverkehr, Diss. iur. (Tübingen 2009), Baden-Baden 2010

Ders. Altaufträge im Personenbeförderungsrecht und die Übergangsregelung der neuen Verordnung 1370/2007/EG, in: NZBau 2010, S. 207–210

Mader, Oliver Entwicklungslinien in der neueren EuGH-Rechtsprechung zum materiellen Recht im öffentlichen Auftragswesen, in: EuZW 1999, S. 331–340

Mähner, Nicolas Neuregelung des § 32 BDSG zur Nutzung personenbezogener Mitarbeiterdaten am Beispiel der Deutschen Bahn AG, in: MMR 2010, S. 379–382

Maurer, Hartmut Allgemeines Verwaltungsrecht, 17. Auflage, München 2009

Meyer, Nina Die Einbeziehung politischer Zielsetzungen bei der öffentlichen Beschaffung, Diss. iur.(Bonn 2001), Berlin 2003

Michel, Jens Die Projektantenregelung des ÖPP-Beschleunigungs-gesetzes – ein Reparaturfall im „Reparaturgesetz“?, in: NZBau 2006, S. 689–693

Müller, Thomas / Thüsing, Gregor Die Zuordnung von Arbeitsverhältnissen beim Betriebsübergang, in: ZIP 1997, S. 1869–1877

Müller-Glöge, Rudi / Preis, Ulrich / Schmidt, Ingrid (Hrsg.) Erfurter Kommentar zum Arbeitsrecht, 11. Auflage, München 2011 [zitiert als: Bearbeiter, in: ErfKomm]

Müller-Wrede, Malte Vergabe- und Vertragsordnung für Leistungen, VOL/A Kommentar, 3. Auflage, Köln 2010 [zitiert als: Bearbeiter, in: Müller-Wrede, VOL/A]

Ders. GWB-Vergaberecht, Köln 2009 [zitiert als: Bearbeiter, in: Müller-Wrede, GWB-Vergaberecht]

Nettesheim, Martin Das neue Dienstleistungsrecht des ÖPNV – Die Verordnung (EG) Nr. 1370/2007, in: NVwZ 2009, S. 1449–1455

Niestedt, Marian / Hölzl, Franz Josef Zurück aus der Zukunft? Verfassungsmäßigkeit der Primärrechtsschutzbeschränkung im Vergaberecht oberhalb bestimmter Schwellenwerte, in: NJW 2006, S. 3680–3683

Noch, Rainer Vergabrecht kompakt, Handbuch für die Praxis, 4. Auflage, Köln 2008

Oppermann, Thomas / Classen, Claus Dieter / Nettesheim, Martin Europarecht, Studienbuch, 4. Auflage, München 2009 [zitiert als: Oppermann/Classen/Nettesheim, Europarecht]

Ortner, Roderic Vergabe von Dienstleistungskonzessionen – unter besonderer Berücksichtigung der Entsorgungs- und Verkehrswirtschaft, Diss. iur. (Köln 2007), Köln, Berlin, München 2007

Otting, Olaf / Scheps, Carolina Direktvergabe von Eisenbahnverkehrsdienstleistungen nach der neuen Verordnung (EG) Nr. 1370/2007, in: NVwZ 2008, S. 499–506

Pietzcker, Jost Der Staatsauftrag als Instrument des Verwaltungshandelns, Habil. iur., Tübingen 1978

Polster, Julian	Der Rechtsrahmen für die Vergabe von Eisenbahnverkehrsleistungen, in: NZBau 2010, S. 662–671
Posser, Herbert / Wolff, Heinrich Amadeus (Hrsg.)	Beck'scher Online-Kommentar, VwGO, Stand August 2011, Edition 18 [zitiert als: Bearbeiter, in: BeckOK-VwGO]
Preis, Ulrich	Arbeitsrecht, Individualarbeitsrecht, 3. Auflage, Köln 2009
Prieß, Hans-Joachim	Ausschreibungspflicht für Verkehrsverträge im Schienenpersonennahverkehr?, in: NZBau 2002, S. 539–547
Pünder, Hermann	Die Vergabe von Personenverkehrsdienstleistungen in Europa und die völkerrechtlichen Vorgaben des WTO-Beschaffungsübereinkommens, in: EuR 2007, S. 564–596
Ders.	Beschränkung der Inhouse-Vergabe im öffentlichen Personenverkehr, in: NJW 2010, S. 263–268
Rebmann, Kurt / Säcker, Franz-Jürgen / Rixecker, Roland (Hrsg.)	Münchener Kommentar zum Bürgerlichen Gesetzbuch Band 2, hrsg. von W. Krüger, 5. Auflage, München 2007 [zitiert als: Bearbeiter, in: MüKo-BGB]
Rechten, Stephan	Die Novelle des EU-Vergaberechts, in: NZBau 2004, S. 366–375
Rechten, Stephan / Röbke, Marc	Voraussetzungsfreie Direktvergabe von SPNV-Leistungen möglich?, in NZBau 2010, S. 680–683
Reichert, Friedhelm	Vergaberechtlicher Zwang zur Zahlung von Tariflöhnen, Diss. iur. (Bielefeld 2007), Berlin 2007

Richardi, Reinhard / Wißmann, Hellmut / Wlotzke, Otfried / Oetker, Hartmut (Hrsg.) Münchener Handbuch zum Arbeitsrecht, Band 1 und 2, 3. Auflage, München 2009 [zitiert als: Bearbeiter, in: Münchener Handbuch zum Arbeitsrecht]

Riesenhuber, Karl Europäisches Arbeitsrecht, Eine systematische Darstellung, Heidelberg 2009

Ruhland, Bettina Dienstleistungskonzessionsvergabe – quo vadis?, in: VergabeR 2006, S. 731–740

Dies. Die Dienstleistungskonzession – Begriff, Standort und Rechtsrahmen der Vergabe – Diss. iur. (Bochum 2006), Baden-Baden 2006

Sauer, Ralf / Hollands, Martin Mangelnder Rechtsschutz im Unterschwellenbereich – Verfassungsrechtliche Zweifel und politischer Handlungsbedarf, in: NZBau 2006, S. 763–768

Saxinger, Andreas Übergangsregelungen, Legisvakanz und Vorwirkungen der Verordnung (EG) Nr. 1370/2007, in: EuZW 2009, S. 449–452

Ders. Das Verhältnis der Verordnung (EG) Nr. 1370/2007 zum nicht an sie angepassten deutschen Personenbeförderungsrecht, in: GewArch 2009, S. 350–355

Ders. Genehmigungen und Ausgleichsleistungen im Personenbeförderungsrecht vor dem Hintergrund der neuen Verordnung (EG) Nr. 1370/2007, in: DVBl 2008, S. 688–696

Schäfer, Alexander Öffentliche Belange im Auftragswesen und Europarecht, Diss. iur. (Tübingen 2001), Berlin 2003

Scheffer, Urban	Die Marktfreiheiten des EG-Vertrages als Ermessensgrenze des Gemeinschaftsgesetzgebers, Diss. iur. (Bonn 1996), Frankfurt/M.1997
Schmidt-Aßmann, Eberhard / Schoch, Friedrich (Hrsg.)	Besonderes Verwaltungsrecht, 14. Auflage, Berlin 2008 [zitiert als: Bearbeiter, in: Schmidt-Aßmann/ Schoch]
Schneider, Tobias	Primärrechtsschutz nach Zuschlagserteilung bei einer Vergabe öffentlicher Aufträge, Diss. iur. (Münster 2006), Berlin 2007
Schoch, Friedrich / Schmidt-Aßmann, Eberhard /Pietzner, Rainer (Hrsg.)	Verwaltungsgerichtsordnung, Kommentar, 19. Auflage, München 2009 [zitiert als: Bearbeiter, in: Schoch/Schmidt-Aßmann/Pietzner]
Schönberger, Christoph	Normenkontrollen im EG-Föderalismus – Die Logik gegenläufiger Hierarchisierungen im Gemeinschaftsrecht, in: EuR 2003, S. 600–627
Schröder, Holger	Die Direktvergabe im straßengebundenen ÖPNV – Selbsterbringung und interne Betreiberschaft, in: NVwZ 2010, S. 862–866
Ders.	Inhalt, Gestaltung und Praxisfragen des wettbewerblichen Vergabeverfahrens nach der neuen europäischen ÖPNV-Verordnung, in: NVwZ 2008, S. 1288–1295
Schubert, Jens M. / Jerchel, Kerstin	Das europäische Arbeitsrecht (2009/2010), in: EuZW 2010, S.687–694
Schulze, Reiner / Zuleeg, Manfred / Kadelbach, Stefan (Hrsg.)	Europarecht – Handbuch für die deutsche Rechtspraxis, 2. Auflage, Baden-Baden 2010 [zitiert als: Bearbeiter in: Schulze/Zuleeg/Kadelbach]

Schwarze, Jürgen	Der Grundrechtsschutz für Unternehmen in der Europäischen Grundrechtecharta, in: EuZW 2001, S. 517–524
Schwemer, Rolf-Oliver	Die Bindung des Gemeinschaftsgesetzgebers an die Grundfreiheiten, Diss. iur. (Göttingen 1994), Frankfurt/M. 1995
Sellin, Jessica	Arbeitnehmermobilität und Entsenderecht, Diss. iur. (Freiburg 2005), Berlin 2006
Stelkens, Paul / Bonk, Heinz Joachim / Sachs, Michael	Verwaltungsverfahrensgesetz, Kommentar, 7. Auflage, München 2008 [zitiert als: Bearbeiter, in: Stelkens/Bonk/Sachs, VwVfG-Kommentar]
Thüsing, Gregor	Europäisches Arbeitsrecht, München 2008
Tiesler, Ralf-Dietrich	Sozialschutz versus Wettbewerb – Inhalt und Bedeutung der arbeitsrechtlichen Schutzmaßnahmen nach Art. 9 Abs. 3 des Vorschlags der EU-Kommission zur Novellierung der VO (EWG) 1191/69, in: Verkehr und Technik 2001, S. 387–393
Tödtmann, Ulrich / Schauer, Michael	Aktuelle Rechtsfragen zum öffentlichen Personennahverkehr – Nationale und europäische Rechtsentwicklung sowie Konsequenzen für die Praxis, in: NVwZ 2008, S. 1–7
Wachinger, Lorenz	Das Recht des Marktzugangs im ÖPNV, Diss. iur. (Berlin 2003), Berlin 2006
Weber, Claus	Zulässigkeit und Grenzen von Leistungsbeschreibungen nach europäischem Vergaberecht, in: NZBau 2002, S. 194–197
Widmann, Simon Philipp	Vergaberechtsschutz im Unterschwellenbereich, Diss. iur. (Mainz 2008) Baden-Baden 2008

Wiedmann, Ariane Die Zulässigkeit sozialer Vergabekriterien im Lichte des Gemeinschaftsrechts, Diss. iur. (München 2006), Baden-Baden 2007

Willemsen, Heinz Josef Aktuelles zum Betriebsübergang – § 613a BGB im Spannungsfeld von deutschem und europäischem Recht, in: NJW 2007,S. 2065–2075

Willenbruch, Klaus / Bischoff, Kristina (Hrsg.) Kompaktkommentar Vergaberecht, Köln 2008 [zitiert als: Bearbeiter, in: Willenbruch/Bischoff]

Winnes, Michael / Schwarz, Andreas / Mietsch, Oliver Zu den Auswirkungen der VO 1370/07 für den öffentlichen Nahverkehr in Deutschland, in: EuR 2009, S. 290-301

Wittig, Oliver / Schimanek, Peter Sondervergaberecht für Verkehrsdienstleistungen – Die neue EU-Verordnung über öffentliche Personenverkehrsdienste auf Schiene und Straße, in: NZBau 2008, S. 222–227

Wölker, Ulrich Die Normenhierarchie im Unionsrecht in der Praxis, in: EuR 2007, S. 32–56

Ziekow, Jan Die Direktvergabe von Personenverkehrsdienstleistungen nach der Verordnung (EG) Nr. 1370/2007 und die Zukunft eigenwirtschaftlicher Verkehre, in: NVwZ 2009, S. 865–871

Zimmermann, Uwe / Hofmann, Kathrin Betriebsübergänge im kommunalen Bereich, in: KommJur 2009, S. 1–7

Zippelius, Reinhold Juristische Methodenlehre, 10. Auflage, München 2006

Schriften zum deutschen und europäischen Arbeitsrecht

Herausgegeben von Frank Bayreuther

Band 1 Petra Hamann: Die Kündigung wegen häufiger Kurzerkrankungen. 2009.

Band 2 Robert K. Strecker: „Turboprämie“ und Sozialplan. 2009.

Band 3 Julia Rath: Die pauschale Abgeltung von Überstunden im Arbeitsvertrag. 2010.

Band 4 Jens Jensen: Der Freiwilligkeitsvorbehalt bei Entgeltleistungen. Rechtsdogmatik und AGB-Kontrolle. 2010.

Band 5 Enrico Meier: Die unterlassene Änderungskündigung als Unwirksamkeitsgrund der Beendigungskündigung. 2011.

Band 6 Jonas Zäh: Die arbeitsrechtlichen Aspekte des § 11 Wertpapiererwerbs- und Übernahmegesetz. Unter Berücksichtigung der Frage, unter welchen Voraussetzungen der Bieter bei einem öffentlichen Angebot i.S.d. WpÜG verpflichtet ist, Angaben zu seinen Absichten zu machen. 2011.

Band 7 Claudia Voggenreiter: Betriebliche Mitbestimmung im Diskriminierungsrecht. 2011.

Band 8 Lars Weinbrenner: Der Sonderkündigungsschutz im Pflegezeitgesetz. 2011.

Band 9 Julian Schmidt: Quotenorientierte Einstellungs- und Beförderungsentscheidungen nach § 5 AGG. Eine rechtsvergleichende Untersuchung positiver Maßnahmen und US-amerikanischer Affirmative Action. 2012.

Band 10 Hendrik Gülker: Die Geltungserstreckung günstigerer Tarifverträge im Anwendungsbereich des AentG. Eine verfassungsrechtliche Analyse. 2012.

Band 11 Steffen Jankowiak: Das behördliche Betriebsübergangsverlangen nach Art. 4 Abs. 5 Verordnung (EG) Nr. 1370/2007 bei der Vergabe von Aufträgen im öffentlichen Personenverkehr. 2012.

www.peterlang.de